京隐述作集
（一）

文以载道

彭树智◎著

中国社会科学出版社

图书在版编目（CIP）数据

京隐述作集：全二册／彭树智著．—北京：中国社会科学出版社，2021.5
ISBN 978-7-5203-7752-2

Ⅰ.①京…　Ⅱ.①彭…　Ⅲ.①社会科学—文集　Ⅳ.①C53

中国版本图书馆 CIP 数据核字（2021）第 018242 号

出 版 人	赵剑英
责任编辑	耿晓明
责任校对	闫　萃
责任印制	李寡寡

出　　版	中国社会科学出版社
社　　址	北京鼓楼西大街甲 158 号
邮　　编	100720
网　　址	http://www.csspw.cn
发 行 部	010-84083685
门 市 部	010-84029450
经　　销	新华书店及其他书店
印　　刷	北京明恒达印务有限公司
装　　订	廊坊市广阳区广增装订厂
版　　次	2021 年 5 月第 1 版
印　　次	2021 年 5 月第 1 次印刷
开　　本	710×1000　1/16
印　　张	37
插　　页	2
字　　数	526 千字
定　　价	158.00 元（全二册）

凡购买中国社会科学出版社图书，如有质量问题请与本社营销中心联系调换
电话：010-84083683
版权所有　侵权必究

图一　宏道书院遗址
人弘道，士弘毅，任重而道远

图二 在2011年7月西北大学"文明交往与世界历史进程"研讨会上举行了庆贺彭树智先生八十华诞的活动。图为彭树智先生在发言

图三 2012年9月时任陕西省委书记赵乐际在教师节时前来中东所看望彭树智先生

图四　中国高等人文科学代表团访美,在哥伦比亚大学了解教育情况,校方梅瓒女士介绍,旁为彭树智,右一为副团长夏自强(1984年2月)

图五　中国高等人文科学代表团访美,在斯坦福大学罗丹雕像前合影,右三为团长戴逸,右一为副团长夏自强,左二为彭树智

图六　文博学院院长兼中东所所长彭树智教授为博士生黄民兴和孟庆顺讲课（文博学院资料室）（1986年）

图七　京隐折扇消暑诗（书法）
蝉鸣引人思自觉，飞鸟伴我观天下

图八 《文明交往论》（2002年）和《书路鸿踪录》（2004年）
蝴蝶效应美，文明放光辉。
人生忙悠集，治学贵自得。
雪泥鸿爪存，披览前踪在。
雁别蓝天去，山迎白云归。

农历戊戌年
五月二十

顶天立地做人
继往开来做事
文明交往结果

二〇一八年七月三日晨于戊戌清
四时晨曦早芳松榆苍翠间眈向。
微风拂窗绿树茂盛坐于窗而乐，
忽感偶成以上三句留笔——。
京隐 时 时二十三行

Tue 3

图九 京隐《三句留笔》（硬笔书法）荷叶托花盛开，清香诗意盎然

荣宝斋 张大千 绘
民国 花卉笺

图十 无题有感

图十一　1986 年 9 月，彭树智荣获全国教育系统劳动模范，并授予人民教师奖章

《京隐述作集》书前叙意

诗意治学·芭蕉篇五趣（组诗）

（一）愁趣·商隐之"自愁叹"
楼上黄昏欲望休，玉梯横绝月如钩。
芭蕉不展丁香结，同向春风各自愁。

（二）藏趣·钱珝之"何事问"
冷烛无烟绿蜡干，芳心犹卷怯春寒。
一缄书札藏何事？会被东风暗拆看。

（三）心趣·横渠之"新心咏"
芭蕉心尽展新枝，新卷新心暗已随。
愿学新心养新德，旋随新叶起新知。

（四）情趣·板桥之"相思吟"
芭蕉叶叶多为情，一叶才舒一叶生。
自是相思抽不尽，却教风雨怨秋声。

（五）乐趣·松榆之"互动歌"
芭蕉凋谢叶化扇，去尘消暑结人缘。
栖而不息挥不止，乐在手脑互动间。

说明：此诗凡五改其稿、四次发表。组诗诗心为横渠之"新心咏"。它始于组诗的"愁趣""藏趣"，归结于"情趣""乐趣"，为诗意治学之相互联系又彼此区别的五种境界。诗心解读，见本书第三编《文以载诗道》第七篇《张载诗意治学之新、心美》。

2018 年 1 月 10 日于北京松榆斋

我笔写我思，晚霞映松榆

——《京隐述作集》自序

一 "京隐"解

本书名为《京隐述作集》，序的开头自然应当从书的释名开篇。"京隐"为我的别名，缘于2003年移居北京这个新十年为期的人生单元生活开端之年。我在八十岁成书的《两斋文明自觉论随笔·序说》中，是这样叙述其缘由的：

1. "人各有一癖，我癖在章句。"这是唐代诗人白居易在《山中独吟》中的自况诗句。我居松榆斋，犹如山中，寂静独吟，闭门读书写作，每每想起隐山者为"小隐"，隐市者为"大隐"的典故。记得《昭明文选》中有晋代王康琚的"小隐隐陵薮，大隐隐朝市"的话。如此说来，我是隐于首都北京的"京隐"了。

2. 隐者，是一种安静的心境。居斗室，向东窗，读自己爱读的书，思考自己喜好的问题，写自己感兴趣的书文，生活充实，不为名利所累。其思想境界如刘勰在《文心雕龙·神思》中所言："寂然凝虑，思接千里；悄然动容，视通万里。"我所在的北京松榆南路美景东方小区的广告牌上，有"京城悠客"一说，却非我的"京隐"内涵。

3. 已故书法家王海，制有"从此愿作书中隐"印章，以健秀笔刀，浑成气韵，道出了学人的癖在章句、栖息于书的求知生活。我曾取字石源，号两斋。看王海的金石书画遗作，使我取别名为"京隐"之愿日笃。我相信，人类文明交往的互动法则，在引导那些"用心"的勤奋者和"静心"的平凡人。

4. 我是个平凡人。栖居京华繁喧之地，隐而不露，符合我的性格。陶渊明的"结庐在人境，而无车马喧。问君何能尔，心远地自偏"的超然自得诗句，挂在我客厅的条幅上，此文常在目，此意绕脑际。我不愿选择退而取其次的低品格的人生。我是一个"乐在手脑并用"的人。我要用学术生活来安排自己的生命，从而选择坦然、低调、达观、进取的幸福人生。

在这里，我用"京隐"来表明自己居京华而仍以静谧心态栖息的思维方式和生活习惯，如宗白华《流云小诗》中所说的"白云在天空飘荡，人群在都会中匆忙"，而我身在首都，却如隐士般低调缓行、创造而不喧哗地劳作。这种"京隐"是一个老龄学人的精神状态。我在《两斋文明自觉论随笔》第1卷第3编《历史文化·昆德拉论政治与文化》中谈到米兰·昆德拉这位捷克斯洛伐克大作家的情况，与此相类似。他有名著《生命中不能承受之轻》，80岁隐居巴黎，冷眼看世界，可以说是位大"京隐"[①]。

在《两斋文明自觉论随笔》中的"序说"结语，我写了一首《两斋诗》，又一次提到了"京隐"的由来：

长相思，在长安。长安悠斋虽云旧，诗意治学伴暮年。
长相忆，在京华。京华松榆做京隐，文明自觉观天下。
不改笔耕乐，未泯育才志。春夏悠斋回，秋冬松榆归。两斋两地候鸟飞。皓翁八十未懈息，《随笔》百万留余晖。

---

① 法国的捷克裔作家米兰·昆德拉，1978年应后来成为法国总统的密特朗之邀，移居巴黎里特尔街一座小楼内，1985年不再接受记者采访。他认为，与其让媒体炒作，不如让学术界或读者研读他的作品。他用自己的作品向社会展示内心的独白。他是一位居大都市而心平气和对待一切，回归自然的"京隐"。见《两斋文明自觉论随笔》，中国社会科学出版社2011年版，第329—333页。

这里的"两斋",是指西安西北大学新村22楼401室的书斋——"悠得斋"和北京朝阳区松榆南路美景东方小区3号楼304室的书斋——"松榆斋"。

"悠得斋"的命名,时在1991年,正值我"坐六望七"之年;而"松榆斋"的命名为2003年,是我"坐七望八"的第二年,到现在已经十五年了。"两斋"实为"心斋",是把心思用在读书思考上面,是把心思通过手中笔写在文字里,是心怀谦虚向学的清纯之"心斋"。如《庄子·人间世》对谦虚处世的定位那样:"唯道集虚,虚者,心斋也。"我用硬笔书法,寸楷载大道,用寸草心在斗室观天下,此心斋关注的是人类文明交往问题的上下探索。阿拉伯哲学家伊本·鲁世德说得对,他宁愿做一个市民,而不愿做一个隐士。他认为,隐士不能产生工艺和学术,离群索居的人,不得享用比以前更多的生活福利。我的"京隐"并未离群索居,更未停止学术工作,只是顺应老龄规律,量力而行,如某位农业劳动模范所讲的"小车不倒只管推",为人类交往文明化尽一份绵薄之力。我是一个隐于京的老阅读者、思考者和笔耕者。由于年老力衰,现只能为一位关门博士生而"舌耕"论道了①。

上述所引一段《序说》,又有一首《两斋诗》,已道出了"京隐"的缘由及内涵。说到《两斋诗》,在北京还引起我的学生一段"和唱"故事。这位学生即已退多年的北京社会科学院研究员贺树德。他20世纪60年代初,毕业于西北大学历史系,学习勤奋,成绩优秀。我晚年来京隐居,赠他《两斋文明自觉论随笔》,他读后遂有和诗如下:

两 相 思
——和彭树智老师《两斋诗》

长相思,望故乡。陕北寒窑今犹在,相逢父母在梦中。全家

---

① 扬雄《太玄·饰》:"舌聿之利,利见知人也。"聿为笔的本字,这里把"舌"和"聿"联系起来,是"舌耕笔耘"式的教师劳动方式。"舌耕"比"口耕"更确切,讲课更关键的是用舌劳作。

十口人，只靠父母耕。家贫无学费，举债亦发愤，学而有志成，永记父母恩。

长相思，在京华。孜孜不倦著京史，暗暗学习彭老师。春夏与秋冬，"勤""严""真"而"新"。论著五百万，集成二十五。十卷通史赠恩师，恭贺华诞八十五。

《两相思》是一首洋溢着感恩父母和老师的怀念与敬意的诗篇，是走笔成诗的纯真情谊记实之作，读后令人思绪荡漾。此诗在2016年6月12日《西北大学报》文艺副刊发表后，引起了不小反响。贺树德是京史的研究者，著有《北京通史·明史卷》，他赠全书十卷作为庆贺我八十五岁生日礼物，已成为"京隐"了解北京的案头必备之书。"京隐"徜徉北京历史长河，享受着厚重师生情谊与千年历史古都和今日首都深邃的历史感与现实感。

二 隐士文化

人类文明交往自觉之于中华民族，隐士文化是其中值得研究的问题。过去，隐士文化的研究者，我知道的，是九十六岁高龄去世的上海学者蒋星煜。他早在二十二岁时，即有《中国隐士与文化》一书问世[①]。缘于"京隐"名号，我对隐士问题颇感兴趣。

中国古代，对隐士的多种说法中，可以洞察这个人群的特有的社会生活态度、心灵风韵和思维方式。不同时期出现的这种复杂现象，都同当时物质文明中的社会生产、社会制度，以及精神文明中的思想状态、文化与意识形态状况，有着密切关系。它涉及群体与个体、个体之间的人与自然、人与社会，特别是人的自我身心交往的中心线

---

① 1943年中华书局初版。1988年上海三联书店再版了此书。作者认为，"隐士"在中国古代文人中占少数，其风格和意境绝非欧美人所了解。梁漱溟在《中国文化要义》中，归纳中国隐士文化特点为：政治上的独立性、经济上的中间性和生活态度上的亲近和爱好自然。蒋星煜认为最后一点"最为精彩"，用单纯朴质的心态对待大自然环境。我认为，这就是爱自然，此心可贵，但应加上"为人类"，才具有人类文明交往中的人文精神本质美。

索，因而呈现出持续不断、同异交织、多姿多彩的历史图景。

1. 大隐、中隐和小隐。大隐、小隐，见于《文选》中晋代王康琚的《反招隐诗》："小隐隐陵薮，大隐隐朝市。"唐代少年时才华毕露、初居长安①的大诗人白居易，仕途阅历使他对"大隐""小隐"有了不同看法，提出了"中隐"之说："不如作中隐，隐在留司官。"

2. 天隐、地隐和名隐。隋代王通在《文中子·周公》注中用"成其天真，高深莫测"的程度来解读隐士的类别："至人天隐，其次地隐，其次名隐。"高层次的隐士，也是有区别的。唐代陆龟蒙在《甫里集》中，也有"不知天隐在何乡，且欲烟霞迹暂双"之诗句，来描绘隐士中高层次的"天隐"，如何"藏其天真"的。

3. 神隐。秦时隐士黄石公，即《史记·留侯世家》中所说的，张良刺秦始皇失败，逃匿下邳所遇的"圯上老人"。他授张良以《太公兵法》曰："读此则为王者师矣！后十年兴。十三年孺子见我济北，谷城山下黄石即我矣！"后十三年，张良从汉高祖过济北，见谷城山下黄石，取而祠之。这位"圯上老人"被称为"黄石公"。隐士化而为黄石，且预言如神算，有浓浓神秘色彩，可称为神隐。

4. 仙隐。古有三位著名"仙隐"：赤松子、松乔、王子乔。也有单称"松桥"为"仙隐"者。如扬雄《太玄赋》中即有"纳僬禄于江淮兮，揖松乔于华岳"之句，称华山道仙松乔而拜揖之。唐代苦吟诗人贾岛写山林隐士的佳句甚多，如《忆江上吴处士》的"秋风生（吹）渭水，落叶满长安"，尤其是《访隐者不遇》诗中的"松下问童子，言师采药去。只在此山中，云深不知处"，表明了所访隐士是一位以采药为生、济世救人而颇具"仙气"的云来雾去的大隐者。诗人慕名而访、又钦仰不遇而对其高深仰视的怅惘之情跃然字里行间。

---

① "长安米贵，居大不易。"这是顾况初见来长安未冠的白居易的即兴语。后读白居易《芳草》诗至"野火烧不尽，春风吹又生"以后，叹曰："我谓斯文道绝，今复得矣！前言戏之耳！"不禁想起今日之老少"北漂"，逢房贵、居弗易以及生活水平高、竞争激烈的现实。

5. 通隐。《世说新语·雅量》："戴公从东出。"注引《晋书·晋安帝纪》："戴逵，字安道……性甚宽畅，泰于娱生，好鼓琴，善属文，尤乐游，多与高门风流者游，谈者许其为'通隐'。"《梁书·何点传》称："点虽不入城府，而遨游人世，不簪不带，或驾柴车，跂草履，恣心所适，致醉而归。士大夫多慕之，时人号为'通隐'。"戴逵、何点，一位是多才多艺、性情中人，一位则放浪形骸、自由随心，都是从学问到个性奔放的"通隐"，尽显魏晋风度气派。

6. 志隐。儒家对隐士的描述，有《论语·季氏》："隐居以求其志，行义以达其道，吾闻其语矣，未见人也。"老子也被认为是"古之隐者"，而《庄子·缮性》说："古之所谓隐士者，非其伏身弗见也……时命大谬也。"所谓"志隐"就是以隐居为生活方式，唐代韩愈在《复志赋序》中称自己是"有负薪之疾，退休于居"，成为引退之士，因而有"复志"之赋，就是"退隐"之士。这是以退为进的韩退之"云横秦岭"情怀，含有以隐促出的变易原则。退士的心态，唐代诗人司空图在《华下诗》中表现为"不用名山访真诀，退休便是养生方"。宋代张载退居南山，教授学生，他"隐居以述其志"的"志隐"名言，这个"志"就是"为天地立心，为生民立命，为往圣继绝学，为万世开太平"的"四句教"。

7. 随驾隐士。隐士有"云霄未得路，江海做闲人"（唐朱庆余《酬李处士见赠》）的退仕辞官而归隐者。卢藏用这位"终南捷径"的"随驾隐士"即为此类人物。他举进士，居终南山，到了唐中宗朝，以"高士"名得官，累居要职。同时代刘肃《大唐新语·隐逸》记载此事：有道士司马承祯被召至阙下，将还山，卢藏用指终南山曰："此中大有佳处。"司马承祯徐徐而言："以仆所见，乃仕官捷径耳！"又《太平御览·卢藏用》引《谭宾录》：卢藏用"与陈伯玉、赵贞固友善，隐居之日，颇以贞白自炫，往来于少华、终南二山，时人称为假隐"。此类"放利之徒"，在《新唐书·隐逸传序》中已有讥讽。因此，"终南捷径"为一些隐者所不齿。明代章懋在《枫山集·与韩侍郎书》就有"退休多年，今骤得美官，而强颜复出，恐贻终南捷径之诮"的话。

8. 真隐。与"终南捷径"的"隐而求官"者不同，历史上拒仕而死的"隐而不仕"的人，确实存在。如夏末商初的纪他，就是较早的一位。相传商汤灭桀以后，欲让位于务光，务光不受。纪他恐复让位于己，遂投水而死。春秋时期的介子推，因晋文公回国，赏赐流亡的从属而未得到提名，遂与老母亲隐居于绵山上。后来，晋文公逼他出山，遂放火烧山，他因坚持不出而被焚死。同时期还有楚国名士老莱子，为避免做官，隐居于江南，著书十五篇。或传老莱子行年七十，尚能为健在的父母行孝，身着彩衣，弄乌鸟舞蹈于双亲侧，以乐顺孝道。"不仕之隐"者中也有幸运的，如西晋的张翰，博学善文，应召为大司马齐王司马冏的东掾官职，见秋风起而叹曰："人生贵得适宜尔，何能羁宦数千里以要名爵！"他不为官位所困，辞官归里为隐士。不久，司马冏造反，被诛，他知止而退，逃过一劫，成为隐中智者。

9. 山中宰相。南朝梁弘景，隐居句曲山（即茅山，今江西省西南部），武帝时礼聘不出，国有大事，辄就咨询，时称"山中宰相"，也简称"山相"。唐代郑谷《蔡处士诗》："旨趣陶山相，诗篇沈隐侯。"沈隐侯，南朝梁沈约谥号。沈约生卒为441—513年，博学能文，历仕宋齐梁三朝，卒曰"隐"，因此有"沈隐侯"之称。

10. 以"隐"为名的隐士。西晋有郑隐（？—302），方士，葛洪之师。少为儒生，通五经，好音乐，不愿做官，晚年好道。80岁时，"颜色丰悦，能引强弩，射百步"；上山登危越险，体力轻便，少年追之，多不能及。太安元年（302），"威晋世将乱，东投霍山，莫知所往。"这是位以隐而终的、名实相符的隐者。至于另一位以"隐"为名的唐代诗人罗隐（833—909）就是"隐""仕"相交了。他本名罗横，十举进士不第，乃改名为罗隐并有《自遣诗》："得即高歌失即休，多愁多恨亦悠悠。今朝有酒今朝醉，明日愁来明日愁。"这首被《简明中国文明史》的作者谭忠认为，这是"万事大吉"、镇静乐观地面对顺境逆境、现实吉凶的传世诗，它不是提倡酗酒，而是一种高度适应环境的能力和富有人生朝气与活力的人文精神。实际是如此，试问十次失败，十次坚持，自古至今有几人？他后来入镇海节度使,又迁节度判官、给事中等职,还是走上仕途。他留下了口语化、针砭现实问题的诗篇,有些流行于民间,尤以《自遣诗》传诵至今。

11. 充隐。即冒充隐逸之士。《晋书·桓玄传》:"玄以历代咸有肥遯之士,而已世独无,乃征皇甫谧六世孙希之为著作,并给其资用,皆令让而不受,号曰高士。时人名为充隐。"遯,"遁"本字,遯世。《礼·中庸》:"遯世不见知而不悔,唯圣者能之。""肥遯",即隐居遁世。遁世的智者,必有学识有学养而多不为人所知,是为了让人知晓而隐居的。真隐士是志于道的、有自知之明的大学者,其代表应当是如老子那样的述而又作《道德经》的"圣者"。司马迁在《史记·老子传》中是这样为老子定位的:"老子,隐君子也。"皇甫希之拒桓玄之请确为"高士",而桓玄之举,既无知又做作,实不足取。

12. 竹隐。竹以清风高节与松梅并称为"岁寒三友",素为隐士所好。每读王羲之《兰亭序》的"茂林修竹"一句时,不禁想起他和"竹林高士"张鹰之间的交往。张鹰家中有苦竹数十顷,以竹为屋,常居其中。王羲之因爱竹而慕名去访问,鹰逃避竹林之中,不与相见。看来,张鹰是个大"竹隐"。王羲之爱竹的性格,传给了他的儿子王徽之。史称徽之"性卓不羁","尝指竹曰:'何可一日无君耶'"!晋代"竹林七贤"成为亲密友谊的美称,《晋书·山涛传》载:山涛与嵇康、阮籍关系好,后又与阮籍、阮籍侄阮咸、向秀、刘伶、王戎成为至交,常宴集于竹林之下,时人称为"竹林七贤",实为七位"忘言之契"的"竹隐"。唐代还有"竹溪六逸",即李白、孔巢父、韩准、裴政、张叔明、陶沔在泰安府徂徕山下之竹溪,日纵酒酣歌,颇有隐逸之风。当时以"竹笠"为头巾,而歌颂竹中隐逸就有诗人张籍,他在《太白老人》诗中即有"日观东峰幽客住,竹巾腾带亦逢迎"之句。此外,宋代赵鼎臣著有《竹隐畸士集》40卷,明末散佚后,现留20卷,专论"竹隐"之事。

13. 杏隐。传说三国时代,吴国医生董奉,隐居庐山(一说隐居安徽凤阳杏山),不事农耕,以杏换粮为生。每日治病救人,亦不收钱，唯嘱病愈者植杏五株，病轻者植一株。积以时日，得杏林十万株。他以杏林收入，资助无钱医病的穷人。他积德行善，留下了"杏隐"美名和"杏林春暖"的传世佳话。后人赞颂他，李白做"禹穴藏书地，匡山（庐山）种杏用"（《送二季之江东》），明代查铎做"倦游无复寻蓬岛，多病还来访杏林"（《白下送汪春水归楚》）来怀念董奉。和"杏隐"有关联的还有南朝时期隐居于句曲山的"华阳隐士"陶弘景。他著有《本草经集注》《肘后百一方》等医学著作，活到八十岁（465—536）。"仰彭涓兮弗远，必长年兮可期"，这是他在《陶隐居集·寻山志》中的长寿诗句。这位隐士，还因为参加了梁王朝的建立，因而被诗人称为"山中宰相"。在本文前面第9"山中宰相"已与沈隐侯并论了。

14. 梅隐。元明之际的画家、诗人王冕，幼年家贫，常入学舍听诸生诵书，后来为牧童，挂书包于牛角，攻读不已，后成通儒。他隐居于九里山，以三间茅屋为家，植梅千株，自题为"梅花书屋"，号称"梅花屋主"。他的《墨梅》即画梅的名诗："吾家洗砚池头树，朵朵花开淡墨痕。不要人夸好颜色，只留清气满乾坤。"此诗如清代翁方纲所说，"如冷泉漱石，自成湍激"，开一代诗画新风。他是典型的"梅隐"，虽然晚年做了朱元璋的咨议参军，但不久即病故。

15. 梅鹤之隐。宋林逋，隐居杭州西湖孤山，不娶无子。二十年不入城市，居所植梅养鹤以自娱。客至则放鹤致迎，有"梅妻鹤子"之称。他工行书，喜为诗，不趋荣利，是位高隐。

16. 菊隐。晋代陶渊明（365—427）推崇"采菊东篱下，悠然见南山"而欣赏菊花，因而有"陶菊""彭泽菊"的雅称，可谓菊文化大隐。美国印第安纳大学东亚系教授倪肃珊（Susan E. Nelson）有研究论文《悠然见南山：陶渊明、庐山与隐逸的图景》（*Catching Sight of South Mountain*: *Tao Yuanming*, *Mount Lu*, *and the Lconographies of Escape*, Archieves of Asiam Art 52, 2000–2001）、《重访东篱：陶潜之菊》（"Revisiting the Eastern Fence: Tao Qian's Chry-santhemuns", *The Art Bulletin*, Vol. 83, No. 3, 2001），从诗意的艺术境界谈隐中之菊。

李白对隐逸避世并不欣赏，他说："龌龊东篱下，渊明不足群。"① 杜甫同样说："陶潜避俗翁，未必能达道。"倒是白居易称赞说："常爱陶泽翁，文思何高玄。"苏轼晚年被贬后，每天读陶诗一首，留下了和唱陶诗一百多首和对陶诗"质而实绮，癯而实腴"的美学价值评赞。苏轼对陶渊明的"欲仕则仕，不以求之为嫌；欲隐则隐，不以去之为高"的率意而为、率真而行之士人本真，显示菊隐式全面评价。陶渊明的"菊隐"是清淡之美的典型。每当我清晨饮用菊花、枸杞、蜂蜜这"三宝"时，时不时脑际中浮现出他"采菊东篱下""天气澄和，风物闲美"（陶渊明《游斜川诗序》）的"菊隐"身影。他不仅属于中国，而且光芒辐射世界。英国亚瑟·韦利（Arthur Walcy, 1889—1966）在其《中国古诗选译》（1918）中，就有12首陶诗，韩国车柱环、日本人一海知义都是陶诗的研究者。鲁迅说，陶渊明飘逸得很久了，但并非整日如此，他既有"悠然见南山"一面，又有"猛志逸四海"的一面。这是"浑身肃穆"（朱光潜）和"金刚怒目"（鲁迅）合为一体的人，是在人类文明交往原点上找快乐，是"俯仰终宇宙，不乐复何如"，是回归自然乐趣境界。辞官归隐，其人其诗其文，一如"菊隐"一样深邃神秘而引人注目，是隐士文化中的重要篇章。

17. 隐学。隐士本义是隐居不仕的人。深居不仕为隐居，《论语·季氏》"隐居以求其志，行义以达其道"，即指此。隐而有居所，唐代诗人孟浩然《寻白鹤岩张子容隐居》诗："白鹤青岩畔，幽人有隐居。"隐居和隐居之人，有时又称"隐沦""逸民"。所谓"隐学"，是隐居治学的学人。《水经注·潍水》："（逢萌）复不在其山隐学，明帝安车征萌，以佯狂免。"也有隐学以后入仕者，如《晋书·

---

① 其实，李白也有"何日到彭泽，长歌陶令前"的仰慕之情。这很类似王维"复值接与醉，狂歌五柳前"的倾心。值得一提的是龚自珍把陶渊明比为诸葛亮与屈原："陶潜酷似卧龙豪，万古浔阳松菊高。莫信诗人竟平淡，二分梁甫一分骚。"郑板桥是先仕后隐，官至范县、潍县知县，罢官后归里以鬻画为生。其人也与陶渊明相同。诸葛亮应是先隐后仕，他与陶潜一名为"渊明"，字为"孔明"；一字为"元亮"，一名为"亮"，二人名、字，惊人相似。

任旭传》："旭与会稽虞喜，俱以隐学被召。"清代王士禛，官至刑部尚书，善文、诗、词。他七十岁隐退乡里，作《分甘余话》四卷，为随笔之作，大部分内容为杂记琐闻故事，其中也有考辨。书名取自王羲之《致谢万书》中的"修植桑果，今盛敷荣，率诸子，抱弱孙，游观其间，有一株之甘，割而分之，以娱目前"等语，也反映了他静闲隐居心态。

18. 退士。退士即隐士。《抱朴子·交际》："故曩哲选择而后交，不先交而后择。子之所论，出人之计也；吾之所守，退士之志也。"这里把"出人"与"退士"相区别，以示退隐。

三　高适和王维的隐士诗

隐士是一个复杂的士人称谓。各种各样的隐士，都不可能脱离人世交往。唐代诗人储光羲在《寄孙山人》诗中，咏唱出"借问故园隐君子，时来时去在人间"的诗句。唐代诗人中关于隐士文化的诗很多，是一个研究当时文人社会生活、思想状况和心理动态的"富矿"，值得细觅深掘。结合人类文明交往问题，有两首诗在讨论过上述两节"释京隐"和"隐士文化"之后，应再加以评述。

第一首是高适的《赋得还山吟送沈四山人》：

还山吟，天高日暮寒山深，送君还山识君心。
人生老大须恣意，看君解作一生事。
山间偃仰无不至，石泉淙淙若风雨，桂花松子常满地。
卖药囊中应有钱，还山服药又长年。
白云劝尽杯中物，明月相随何处眠？
眠时忆问醒时事，梦魂可以相周旋。

这是高适对其好友沈千运清贫高雅隐士生活的赞歌。

沈千运，排行第四，人称"沈四山人"，唐天宝时人。他才高却屡试不中，年约半百，历经世态炎凉，参悟人生仕途，遂隐居于濮上山水之间，躬耕田园。他在《山中作》一诗中，以"栖隐非别事，所愿离风尘"来表心态；以"何者为形骸？谁是知与仁？寂寞了闲事，而后知天真"以明志向。他既非"终南捷径"的"假隐"，又非先仕后隐的"归隐"，而是一位仕途穷蹇、老大恣意、以卖药为生和注重养生延年、知世乐生的隐士。

高适是沈四山人的好友，他早年仕途失意，又经过仕途通达而到年老退隐时期，所以就沈四还山隐居，吟咏出"还山吟，天高日暮寒山深，送君还山识君心"这样的诗篇。这首诗有三点值得品味：一是沈四山人乐于山中的自然环境和人与自然的怡然和谐相处；二是沈四山人在山中采药谋生、服药养生、怡然与自然共生，诗意地栖息；三是最后一句："眠时忆问醒时事，梦魂可以相周旋。"此句道出了自我身心之间在梦中反复交往互动、交流中徜徉出"做好自己"的自省自觉，可谓神来之笔。这种隐逸风韵已入心灵深处化成之境界，颇有"自知之明"的清醒精神状态。这使人想起东晋名士殷浩面对桓温"常有竞心"的逼人架势时所说的一句话："我与我周旋久，宁作我。"这是"认识你自己""做好你自己"、知道你自己（自我、自身、自心）那样"自知之明"的交往文明化表现。

读此诗，令人感到生活气息浓郁、思绪意味深长、情调洒脱，加上自由不拘一格的七言古韵，洋溢着人与自然和谐的艺术美感。它塑造了一个隐君子形象，似乎是子路问路的"荷蓧丈人"，如孔子所说的："隐者也。"荷蓧者，荷锄也。荷蓧丈人好客而为孔子所尊重，让子路道谢他。高适笔下的沈四山人，其形象从另一个角度，反映了隐士的风采。

第二首是王维的《春日与裴迪过新昌里访吕逸人不遇》。

王维一如陶渊明，是位大隐。他为安禄山登基谱过乐并任官职，因此被唐王朝关入监狱。出狱后归隐三十年，看透人生，笑别人生。他确实如"走出去"而又"归去来兮"的陶渊明一样，都是以隐静生活而终。王维诗中所述的，是他同诗友知交裴迪一起访问吕隐士——吕逸人的事。此公隐居于唐都长安延兴门的新昌里，为当时地道的一位"京隐"。吕逸人事迹虽然不明，但其闭门著书、不受都市车马喧扰的隐士生活，不禁令人想起唐代罗隐《甲乙集·题袁溪张逸人所居》中的诗句："鸡窗夜静开书卷，鱼槛春深展钓丝"的诗意治学境界。王维诗中所反映的吕逸人那种笔耕不辍、宁静致远的精神，给我一种感同身受的亲切美感，兹录于下：

> 桃源一向绝风尘，柳市南头访隐沦。
> 到门不敢题凡鸟，看竹何须问主人。
> 城上青山如屋里，东家流水入西邻。
> 闭门著书多岁月，种松皆老作龙鳞。

首先，呈现在我们面前的，是唐代两位"山隐"对一位"京隐"的访问。王维与裴迪是同具隐逸情趣的好友，早年两人一同隐居终南山，用诗歌唱和相互明志。之后，二人在蓝田辋川山庄"泛舟往来，啸咏终日"（《旧唐书·王维传》）。用晋代潘岳《西征赋》的话说，是以"悟山潜之逸士"，用"绝风尘"眼力，来看京城长安柳市南头吕逸人的隐居地。此地位于京都长安城东南角，距曲江四个街坊，处在乐游原旁，所以，在二位"山隐"视野中的京城中大隐，却似乎是绝世尘而无车马喧的桃花源中的隐逸之人。这正同道人"隐沦乎市卒"（晋郭璞《传客傲》）隐居之处，也是"栖肥邀贤"的"隐沦客"（南朝宋谢灵运《入华子岗是麻源第三谷》诗）。

正是对吕逸人超俗气质和闭户著书的倾慕赞赏，虽然访问不遇，却对主人幽雅住处产生高山仰止的诚挚情感。作者本有访人不遇无限懊恼，但用了"题凡鸟"和"看竹"两个典故来表现寻逸人的笃敬之心。"题凡鸟"事见《世说新语·简傲》，说的是三国魏时名士吕安访好友嵇康未遇，康兄嵇喜出迎，吕安在门上题写"凤"而去，意思是我要见的是鸟王凤凰，而不是你这个"凡鸟"。"看竹"是本文前边讲的"竹隐"中王羲之之子王徽之闻吴中某家有好竹，坐车直造其门观竹，"讽啸良久"（《晋书·王羲之传》），只观竹而不问主人。王维不写访知音不遇"到门不敢题凡鸟，看竹何须问主人"，反而用历史故事表明对吕逸人的尊敬，使人倍感艺术匠心。这在表现手法中是"虚笔",实笔是第三句:"城上青山如屋里,东家流水入西邻。""城上",一作"城外"较妥,因为此地处于唐长安城东南的边缘,出门即可远眺乐游原,原如山,暗示处于闹市而又心远地自偏。也因为此地距曲江不远,水源也淙淙可见,是城中依山傍水的雅境。虽未见人,从居处可见其绝风尘的隐逸情趣。这正是王维独特的体物精细风格。

王维长于写隐士生活。他不但体物精细,而且状写传神、物我相融一体,令人体味到天人一体的深深韵味。这集中表现于诗的结语:"闭门著书多岁月,种松皆老作龙鳞。"闭门著书是王维对吕逸人"绝风尘"情怀的称赞,而"多岁月"是对吕逸人治学的坚定、坚持、坚守的不动摇信念、不放弃韧性和不动摇精神的钦佩。吕逸人不是"终南捷径"的"假隐",而是纯真的"学隐"。更重要的是,王维用他表达人与物相融合的艺术表现手法,把"多岁月"持续长久闭户著书与"种松皆老作龙鳞"紧密联结为一个完整的收尾诗句,更加显现出吕逸人那种笔耕与手植松树一起共生同老的坚贞纯粹的学者的高尚品质。诗人用他观察到吕逸人手植松树这个实际景物——苍劲的老松,来抒发吕逸人这位纯粹科学研究兴趣的行藏在己、取舍由人、情孤高而不自傲、居闹市而心远志坚的松树风格[①]。他并非消极隐退,而是老而弥坚,长年累月著书,和所植松树一起,历经冷暖风雪,正如苏轼在《李氏园》诗中所描述的那样:"林中百尺松,岁久苍鳞蠛。"此种皓首笔耕、辛勤植松,不但著作未留,甚至只知姓而不知名的大隐,幸好被王维如椽之笔,使吕逸人载道传承后世。这也许是他隐士生活诗歌艺术中"遗憾性"美感的勉力所在吧!

我读王维此诗,想起了他另一首《寻西山隐者不遇》诗。与访吕逸人诗相比较,都是访问景慕的隐者不遇而失望惆怅,进而领略隐者

[①] 南宋名臣李光的《感松》:"每忆西湖九里松,眼明忽见髭髯翁。隐居庭院多植种,为爱笙箫递晚风。"他被贬海南儋州,犹劝人们不要砍伐松树。隐居植松,传递晚年高风亮节,见松而眼见"髭髯翁",分明就是吕逸人这样追求真善美纯粹兴趣的学者。

生活情趣的主题。不同之处是：①被访者是隐居于"绝顶一茅茨，直上三十里"的高山上的"山隐"；②被访者可能是一位游山玩水的幽雅生活者，"窥室唯案几"而已；③最大区别在于，他借访问隐者不遇的主题上，由隐者栖息的"草色新雨中，松声晚窗里"的景物中，沟通了自己和被访问者的心声："及兹契幽绝，自足荡心耳。虽无宾主意，颇得清净理。"诗的末句，引用了晋代王子猷（徽之）访其好友戴安道隐士到门口又即返回的典故："吾本乘兴而行，尽兴而返，何必见戴？"这是用以说明自己的雅兴佳趣，已经满足，旷达胸怀、喜幽习性和任性所之的新意，便自然表现于主题："尽兴方下山，何必待之子！"

《寻西山隐者不遇》与访吕逸人不遇诗，二者不同之处，在于被访者兴趣、爱好、志向上的差异。吕逸人的人生旨趣是纯粹的学者的治学兴趣，而不是寄情于山水之间超凡脱世隐士的兴趣。他把自己的兴趣定位于人类文明的贡献上，用闭门笔耕著述的成一家之言为乐趣。这种乐趣是我下面要谈的"纯粹科学研究的兴趣"问题。

四　纯粹科学研究的兴趣

王维歌颂的"闭户著书多岁月，种松皆老作龙鳞"，实质上是一种纯粹学者历经岁月沧桑、矢志不改、龙鳞苍劲的松树精神。往深处讲，是恩格斯在《费尔巴哈与德国古典哲学的终结》中所指出的"纯粹科学研究的兴趣"（der sinn fuer wissenschaftliche forschumg），这种兴趣是科学研究工作中所表现的求真向善爱美的精粹旨趣和崇高情怀。

兴趣是人类生活中因物感而产生的情趣、兴致、趣向，它因人因事而异，智者乐水，仁者乐山，说到底是人生追求的乐趣。兴趣一词分开来说，"兴"蕴含着感于物而吟咏情性的诗意，是《诗经》风、赋、比、兴、雅、颂"六义"之一，用朱熹的话说："兴者，先言他物以引起所咏之词也。""趣"是情趣、志趣、趣向、趣味、旨趣等人生所追求的欢乐。《水经注·江水》："清荣峻茂，良多趣味"；宋代叶适《跋刘克逊诗》也有"怪伟伏于平易之中,趣味在言语之外",是一种意会兴感,如宋代梅尧臣《有感》诗所说:"我已暮年殊趣向,仍有旨趣在"的旨趣。

"兴"与"趣"合为一词,表现于科学研究,有特殊重要意义,它源于问题意识中的好奇心,由好奇心而产生浓厚的求真兴趣。《列子·汤问》中所讲"曲每奏,钟子期辄穷其趣",就是要通透彻底深知其中趣味。这种好奇心的兴趣,导引着研究的持续,在科学研究中成为把知识、智慧化为探索真理的动力。在诸多兴趣的共同点上,都是沿着爱、好(hào)、乐方向发展。在治学上是"不兴其艺,不能乐学"(《礼·学记》),是好学乐道的境界。纯粹科学研究的兴趣,是求真向善爱美的最高境界。至美曰纯,齐同曰粹,《易·文言》:"大哉乾乎,刚健中正,纯粹精也。"精美无瑕,纯一不杂,科学研究上发现发明、创新创造,做出独自原创性贡献,都与这种纯粹兴趣升华为思想、为精神密切相关。

科学研究是人类文明交往史上重要的实践活动。纯粹科学研究的兴趣是最可贵的兴趣。恩格斯从哲学史的高度,把这种兴趣的特征概括为以下几点:

第一,这是"在理论上毫无顾忌的精神";

第二,"在这里,没有地位利益的任何顾虑,没有乞求上司庇护的念头";

第三,"不管它是否违反警章";

第四,"不管所得成果在实践上是否能实现";

第五,总之,是一种不计狭隘实用和急功近利的"德国的光荣的伟大理论兴趣"。

恩格斯在《费尔巴哈与德国古典哲学的终结》一书快结束处慨叹地写道,这种在理论上毫无顾忌的精神,在德国已经"完全消失了,代之而起的却是对职位和收入的担忧,以及极其卑劣的向上爬思想"。

我在2003年读此书至此时,曾写了一段感想:

> 读书至此,掩卷而思,环顾学术界出现的一些追名逐利、

追风随势，泡沫与沉滓齐起、个人与集体腐败共流的丑恶现象，真应该把恩格斯一百多年前讲的话作为警钟！这种丑陋现象看来是古今中外通病，不分东方西方的。我们多么需要恩格斯总结的这种"在理论上毫无顾忌的精神"和"纯粹科学研究的兴趣"！①

学者应秉持一颗仁爱之心，具有坚毅的意志。所谓"纯粹"就是对人生的纯朴论识，对事业有单纯的追求，对真理的一片赤诚，对科学研究的深厚兴趣。

五　晚年心灵的栖息地：北京松榆斋

"京隐"可以简明反映"闭门著书多岁月"的静谧生活心态，如我在《文明交往论》2001年第1版后记中引用德国哲理诗人歌德《塔索》人生之歌中所说的：

> 我徒劳地去抑制这种冲动，
> 它在胸中日日夜夜激荡不停，
> 如果我不去思考，
> 那么，生活对我说来，就不再是生活。②

这里所说的"冲动"，来自"纯粹科学研究的兴趣"。从诗意治学上，可参阅宋代严羽《沧浪诗话·诗辨》中分析唐宋诗风的转变："盛唐诗人，惟在兴趣，羚羊挂角，无迹可寻。"他对宋代诗风多有批评："近代诸公，乃作奇特解会，遂以文字为诗，以才学为诗，以议论为诗"，"且其作多务使事，不问兴致"。诗是吟咏性情的艺术，兴之所达为"兴致"，也就是兴趣、兴味。从这个意义上严羽的批评

---

① 彭树智：《书路鸿踪录》，三秦出版社2004年版，第869页。
② 彭树智：《文明交往论》，陕西人民出版社2001年版，第636页。

有其道理。但凡事不能走极端，只重"一"而忽略"多"。哲理诗是宋诗的创造性新高度，兴致、趣味层次更具理性特色，也更有思想性。这是一个时代的艺术特色。唐代大诗人杜甫曾以晋代支遁、许询二位精神佛理名僧为例，说明理道相同，兴趣各异："从来支许游，兴趣江湖迥。"

社会生活是多样的，兴趣也是多方面的，不同的是个性，共同的是乐趣。歌德的乐趣是思考，而且以论入诗，也可有上乘之作。他上述《塔索》诗也就是自我生活中的"纯粹兴趣"之歌。细细品味其中情趣，我也身感心受。不过，我在本节开头引用歌德《塔索》之后，还要仿他的诗体，在后面续加一句：

如果不把思考的成果，
用手中笔写下来，那同样也不再是生活。

这正如我在《京隐述作集》书前叙诗中所吟咏的《乐趣·松榆之"互动歌"》：

芭蕉凋谢叶化扇，去尘消暑结人缘。
栖而不息挥不止，乐在手脑互动间。

生活就是这样：忙悠交集，而忙悠交集之中，乐趣常存①。我想到了唐代张悦之《戏草树》诗："戏问芭蕉叶，何愁心不开。"又想起了唐代张希复的《赠人上联句》诗："乘兴书芭叶，闲来入豆房。"还有唐代书法家怀素故居"绿天庵"。宋代陶毂《清异录·草》："怀素居零陵，庵东郊植芭蕉，亘带数亩，取叶代纸而书，号其所曰'绿天'"。向绿叶致注目礼，是向芭蕉叶礼赞的结果，是生

---

① 王维有名画《雪里芭蕉》，把夏天的芭蕉和冬天的积雪画在一起。此种"想落天外"的艺术奇想，如惠洪在《冷斋夜话》中所说："王维作雪中芭蕉诗眼见之，知其神情寄于物；俗论则不知寒暑。"

态文明养生乐趣。

由芭蕉叶联想到绿天，又由吕逸人著书到种松，我联想到2003年我老年退居北京松榆斋的隐士般栖息地，并命名书斋为"松榆斋"。在这里，我用八个月时间写成第一本随记：《松榆斋百记——人类文明交往散论》，这是我以纯粹科学研究兴趣写成的散记，目的是进一步思考并且同人类文明交往论爱好者一道进行深入的讨论交流。我深知，任何理论都是为了帮助探索世界，而不可能完全满意地说明和改造世界。理论只有与实践密切联系，不断接受实践检验，才会具有生命活力。"文明交往论的作用，是用文明自觉，促进人类远离野蛮而不断文明化。"这是我在上述《散论》一书中的核心思想。

这个思考的核心，终于在完成主编国家级"十五"教材《世界史·当代卷》和主编我国中东学科奠基之作《中东国家通史》（13卷本）写作过程中，逐步完善了。我在《松榆斋初记》中，记录着一个片段：

> 移居松榆斋后，收到第一本商务印书馆作者赠书，是我主编的《中东国家通史·叙利亚和黎巴嫩卷》……它是我通过对已出版的中东9个国家历史和现状分析后，写出的一篇小结性论文。

当时，对于"人类远离野蛮而不断文明化"问题，我从以下几方面认识到世界史特别是中东史研究给"文明交往历史观念"的启示：

> 首先，我明确地提出文明交往论对研究历史和现实问题的意义，在于它重视人类各个文明之间的互相联系和影响，在于关注这种相互联系和影响在不同时代、不同地区和不同国家中所达到的程度和发挥的作用。其次，我勾勒出阿富汗和叙利亚两个中东地区文明交往中心的历史交通枢纽汇聚图景，特别是较详细地叙述了叙利亚在古代中东文明交往的创造性作用。复次，我概括了

中东国家通史中整体性、联系性、综合性因素和由此贯通而由过去、现在和未来趋势组成的文明交往链条。最后，我更明确了中东地区的问题，就出在文明交往的历史自觉程度上，而其根源在物质、精神、制度和生态文明的发展问题上。

同时，我提出了人类历史的已经凝固、正在凝固和尚未凝固的历史"三层次"说，并进一步强调西北大学中东研究所的学术风格：从已经凝固历史层（远古、中古、近现代史）、正在凝固历史层（当代史）顺序学习和从尚未凝固历史层（当前发展现状）出发，追溯和反思第一、第二层历史，并从此历史高度审视现状与观照未来。学习历史与研究历史的顺序与逆序相结合，这在方法论上是双向动态的有机结合。

沿着这个思路，在松榆斋我陆续完成了《两斋文明自觉论随笔》（3卷本）、《我的文明观》和《老学日历》。现在写成的《京隐述作集》（3卷），是我对人类文明交往问题上下探索的又一部手写笔记。述，即传承；作，即创新。述而又作，尽在书中。《论语·述而》："述而不作，信而好古，窃比于我老彭。"老彭何人？郑玄、王弼认为"老"为老聃，"彭"为彭祖。老聃即老子，他著有《道德经》，不能说是"述而不作"。《大戴礼记·虞戴德》《汉书·古今人表》有"老彭"，商代初年人。老彭很可能是位高龄学者，也可能是传说中的彭祖。《抱朴子·对俗》："或人难曰：'人中之有老彭，犹木中有松柏，禀之自然，何可学得乎？'"以松柏喻"老彭"，可作为旁证。总之，"老彭"是"闭门著书多岁月，种松皆老作龙鳞"一类"松柏本孤直"（李白《古风》之十二）的纯粹老学人。学人老了，写专深著作也难。但写学术随笔，还是可以做到的。我的《京隐述作集》即是这样的作品。

松柏合称，有"岁寒，然后知松柏之后凋"的老而弥坚精神，是常见的"松柏精神"。但松和榆合称，我只是到北京才见到有松榆南北二路的名称。刘禹锡把桑和榆连称，因有"莫道桑榆晚，为霞尚满天"颂誉夕阳晚景。此前，也有"是故槐榆与桔柚，合而兄弟"

(《淮南子·俶真》）的说法。不过，在明代朱鼎《玉鼎钟台记》传奇中，也有"松柏南山，榆景身健康"的松柏榆相合称，表示年老体健的说法。其实，榆与松，风格相近。"榆景"是老年情景的象征，唐代孟郊即有"兰交早已谢，榆景徒相迫"的诗句。宋代有位诗人的诗句，更说明了松榆二者的相通：张牛《折木》诗："我居堂前有大榆，百年老干鱼鳞剥。"松龄、榆龄，老态树皮均如鱼龙之鳞。民间称笨人为"榆木疙瘩"，那种贬义中透露着坚硬、坚强，大智若愚。以松柏喻彭祖高龄，比桑、槐、桔、柚，更切合我晚年迎晚霞的心态，松榆斋自然成为我晚年心灵的栖息地了。

《京隐述作集》是以静谧心态，作传承与创新的写作记录。静谧即宁静，即纯粹科学研究的兴趣，用中国科学院院士彭桓武的说法，是"不为物欲所惑，不为权势所屈，不为利害所移"。他有一副意味深长的科学研究创新、原创对联："集体集体集集体，日新日新日日新。"他强调科学研究中以上这"三不为"、发挥团队群体力量和原创"日日新"的思想，洋溢着纯粹科学研究的兴趣和众志成城的大智慧。现在，创新意识已深入广大科研人群之中，但仍需从人类文明创造的基线上定位，而不要以追求国际国内大奖为目标。创新是人类文明交往自觉能动的创造性，是人与动物的本质区别，它要创造，要革故鼎新，要为文明增光添彩。创新的关键在于独立思考，其要点是不要亦步亦趋跟着别人走，不要人云亦云地随着别人说，而要有自得的创造性成果。创新须固本，既要勤奋、严谨、求实、协作，又要专心致志、崇实致真、宁静致远、坚毅致强。彭桓武是一位现代"老彭"。仿照孔夫子的话并加进我意：述而又作，好古爱今，窃比于老彭桓武。这就是我对传承创新的一得之见而将本书命名为《京隐述作集》的缘由。

《京隐述作集》的主题仍是人类文明交往问题。回忆2002年我在《文明交往论·后记》中说："我相信，与历史会晤，同文明对话，对交往思考，有助于更好地改善人类的生活……这种生活不仅深化着我对历史的反思，对现实的理解，也深化着对自我的认识。""它是我60岁之前5年和60岁之后10年人生的长跑记录。"现在写《京隐述作集》有别于过去的忙碌生活，我已垂垂老矣，然而老学的思维与习惯不改。功夫不仅是时间意义，而且具有历史观念，即在长期努力的动脑动手所创造的劳动成果及其思想文化造诣功力。我相信诗意治学的乐趣在心意功夫，而心意通过手写方能准确表达思想。学人只有让手中的笔动起来，创造性成果、工作才真正开始。晋代向秀《思旧赋》："停驾言其将迈兮，遂援翰而写心。"清代钱大昕悟出了写心贵在创新而把晚年成书的代表作命名为《十驾斋养新录》①。诗意治学并非治学如写诗，诗言志在表现情感，如宋代陈造《江湖长翁诗钞自适》所言："诗凭写意不求工。"然而诗意治学确是要有功夫的。学术之道，得于心，应于手，述于文，气足自意深，意深则味有余。明末大学者黄宗羲晚年隐居治学，有"心无本体，功夫所至即其本体"的"学术本体"和"人心本质"之说。工夫与功夫有时通用，但功夫是要有力量的，要有智慧之力的。我更倾向在学术上用"功夫"一词。这里的"功夫"，即"心力"之思，通过"手写"之"笔力"，手脑互动、静心历练而表现出诗意治学境界。

《京隐述作集》分"文以载道""史以明道"和"哲以论道"三方面探索人类文明交往之道。文史哲三方面虽分类不同，而且范围与一般所说要广，三者联系其实是很密切的。此种"三分法"仅仅是为了思考方便而探索人类文明交往之道的。人文精神之"文"、明智思路之"史"和思辨理论之"哲"，是三个不同的视角，也是本书三卷的结构。三个不同方向，都指向了人类文明交往的自觉。文史哲三者，是相知相通的。学人之心，有真善美之质；学人之心，有人文精神之线；学人之心，虽不能兼专文史哲，但有穿针引线的笔耕功夫。宋代大诗人陆游就是这样夫子自道："勿言老牛行苦迟，我今八十耕犹力。"清初学者王夫之是位隐居于衡山石船山，闭门不仕专心著书

---

① 当代学者陈垣认为："顾炎武《日知录》在清代是第一流的，但还不是第一，第一应推钱大昕《十驾斋养新录》。"（陈文和：《嘉定钱大昕全集·序言》，江苏古籍出版社1997年版，第2页）它之所以是"第一"，就是他在序言中引用张载《芭蕉诗》中融真善美于一体的创新精神。钱大昕论校勘工作的大气度也令人佩服："订讹规过，非以訾毁前人，实以惠后学。但议论须平允，词气需谦和。"

的大学隐，也是通晓天文、经史、舆地诸学的通儒。他在《周易外传》中说："才以用而日生，思以引而不竭。"《京隐述作集》就是我2015年到现在老年手写脑思、用才引思的记录。《文心雕龙·养气》有"意得则舒怀以命笔，理伏则投笔以卷怀"。汉代学者徐平《中论·治学》中也说："学也者，所以疏神达思，怡情理性。"古人这些思维成果都表述了我诗意治学的本意。

最后，谨以《我笔写我思》小诗结束这篇序言：

我笔写我思，思路入雅趣。
手脑相互动，花开结果实。
我笔写我思，面对知音书。
理解不理解，思从心灵出。
我笔写我思，文明大历史。
八十著四书①，晚霞映松榆。

2015年8月草稿，
2016年10月初稿，
2017年3月15—4月14日二稿，
2017年5月10—15日三稿，
2018年1月10—15日四稿，
2018年8月10—22日五稿。

---

① 四书：《两斋文明自觉论随笔》（三卷本），2012年中国社会科学出版社版；《我的文明观》，2013年西北大学出版社版；《老学日历》，2015年中国社会科学出版社版；《京隐述作集》（三卷本），拟于2019年起，陆续定稿出版。

目　　录

第一编　文以载乐道 ……………………………………… (1)
- 一　文以载道 ……………………………………………… (1)
- 二　文以乐道 ……………………………………………… (4)
- 三　知天命之道：大美大智与天职使命 ………………… (5)
- 四　文以载道需要文明交往视野 ………………………… (7)
- 五　人类的文明交往价值 ………………………………… (9)
- 六　西方文明的起源与异化 ……………………………… (12)
- 七　《我们的普世文明》 ………………………………… (13)
- 八　中英文明交往的花与果 ……………………………… (14)
- 九　爱自然，为人类 ……………………………………… (16)
- 十　人文精神的本质 ……………………………………… (26)
- 十一　文明交往人文化 …………………………………… (29)
- 十二　文字与文章 ………………………………………… (32)
- 十三　西方的人文史 ……………………………………… (34)
- 十四　文明的生命在于交往 ……………………………… (36)
- 十五　学问与文明 ………………………………………… (37)
- 十六　翻译与文明交往 …………………………………… (37)
- 十七　陕西三原县宏道书院的遐思 ……………………… (39)
- 十八　人类文明走向堕落的过程 ………………………… (44)
- 十九　容闳的文明交往志愿 ……………………………… (45)
- 二十　人文与文学 ………………………………………… (46)

二十一　《艺术中的人文精神》……………………………（46）
二十二　以画疗"心"与以绿养目……………………………（47）

第二编　文以载美道………………………………………（51）
　　一　京隐西望秋云白……………………………………（51）
　　二　美感世界
　　　　——纯粹意象世界………………………………（53）
　　三　大美产生于蓄意而发的意象世界…………………（55）
　　四　色感
　　　　——美感中最普遍形式……………………………（56）
　　五　古小镇与古大城之美………………………………（59）
　　六　王阳明的觉化知明之诗意美………………………（60）
　　七　张若虚《春江花月夜》的艺术生命美……………（65）
　　八　在人类文明交往自觉基点上创新…………………（68）
　　九　刘长卿"风雪夜归人"的苍山雪夜诗意图景……（69）
　　十　审美的诗意心灵境界………………………………（71）
　十一　智识是明智见识之"知"………………………（73）
　十二　为美养心…………………………………………（75）
　十三　美道………………………………………………（77）
　十四　美学杂记…………………………………………（79）
　十五　爱自然、为人类的仁爱之美……………………（81）
　十六　人类生命中的智慧美……………………………（83）
　十七　阿富汗战争的悲歌………………………………（87）
　十八　羊年谈美续篇……………………………………（89）
　十九　羊年谈美再续篇…………………………………（94）
　二十　贾岛自注诗的意蕴美……………………………（95）
二十一　咖啡事补记………………………………………（97）
二十二　体育、艺术和文化………………………………（98）
二十三　从郑国渠到泾惠渠………………………………（99）

第三编　文以载诗道 ………………………………………… (102)
　　一　诗意治学中的心境 ………………………………… (102)
　　二　味外之旨，诗外之音 ……………………………… (104)
　　三　诗意境界即美雅境界 ……………………………… (106)
　　四　《人应当是一朵花》续说 ………………………… (106)
　　五　迎春花的遐思 ……………………………………… (109)
　　六　松榆茂矣，于彼朝阳 ……………………………… (112)
　　七　张载诗意治学之新、心美 ………………………… (114)
　　八　朱熹诗意治学的日新之功 ………………………… (121)
　　九　刘禹锡长恨歌之味 ………………………………… (123)
　　十　黄庭坚仕途的水性之缘 …………………………… (135)
　　十一　吉卜林的《如果》 ……………………………… (138)
　　十二　大仲马与基督山岛 ……………………………… (139)
　　十三　俄罗斯丘特切夫的哲理抒情诗 ………………… (140)
　　十四　张元济手题对联的"积德之论" ……………… (142)
　　十五　郭沫若论"把人当成人" ……………………… (143)
　　十六　郭沫若论天才类型 ……………………………… (144)
　　十七　钱锺书和杨绛的"隐身衣" …………………… (145)
　　十八　《学王笔记》之二：有感于《兰亭序》中的
　　　　　死生观 …………………………………………… (146)
　　十九　学王续录 ………………………………………… (152)
　　二十　学习书法抄录集锦 ……………………………… (157)
　　二十一　书法之德馨艺美 ……………………………… (159)
　　二十二　写作的乐趣 …………………………………… (160)
　　二十三　读书是生活 …………………………………… (161)
　　二十四　冬至思乡 ……………………………………… (162)
　　二十五　尽己之力，完成自己之天职使命 …………… (163)

第四编　文以载述道 ………………………………………… (166)
　　一　答《历史教学问题》特约记者韩志斌问 ………… (166)

二　答《中东问题研究》编辑闫伟问 …………………………（179）
三　答《陕西地方志》杂志主编张世民问 ……………………（201）

附录 1 ………………………………………………………………（217）
一　答北京《追求者的自白》编者天雨、甘如问
（1987 年 1 月 10 日）………………………………………（217）
二　答上海《探索与争鸣》杂志特约记者巨永明访谈录
——从"文明交往论"看中东冲突问题 …………………（220）
三　答广州、沈阳版《当代百家话读书》主编曹积三、
阎桂笙问 ……………………………………………………（225）
四　答上海《外滩画报》记者访谈
——倾听战争背后的政治交往之声 ………………………（232）

附录 2
一　由"文"字思考"文以载道" ………………………………（235）
二　"文"字集解 …………………………………………………（236）
三　补"钓隐" ……………………………………………………（241）
四　跋诗：人类文明咏（六行七言体）………………………（242）

第一编　文以载乐道

一　文以载道

"文以载道"，是把立言的文章和著作比作载物之车，用自然科学的术语讲，就是"载体"，其实质意义就是为文著书，要言之有物，言之有道理、有思想，它承载着人类文明交往自觉之道。

宋代学者周敦颐在《文辞》中讲得很形象："文以载道也，轮辕饰人弗用，徒饰也，况虚车乎？"对此的《题注》讲得更明确："此言文以载道，人乃有文而不以道，是犹虚车而不济于用也。"

这是讲，"文以载道"的"载"是以"车"喻载言之有道之"文"。为文如载物之车，要表达一定的道理、思想，要让读者懂得其中的意思。为文著书立说，要言之有物，如车之载物，否则，即使车的轮和辕装饰再漂亮，也是一辆徒有外形美而实质上无用的空虚之车。文章要言之有物、明白有道，历来为文人为文的大事，所以，杜甫的名句"文章千古事，得失寸心知"长传不衰。白居易在《与元九书》中说："自登朝来，年岁渐长，阅事渐多。每与人言，多询时务；每读书史，多求理道。始知文章合为时而作，歌诗合为事而作。"又在新乐府诗中说："为君、为臣、为民、为物、为事，不为文作。"他观察人世的作品，"篇无定篇，句无完字，系于意，而不系于文"。当代学者范文澜"板凳要坐十年冷，文章不写一句空"的箴言，也是反对"虚车"之文的。他后来还针对时弊，写了《反对放空炮》的文章。为文大忌在空洞无物、缺理、少道的"虚车"。

"文以载道"，首要的是写文章要有思想、有感情、有道理。文之所载的就是这种"道理"。文思、文情、文道并且见诸"文骨"和"文风"。刘勰《文心雕龙》说："结言端直，则文骨成焉；意气骏爽，则文风清焉。"文论立于文骨端直，文述表达通畅于文风清新。文风也体现着思想感情，至少要做到通畅易懂，明白作者要说什么。当代语言学家邢公畹（1915—2004）在晚年时，讲过一段常常令人有同感的话："现在报刊上有许多文章，但写文章不注意文风，不为读者着想，或追求时髦，或故作高深，确实难以达到文以载道的目的。"当代学者邢福义有文风"九字诀"："看得懂，信得过，用得上。"第一诀就是"看得懂"，这是为文的起码要求，这就是周敦颐所说的："人乃有文而不以道，是犹虚车而不济于用也。"

　　成事成文曰章。《孟子·尽心》："君子之志于道也，不成章不达。"道是通过文章来表达的，文章是立言的文词，语尽而止为一章。刘勰《文心雕龙》中有言："夫人之立言，因字而生句，积句而成章，积章而成篇。"又说："然章句在篇，如茧之抽绪，原始要终，体必鳞次。"写文而成章，是向别人表达自己的思想，是为了让别人看的，邢福义的"九字诀"中有"信得过"一诀，事实上，信与不信，有个人判断，但起码要"看得懂"，要表达实质内容而非表面华丽。1992年1月6日，时年88岁的语言学家吕叔湘写《有感》诗二首，其中第二首是："文章写成供人读，何事苦营八阵图？洗尽铅华呈本色，梳妆莫问入时无？"文要有"成章"的规矩，实际上是词以达意，意达词尽而成章，是谓文章。文章要追求本质美，在此基础上用以表现的形式美，那就更完美。

　　除了周敦颐"文以载道"的"文"与"道"的表述，韩愈的"文以贯通"，柳宗元的"文以明道"，欧阳修、苏轼的"文与道俱"，都有独到见解。而刘勰也早有"道沿圣以垂文，圣因文而明道"的论述，则把"道"与"文"之间的辩证互动关系，讲得更全面，更深入到"文"与"道"的内在本质联系。刘勰在《文心雕龙》中的"通变"之说，则是继承与创新的关键问题："文律运周，日新其业。变则其久，通则不乏。趋时必果，乘机无怯。望今制奇，参定古法。"相比之下，"文"以载道，把"文"的载体功能讲得很形象，然而，以"车"

喻"文"的"文以载道",在阐述"文"的工具、手段作用时,把"文"的价值和内容以及对"道"的内涵,都显得狭窄化了。

"文"与"道"的理想关系,是彼此依存、互交互动的融汇交往关系。它们在交往中融为文道一体,使"文而化之"的文化沿着"文而明之"的文明方向发展。文道一体涵盖了宇宙、世道、人心等文化、文明互融的形式与内容的统一,也会给"文"的"立言""立功""立德"以人生价值和开阔全人类的宏大视野。"道"与"文"之间确有"文"的社会功能和工具性作用,不能忽略其意义,然而也不忘记"文"融于"道"成为新的统一体的创造性变化。孔子的"朝闻道,夕死可矣",以及子夏可以言"诗德"的语句,老子"非常之道"五千言《道德经》,都是这种形式与内容方面"文道"的统一。

我在《学王笔记》中,思考"千古一序"的《兰亭序》时,也曾为其文与道相互交融、文与道合一而感叹。王羲之为诗人聚会共抒兴怀而随感挥毫写文,既有心灵上对死生观的人生感悟,又有清秀挺劲的书法艺术,二者集中形之于情思,动之于手笔,使无数后来者"有感于斯文"。王文与其书法艺术的文道合一,成为传世艺术珍品,影响了无数后人,成为中华文明创造的珍品。关于这方面问题我另有文集专述,不再展开。在这里我只是就这个事例说明,在谈论"文"与"道"的相互关系时,不能忽视其中审美功能。言道而忽视真善中之美,必然是"质木无文"。也就是说,"文"当然不能离"道",否则于世道人心无道甚至有害社会,贻患文化、文明。当然,道也离不开"文",否则,也如孔子所说:"言之无文,行而不远。"

"立言"的"文",本身就包括文学艺术,再大些说,就是文化、文明。画家皮埃尔·奥古斯特·雷诺阿(1841—1919),晚年备受病痛折磨,但这位印象派艺术大师仍然坚定地说:"痛苦会过去,美会留下来。"他不顾高龄和严重风湿病的折磨,从未放下手中画笔,追求人文精神之美。他说:"为何艺术不是美的呢?世界上丑恶的事已经够多的了。"人文精神之美不仅是人文科学、艺术的文明特质,也是科技文化所不可缺少的风骨钙质。科技文化如无人文精神的引领,犹如失去方向而脱缰的野马。因此,"文以载道"的"道",其本质就是人类文明交往中的真谛——人文精神，它超越器物、制度层面，深入人的精神世界，是由"器""物"入"道"而汇入人类命运共同体中。

二　文以乐道

人文人格。中华文明中，人文人格特别突出，人文精神构成了它的重要精神支柱。以自然界中人与火、与水的关系中，可见一些端倪。比如，古希腊人认为火种是普罗米修斯从天庭盗火赠给人类的，而中华民族却认为是他们中间的一位先行者——燧人氏——发明钻木取火而将火作为一种工具进行使用的。又比如，《圣经》中记载，在大洪水中诺亚方舟救了犹太人的生命，而中华民族中，却有夏禹治水这样靠人的自身力量治水生存的故事。这反映了中华文明与西方文明在人与自然交往中的差异。中华民族的先民们不像西方古人那样，把栖息生存的希望寄托于上帝天神，而是对人类主体自力更生力量的自信。中华文明是以人为本的人文精神为核心，是在以人而文之、以人而明之的文化和文明交往创造活动中，追求完美的人格，坚持人的良知，探索人的主体意义。

文以乐道。中华民族的先民们，关注天文人文关系，在寻觅人类精神家园时，在现实人生中超越了宗教中介，在人生态度上走向了文以乐道的诗意栖息。孔子有"朝闻道，夕死可矣"的重道追求，其思路是志于道、善于学的安贫乐道。他自己"饭疏食饮水，曲肱而枕之，乐亦在其中矣"；他评价颜回的"一箪食，一瓢饮，居陋巷，人不堪其忧，回也不改其乐，贤哉回也"，"乐"于道是主题。他在政治上失败后，仍然对治学持乐观态度，面对诸弟子的述志乐道，赞美他们诗意愉悦的活动，感叹这种场面："暮春者，春服既成，冠者五六人，童子者六七人，浴乎沂，风乎舞雩，咏而归。"这是一种执着而又潇洒的生活态度，积极乐观地诗意歌颂人生的状态。

史通古今。诗意人生观是史诗般的历史观，往往在诗人那里表达得更清晰。朱自清对诗人闻一多有这样的表述："他研究中国古代，可是他要使局部化了的古代复活在现代的人心目中。因为这古代与现代究竟属于一个社会、一个国家,而历史是连贯的。我们要客观地认识古代,可是在客观地认识古代、现代的生活,要能够在心目中分享古代的生活,才能认识那活的古代,也许那才是真的古代。"诗意生活的特点,首先是乐观,接着是美观,重要的一点是富于想象力;这种想象力和理性的判断力结合在一起,才更富真善之中的乐和美。这里,"究天人之际,通古今之变"的历史观,便是最重要的。回归历史,获得自觉,不仅哲学,文学也一样。

器物和合。诗意的和谐和音乐的和谐是相通的。"诗和"与"乐和"是相互协调的。这于中西是同样的。然而在生活器物上却大不相同。法国思想家罗兰·巴特在《符号禅意东洋风》中,认为东方日常生活中用的筷子,不像西方餐具刀、叉那样,用于切、扎、截,因而食物不再成为人们暴力之下的猎物,而是和谐传送的物质。中华民族早有用筷子的习惯。此小小餐具,简巧、灵活,难怪巴特在其比较文化学著作中将它和中华文明的"和谐"观念化于物质之中。其实,两根筷子,互相配合操作,也包含协同合作的"合"的观念。"和合"观念体现在筷子的用餐功用美德上。据说用筷子进食时,要调动人体30多个关节和50多条肌肉,有助于神经系统的活动,使手指和大脑互动,有益于健康。何时开始用筷子,已无法考证,但筷子"梜"为"木"旁,先民有"羹之有菜者用梜",后称"箸",为"竹"字头,可能是木竹器时代的产物。先民钻木取火,煮熟食物烫手,用树枝、竹棍方便取食。木竹石并用时的文明工具,包括食具、武器,都是常见的用餐和战斗的器物。见物见人见思想观念,筷子于此可见一斑。此中有真意啊!

三 知天命之道:大美大智与天职使命

宋代有两种克己知命之道:①任布的"五知堂"即知恩、知道、知命、知足、知幸,见《宋史·任布传》;②李绎写的《五知先生传》中的知时、知难、知命、知退、知足,见《宋史·李若拙传》。

这两种克己知命之道都是"五知",而且都把"知命"放在中间地位。自知之明这句话，可从积极、自觉方面理解，而不是消极地听天由命。知命是做个明白人，在命运大事上不糊涂。知命而后明。"知命"，即知"命运""生命"如何掌握在自己手中，这是"自知之明"的关键所在。

记得西方有位哲人也说过类似"知命之道"：人不能决定生命的长度，但可以增加生命的厚度。这句话可能与古希腊神话中三位掌握人类命运和生死的女神有关联：①克罗托（Clotho），负责纺织生命之线的最年轻女神；②拉克西丝（Lachesis），她手执纺锤和生死簿，决定生命线的长短，当人寿尽时，生命线就断了；③阿特洛波斯（Atropos），她手执无情剪刀，负责切断生命之线。

按古希腊神话的说法，三位女神决定着人类生命线的纺织、长短和切断，人类自己都没有主动权。于是就有了西方哲人所讲的，只有人类"增加生命的厚度"这种可能了。神话终归是神话，它反映的是早期人类文明的发展程度。西哲把生命的长度交给神、把厚度拿过来归自己，有其道理，但也不全面。当然"生命线"的比喻还是形象而深刻的。唐代诗人孟郊的《秋怀》诗中，即有"袅袅一线命，徒言系绷缊"之句①。人们把最重要的东西比作"生命线"，显示着它的意义。

由"生命线"我想起了"命运"。知天命之道，实际上是知命运之道。"命运"是由"命"和"运"组成的。有人说，"命"是不可改变的，但"运"是可以自由运作的。这话也契合西哲的人不能决定生命长度，却可以增加生命厚度，都是不全面的。"命"是生命、命运，有其自然与社会运动之道。如《易·乾》中"乾道变化，各正性命"注中所讲的"人所禀受，若贵贱夭寿之属是也"。这就是说，有其天生禀赋的一面。这是说，人生于既定的、直接遇到的和从过去继承下来的生灵性命，是不能改变的客观存在事物。然而还有后天可变

---

① 绷缊，语出《易·系辞》："天地绷缊，万物化醇。"意思是："天地无心，自然得一，唯二气绷缊，共相合会，万物感之，变化而精醇也。"绷缊，古代指天地间阴阳二气交互作用的和谐状态。

的另一面。因为人类又是一种特殊的生灵性命之物。他们有能动的、主动的、积极的、创造文化文明的能力，可以把握命运的走向。《荀子·天论》中说，"从天而颂之，孰与制天命而用之"的"制天命"观念，就是讲的这个道理。全面说，在人类文明交往史上，在一定限度上，生命线之长与厚，命与运的变化，都是可以改变的。

命和运是统一体。命和运是交互作用的、互动的认知与实践运动过程。这种生活、生产、生存、发展的认知过程，是认识世界、改造世界的策划运筹履行过程。"运动""运筹"的内涵是"人力"。中国古代把勤勉之人称为"力子"，《后汉书·樊晔传》引用凉州民歌"游子常贫苦，力子天所富"，用以说明"天道酬勤"的人力"知命之道"。哲学家冯友兰提出"以力胜命""以义制命"作为人生应对幸与不幸的格言、坚持用力做好自己应做的事，正是这种"知天命之道"的人生哲学。

我在西北大学中东研究所五十年所庆的"寄语"中，对"五十而知天命"中知"天命"的解读是："'混沌鸿蒙'，何谓'知天命'？即知天职使命，知自然和社会发展客观规律性而发挥人的主观能动性的内在统一。"明代任布和李绎的"五知"，在我这里化为"三知"，即"知物之明，知人之明，自知之明，交往自觉，全球文明"。尽人力，听天命，首要的是：人要尽力、尽责、尽心，然后也要知道自己力量的有限性，有些事不可强求，要顺乎自然，要糊涂一些。这种尽人力之后的糊涂是"自知之明"的理性自觉。它是说明人类主观认识客观规律的程度受各种因素限制。这是一种非人力所及的清醒、理智和大美。

四　文以载道需要文明交往视野

近读焦兴涛《〈伊本·朱拜尔游记〉及其文明视野》[①] 一文，评

---

① 焦兴涛：《〈伊本·朱拜尔游记〉及其文明视野》，《鲁东大学学报》（哲学社会科学版）2018年第2期。

述了阿拉伯世界中世纪旅行家伊本·朱拜尔（Ibn Jubayr, 1145—1217）的游记中关于当时地中海地区穆斯林与基督教徒之间武装冲突与和平共存的交往关系。他认为其中最有代表性的是十字军国家和西西里王国中军事对抗之外的日常生活、贸易往来和精神文化层面的交往活动。为了论证这一超越宗教偏见对理解不同宗教文明的意义，他指出："他们各自现实利益诉求驱使他们能够进行和平交往与交流，有利于加强彼此之间的认知。"他的结论是：二者这种复杂关系表明，不同文明之间的交往乃至互动不仅受"互动的客观规律所制约，又为人们的实践的主观能动性所深化"①，从而促进各自文明的发展和进步。

焦兴涛所论述的《伊本·朱拜尔游记》中所记载的史实，正如他在论文中所说的，是"独特的文明视野"。我们说"文以载道"的重要之道就是人类文明交往之道理。人类历史中，无论是自然史或人类史，都是人与自然、人与社会、人的自我身心的交往史。战争与和平是交往的两种基本形式。焦文所述是中世纪十字军东侵的战争和战后伊本·朱拜尔笔下的"文明视野"。这种视野是哲学观念下的文明交往历史观念。

《伊本·朱拜尔游记》所记载的是第三次十字军东侵前即1183—1185年的情况，十字军第二次东侵（1147—1149）以失败告终，第三次（1189—1192）东侵也效果不佳。伊本·朱拜尔第二次旅行是1189—1191年；1217年他还有一次旅行，不久便去世了。可惜这两次旅行都未留下文字记载。无文自然不能"载道"了。留下这部用自由散文和韵律诗结体写成的珍贵诗意游记，也就弥足珍贵了。《伊斯兰百科全书》称它是同类著作中的第一部也是最好的一部。有人还称它后来者范本，甚说《伊本·白图泰游记》还抄袭了其中的许多内容。伊本·朱拜尔的旅行本为到伊斯兰圣地麦地那、麦加等地，此前他从伊比利亚半岛的格拉纳达出发，途经亚历山大里亚港、开罗、伊扎布和吉达，最终到达圣地。之后回国途中，又经巴格达、库法、

---

① 引文为我的《老学日历》，中国社会科学出版社2015年版，第476页。

摩苏尔、沙姆、阿勒颇和大马士革，再从阿卡乘船经西西里岛回格拉纳达。

1184年6月，他第一次旅行时到达耶路撒冷王国，在去往巴尼亚斯城的路上，经过了集安全警示与道路分界线于一身的标志性的大橡树（The Tree of Measure）。他记录了在十字军第一次到第三次东侵期间，双方交战中，战区平民的情况：只要商人交税，十字军和穆斯林军人就保证其安全，甚至强盗们也遵守"标志树为界的协议"。巴尼亚斯城还有伊本·朱拜尔所描述的以山谷为界而无标志物的第二个分界线："分享边界"（The Boundary of Dividing），双方共耕平分收获的谷物。尤其在战后的间歇期间，跨越宗教藩篱，在西西里王国上层阿拉伯化过程中，虽有武力强制改宗、屠杀、驱赶穆斯林，但在阿拉伯化方面，高于同时期其他十字军国家。游记中的客观描写如菲利普·希提《阿拉伯通史》中所说：这种互鉴互化的文明交往传统，即使到穆斯林统治时期，西西里王国内，混合着希腊和罗马文化遗产的东方文化潮流，拥挤到这个富有过去各种文明的海岛上来。

中世纪十字军东侵被认为是基督教与穆斯林之间因宗教信仰引起的文明冲突的历史范案，但其根源在社会经济政治利益方面。研究学问应定位于对人类文明的贡献，而文明视野是文明自觉的表现。所谓"文明自觉"，就是把文明交往互动规律通过主观实践的能动性融为一体，形成整体合力，成为推动人类文明史的动力。为文应有观察文明历史之大视野，应有承载人类文明之交往大道。

五　人类的文明交往价值

（一）文而化之与文而明之

人类文明交往的自觉轨道方向是人的文明化，在人文精神光辉照耀下曲折而坚韧地前行。此种文明化当今是以现代化发展形态进行的。现代化的实质就是人的文明化过程的新阶段。

人类的本质是文明。人类与其他生物、动物的区别主要也在于文明。人类与猿类揖别后，由蒙昧、野蛮而进化为文明，从而逐渐形成自己的类本质。但人类很难摆脱动物性,这如同摆脱旧思想、旧精神枷锁一样困难。然而,人类又必须摆脱而逐步获得自觉、获得解放。正因为如此,人类交往的价值追求在于文明交往过程中的人文精神本质。

人应该是有个性、有精神、有思想和风骨的德才兼备的文明化之人。这就是人之为人的类本质,就是真善美这个人类交往良性发展道路上的基点和底线。这个基点和底线是个人自由发展的前提。尽管每个人的需求千差万别,风格各异,只要具备这个前提,就会成为一切人自由发展的条件。

从人类文明交往的发展过程来看,爱自然、为人类是一个宏大的主题。人人为大家、大家为人人,每个个体都是人类共同体中的一员,交往的文明化这个发展主线,把个人与一切人联系在一起。我想,这是马克思"每个人的自由发展是一切人的自由发展的条件"的应有之义吧!

被人们称为"当代工笔画第一人"的王叔晖先生去世时,对他的"评价挽联"是:

将普及者提高,将提高者普及,善始善终真同道也。
为红花之绿叶,为绿叶之红花,洁来洁去岂常人乎?

人之为人在人的文明素质、文明人格交往过程中的培养和炼铸,草树之红花与绿叶互相帮衬、同生共长,一如人间文明程度提升之"天地之大德曰生"而生生不息。善与真美为统一体之大道,人要洁来洁去乃文明之交往。这副挽联赞扬的不仅是王叔晖个人,更是他那文明风格的人和文明化品德,是人的文明价值。我客居北京松榆斋,每年秋冬,面对松柏、竹、冬青、黄杨这些常青树的绿叶,均良久伫立,凝视良久。据医者言,眼睛最喜绿色,它可养目。我久视之,确有受益,至今八十有八,尚可写蝇头小楷。现在,我体味凝视绿叶,变为向绿叶致敬,向绿叶"行注目礼"。我礼赞绿叶,是因为它寒冬不凋谢,总是那么坚韧地等待着蓄芳来年的红花。有句老话说得好:

人世间、自然界永远不缺乏真善美，只是缺乏发现它们的眼睛。眼睛是人类心灵的窗口，是头脑的门户，它通头脑，凝结为人文精神，明察着万事万物的变动。人类在与自然、社会和自我身心的交往实践中，用人文精神"文而化之""文而明之"去发现其规律性，进而创造自己的文化文明史。

（二）自然与自由的元价值

哲学上有萨特之问：人如何在"处境"和他人的"注视"中伸张自由？还有海德格尔的人如何面对作为一般人生存状态中的"烦"与"死"？

宗教上有佛陀如何以"幻"，还修于幻？

东方哲学中也有是非日常之外的"去问题"说：你可以解决问题，也可以取消问题。但是此种虚无态度可能是出于无奈，其实是无益之举，因为人是一个永远取消不了的问题。

儒家的人学是实际的："己欲立而立人，己欲达而达人"；子贡问："有一言可以终身行之乎？子曰：其恕乎！己所不欲，勿施于人。"

人之为人必须思考人的生存、生命、生活、生产的价值问题，否则人活着还有何意义？

人是具体的人，是有感性、有感觉、有理性、有思想的人，是生活于同自然与社会交往活动中现实的人。在这个活动中，人的自我身心交往的自觉性是最重要的，也是最实际的。

感觉、感性，是人的生存和生命的自然本质力量的生动证据和证明。感觉、感性是理性的先导，是实践的过程。感觉、感性的丰富多样性，是人作为人的特点。人从根源上讲，是具有感觉丰富多样性的人。

这样说，并不是低估理性的作用，只是强调感性的本初性质。正是这种人的主体感性活动性质，对人的实践和对人的理性形成起了基础性的作用。本初性质对人与自然和人本身的自由也具有价值意义。人生活在大自然之中，目见、耳听、鼻嗅、舌感、身触，俯仰天空和大地无不与自然相关联。人生活在社会中,所视、所闻、所体味、所身受,食衣住行的个体群体活动,无不与自由相伴随。人与自然的交往,是生态文明交往,人与人的交往,是社会文明交往。人是精微的自然,自然是放大的人,人与自然互为自然育人,人化自然。人如尊重自然,学习自然,受益良多,从自然中会得到灵感。至于说到自由,那既是自由与必然的哲学概念,又是人与社会的价值观念。匈牙利诗人裴多菲的名诗是:

  生命诚可贵,
  爱情价更高,
  若为自由故,
  两者皆可抛!

  爱自然,为人类,道法自然,人道自然。马克思、恩格斯认为自然史、人类史是唯一大科学的历史观,"每个人的自由发展是一切人自由发展的条件"的"自由人联合体"。自然、自由,这是人的文明价值所在,是人生两大本原价值所在。

六 西方文明的起源与异化

  2004年剑桥大学出版社出版的《西方文明的东方起源》是约翰·霍布森一本关于中西文明交往问题之作。它有以下几点值得注意:

  ①现代西方文明(尤其是英国革命),其"核心技术""核心价值观"主要起源于中国;

  ②欧洲列强没有创造世界贸易体系,只不过是用美国的银圆,挤进了繁忙的中国和印度;

  ③欧洲列强用武力赢得霸权,政府作用大;

  ④欧洲思想文化主要是在同外部世界(主要是东方)交往中发展起来的。

西方文明在"文明"外衣下所犯的恶行，在近代东方，尤其是在侵略中国和印度过程中，暴露得最明显。那是一部罪行记录史。在其内部交往中，也有许多需要研究的问题。现代派文学鼻祖卡夫卡揭露了西方社会的异化问题。每读他的作品，常感觉到他心灵中的忏悔情绪。他作品中的主人公，往往被深沉的负罪感所笼罩。

有的评论者说，卡夫卡往往能揭开现代西方文明的外衣，挖掘出人的最原始情感，进而揭露出人的恶行的由来。对西方文明，平等交往，不神化，不膜拜，不照搬，去洋奴思维，立人类文明交往自觉观念，互学互鉴。

七　《我们的普世文明》

《我们的普世文明》是印度裔英籍作家、诺贝尔文学奖得主奈保尔2002年出版的一本论文集。此书原名《作家与世界》，《我们的普世文明》是该书的后记，中译本把它作为书名。

这篇命名为《我们的普世文明》的后记，实际上是奈保尔1992年在纽约讲演的题目被中译者作为中译本书名，是别出心裁、别有意味的创新之举。它既不违反原意，又与《作家与世界》首尾呼应，在翻译界文明交往中颇有自觉的意境。我的博士研究生、华南师范大学教授尚劝余是《印度翻译研究》的主编之一，我应该建议他研究这种创意现象。

《我们的普世文明》共收入20篇文章，创作时间为1962—1992年这样的大跨度时间段。按地域分，共有"印度""非洲与大流散"和"美洲记事"三大部分。这本文集包括了他获得诺贝尔文学奖之前的名作《拥挤不堪的奴隶营》《迈克尔·X与特立尼达黑权运动谋杀案：安宁与权力》《亚穆苏克罗的鳄鱼》和《阿根廷与伊娃·庇隆的幽灵》等。

这是一本类似报告文学体裁的写意记述型文集。它的特点是：①面向"第三世界"的发展中国家；②深入观察、学习、理解这些国家；③聚焦于这些国家的社会问题；④文笔、史识与哲理兼备，表现了强有力的叙事能力。

此书对我说来，读起来分外亲切。亚、非、拉三大洲是我早年感兴趣的领域，而印度是我在大学生时代科学研究的生长点，后来我又培养了5名印度史方面的博士研究生，其中第4位博士梅晓云教授就是奈保尔作品的中国研究者。她的有关奈保尔作品的博士学位论文发表于《文学评论》杂志，后来又于2003年以《文化无根——以V. S. 奈保尔为个案的移民文化研究》为书名，由陕西人民出版社出版。

移民文化是人类文明交往问题的主题之一。用移民文化的视角研究世界史、人类史，特别是文明交往史具有特殊的意义。奈保尔这位大作家笔下的"第三世界"，使人从不同角度了解人类文明交往自觉化这一时代主题的特有内涵。

八　中英文明交往的花与果

我在《老学日历》（2012）一书中，有"人生应该像一朵花"为题的散文，说的是抗日战争时期冰心在重庆时，说梁实秋是男士中的一朵花的故事①。现在需要补充一下。

梁实秋确实是文坛灿烂之花。这朵盛开在中英文明交往史上，而且是一朵特别灿烂的花朵，尤其是开花而结硕果，是令人尊敬的文明交往的使者。他是中国三大翻译《莎士比亚全集》的开放的第一枝花朵，并为此全集翻译工作断断续续工作了36年之久。大家知道，莎士比亚写这些著作只用了20年。诗人余光中说：梁实秋翻译莎剧"从1930年至1967年，这种有恒而踏实的精神，真不愧为译界模范"。

莎士比亚的创作集中在1590—1612年，那是井喷式的才华横溢年代。在此期间，他连续写作，出版了37部戏剧、154首十四行诗、两首长诗，可谓闪烁着煌煌文明之光，可谓文明的花果之山，是令人仰视英国文明的成果。

---

①　以花喻"美丈夫"而不是美女，在宋代诗人黄庭坚那里已经存在，是他诗中求新求异、不与人同的一种表现，广为诗评家讨论。冰心可能受此影响而以花喻梁实秋。

第一编 文以载乐道

大翻译家梁实秋，也是才高志大，下决心翻译完《莎士比亚全集》，为中英文明交往奉献鲜花硕果。然而，在多灾多难的中国，这项巨大工程实在不易完成啊！翻译工作，时续时辍。1930—1936年，翻译出8种，就被日本侵略者的炮火所打断。以后，他又辗转于大陆与台湾，直到1967年才由远东图书公司①出版了《莎士比亚全集》中译本40册共300余万字。他译完莎翁之书，花开果成，自己也变成64岁的"梁翁"了。

翻译《莎士比亚全集》的朱生豪，是号称"之江才子"的第二朵奇葩。他23岁起即译《莎士比亚全集》，1936年已译出9部戏剧。抗日战争全面爆发后，他仍忍受长期病痛，笔耕不辍，不幸于1944年英年早逝。他去世后第三年，上海世界书局以《莎士比亚戏剧全集》（共三辑）书名出版。朱生豪是一朵早谢之花，我感到有幸的是，1958年西北大学历史系在系主任郭绳武主持的"教研室资料化"大潮中，这套全集由资料室搬到了世界史教研室的书架上，此后三年中，我在教研室读完了它，品味了朱先生精妙的译文，也较多地了解了莎士比亚。不幸的是，"文革"中这套书被作为"封资修"而付之一炬了。

第三位莎著译者方平，堪称翻译与研究并蒂盛开之花。他有基于朱生豪《莎士比亚全集》补译的《莎士比亚全集》（1978年人民文学出版社出版）；有补译的《亨利五世》《和莎士比亚交个朋友》（1983年四川人民出版社出版）和12卷《新莎士比亚全集》。方平在翻译界人缘好，久闻他治学严谨、追求完美而又恬静风趣。遗憾的是，作为"京隐"的我，年纪大了，不能见其人，读其译著，只是以"可钦可佩"心情在此写这么一笔。

总而言之，统而言之，梁实秋、朱生豪、方平三大莎著译文之花，同源异译，异中有同，各得其趣，同为齐放之鲜花，同结中英文

---

① 1964年，梁实秋在他主编的《远东英汉大字典》序中说："全稿收字逾十六万……校雠之事，如扫落叶，其中艰苦，匪言可喻。"文末有他劲秀的签名。这是《莎士比亚全集》中译文出版前的大型辞书，正文共2475页，出版社同为"远东图书公司"。

明交往之果，功不可没，功莫大焉。我至今犹记60年前在西北大学教学一楼西南一层世界史教研室内阅读《莎士比亚戏剧全集》时的情景。有一天，我早起锻炼完身体，想进教研室读莎剧，忽见大楼入口门贴了"生物系"的封条，一气之下便将它撕掉，直进屋开灯读书。忽然被"咚咚"敲门声打断，原来是生物系党总支书记曹达站在门口，兴师问罪，我们吵了起来。他说要"保密"实验室，后来也便不了了之。

不过，那年夏天，由于门上封条被取而出入方便，我终于读完了莎士比亚的《仲夏夜之梦》，它如同甘冽的泉水，甜入心田，使人久久不能相忘。

翻译是文明交往之公器、利器。翻译有转化文明创造、创新之美。翻译所开的花是文化的美丽花朵，是文明的累累硕果。梁实秋、朱生豪、方平对莎著的翻译工作有功于中英文明交往。

九　爱自然，为人类

（一）人化自然与自然育人的互动交往

1. 真正的人类学的自然界："自然科学通过工业日益在实践上进入人的生活，改造人的生活，并为人的解放作准备，尽管它不得不直接地完成非人化。工业是自然界同人之间，因而是自然科学同人之间的现实历史关系……在人类历史中，即在人类社会的产生过程中，形成的自然界，是人类的现实的自然界；因此，通过工业——尽管以异化的形式——形成的自然界，是真正的人类学的自然界。"（马克思：《1844年经济学哲学手稿》）

（注意：两提"自然科学"、三提"工业"、四提"自然界"、六提"人"、三提"人类"、一提"人类学"，特别是"工业"与"人类历史""人类社会"的关系。自然是事物及其所有属性的集合所形成的系统共同体。自然，是未受到人类干预按其原本式样组成的事物。自然界与人类之间的关系，是人类文明交往的人与物的关系。现代工业与现代文明的交往是为人类的解放"作准备"，此处提"非人化"和"异化"问题值得深思。）

2. 感性的人的现实实践活动：马克思有一个工业和社会交往的历史观念，他指出：对"对象、现实感性"，不能只"从客体的或直观形式去理解"，而要"把它们当作感性的人的活动，当作实践去理解"。他强调，必须看到，人类周围的"感性世界绝不是某种开天辟地以来就直接存在的、始终如一的东西，而是历史的产物，是世世代代活动的结果"。他认为，人类的这种活动，"这种连续不断的感性劳动和创造，这种生产，正是整个现存感性世界的基础"。（马克思：《关于费尔巴哈的提纲》和《德意志意识形态》）

（注意：马克思提出的"现实感性""感性世界""感性劳动和创造"的生产活动，"正是整个现存感性世界的基础"，是很重要的世界史命题。我在本书第一编第五节《人的文明交往价值》第二部分《自然与自由的元价值》中，关于"感觉、感性"问题在实践活动已有所论述。特别是不能把"现实感性"仅仅"从客体的或直观形式去理解"。说到关键之处，人们往往在强调"理性"时忽视了"感性"活动的实践作用，这时应当不断提醒自己要有"知人之明"。此外，马克思这段话中还讲了一个深刻的历史观念，人类周围的"感性世界"不是从来就有的，"而是工业和社会状况"和"历史的产物，是世世代代活动的结果"一语，也使人想起了他关于"世界史不是过去一直存在的；作为世界史的历史是结果"的精确论断。）

3. 《大笑鸟》诗的交往意境：自然之物的运转与人的活动的关系是形影不离，人只要有感觉、有求教于自然，必然会从中受益而使自己产生富有诗意的生活启示。宋代王洋撰的《车牟集》中的《大笑鸟》诗即一新例：

诗一开头就把"大笑鸟"这类自然物与自己联系在一起："夜间慨叹如老翁，若悲若啸空山中。老妻幼子疑问我，此名何物来何从。我知此物不常有，岂解招祥宜报咎。"这"老翁"不正是诗人本人吗？

接着还有"狐鸣枭噪"与之相呼应，第二天问人，方从僧人那里得知此鸟名"大笑鸟"，是"幸灾乐祸撼主人，侥幸前知非善告"之鸟。于是王洋感慨地咏道：

> 我闻此语益悽然，我从坎坷今有年。
> 若徒报祸来报死，子之告我何迁延。
> 异时白骨满城郭，此时子笑何人前。
> 昔年长沙贾太傅，鹏鸟飞鸣告其故。
> 滔滔宇宙鹏安知，应怪达人任来去。

最后，诗人慕乐闻之"灵鹊"与和鸣之"谷莺"而对"大笑鸟"说：

> 汝曾不效乃效此，汝性险远知难更。
> 汝其更笑我自娱，取酒与我同歌呼。

这真是人与自然悲欣交集、苦中作乐的交往图画。大笑鸟所笑的事，所含感情复杂。那是一种把大笑鸟从感情交织于诗人心灵中的坎坷人生之歌。其实，"大笑鸟"是枭的一种，常与枭共处，夜叫声似人大笑，多食腐烂动物。农村有大病恶臭之人，此鸟则栖其树上，大笑不已，因此被视为不祥之鸟。枭、鸱、鸮、鸱鸺、鸱鸮、鸱鸺等，均为同类，它们夜出昼伏，关中人均称之为"夜猫子，屋后叫，大事不好了"，被认为是"食母之不祥鸟"——猫头鹰。此诗中僧告不祥鸟，以及"狐鸣枭噪"与此传闻同。其实此类鸟是田鼠的天敌，有益农民，应与"鹏鸟""灵鹊"居美鸟榜上。看来处厄运的王洋最后的"汝其更笑我自娱，取酒与我同歌呼"一句诗韵，所说的他与同命运的知音"同歌呼"，是人与自然关系互动的艺术写照，其灵感源于自然，其思路来自历史，是现实自然界的反思，是连续不断的感性劳动创造。这正是我在《人的文明交往价值·自然与自由的元价值》中所讲感性世界的实践意义。

至于说到猫头鹰，不能不说到鲁迅。他说过："我就是一只猫头鹰，喜欢在黑夜里发出声音。"这与西方文明中的象征智慧女神——

希腊宗教的雅典娜（Athena）、罗马的密涅瓦（Minerva）的正面形象一样：猫头鹰总是在黑夜才起飞、发声，并告诉人们生死的真理。在希腊民族的传说中，许多战争的胜利都归功于雅典娜的帮助，因此被称为雅典城邦的守护神。这位女战神是从希腊主神宙斯头脑中跳出来的，而且一生下来就是全身披戴铠甲，其地位仅次于宙斯，并且始终是一位"处女"的智慧神。她不仅把纺织、缝衣、油漆、雕刻、制作陶器等技术传授给人类，而且掌管着文学艺术。她在战争中误杀了海神特里的女儿帕拉斯，于是将自己的名字改为帕拉斯·雅典娜。有的研究者认为，以猫头鹰为智慧神标志来自克尔特人史前的爱琴宗教中女神崇拜观念。这种原始宗教对自然神的崇拜是人与自然交往的初始表现。人死后常由鸟如猫头鹰等为亡灵引路，以达到神灵世界，智慧神可能与引领人的生死有关。这个女神既是战争的指挥者，又是丰产的赐予者，畜牧及丰产的奖励者，可说是大智之神。

从宋代王洋到鲁迅，再到希腊、罗马，以至上溯原始克尔特人爱琴宗教，都对猫头鹰类动物有种种感性、诗性和理解性交往。雅典娜是宙斯的头脑中跳出的，和孙悟空从石头中蹦出来一样，都是天生的。不同的是，她是大神头脑中所生，自然是神智者。鲁迅自称是"喜欢在黑夜里发出声音"的猫头鹰，在大多数人醉生梦死陷入沉睡时发出警世之声。这不是王洋的饮酒自娱，也不是雅典娜（密涅瓦）那样引领人进入神灵世界，而是自觉人的自力更生人文精神。这种历史逻辑，在大智慧上都是相通的。

4. 自然和人类科学的文明大历史观：这是一种自然哲学与人类历史哲学观念。哲学是平衡自然科技和人文社科两种科学的智慧，是两大科学的根基。历史与逻辑在自然和人类之间的交往互动过程中是统一的。要解决这种关系，其路径是在自然技术科学和人文社会科学的大历史观念指导引领下前行的。这就是自然育人与人化自然之间交往互动的历史观念，也就是本文前两部分马克思所说的经济哲学与社会实践相结合为一体的历史观念。正如恩格斯《在马克思墓前讲演》中，把马克思科学研究的全部成就概括为"历史科学"这个"大历史科学观"的原因。这一点正好与马克思恩格斯在1847年《德意志意识形态》中所说的他们仅仅知道唯一的科学为"历史科学"提法前后呼应。

自然史与人类史两大科学的联系是文明交往与事物的普遍联系。恩格斯在《德国古典哲学的终结》中说:"世界不是一成不变的集合体,而是过程的集合体。"它不但要能够指出自然界各个领域内过程之间的联系,而且要指出"各个领域之间的联系"。德国物理学家普朗克也认为:"科学是内在的整体,它被分为单个的个体不是取决于事物的本身,而是取决于人类认识能力的局限。实际上存在着从物理学到化学,通过生物学和人类学到社会学的连续的链条。"这说明自然史和人类史这种科学的联系性,通过文明交往而成为世界历史。世界史实质上是自然与人类的文明交往史。人化自然与自然育人都是历史科学发展的相互作用的结果。

人化自然有合理与不合理相交织的特点。人是为了自身主体的需求目的而从事改变自然界的生产活动的。这就是以人类特有的主观能动性,由感性到理性在实践中认识客观规律性,进而去"化"自然。这个"化"是人文而化之、人文而明之于人与自然之间交往的"文化"与"文明"创造性活动。在世界近代以来的历史中,如马克思所指出的,这个"化"表现在用"工业化"或扩而大之用"近代化"而进入人类的生活,改造人类的生活,从而为人类的解放而做准备,并且在人类社会历史产生过程中,形成了真正的、现实的、人类学的自然界。这里的"化",是用自然技术科学和人文社会科学去指导生产力的发展和社会变革,促进工业文明的发展。所以,工业文明是人类文明交往的新的历史时期,即交往普遍化"世界史"时期的产物。

人化自然的工业化过程即包括有社会上以"非人化"的物化异化内容,也有日益恶化自然的生态危机。人类文明交往新时期的感性劳动和创造,必须用辩证的、理性的历史观念去审视人化自然进程中不合理的部分。19世纪中期,当人化自然充满乐观主义时期,马克思和恩格斯就发现了这种"非人化"的物役和人役化状况。当时,工业革命在自然技术科学的推动下,在人文社会科学的引领下,人与自然关系发生了革命性变化,另一方面又形成了社会结构上的资本主义内在矛盾。"资本"成了人类文明交往新时期——世界史时期的最重要的关键词,正因为如此,《资本论》成为马克思的毕生事业。

工业革命开辟了人类从传统农业社会向现代工业社会转变的历史进程。资本的本性是扩张性交往而奔走于全世界。随着新航路的开拓,西方的海外殖民扩张,世界市场的形成,这种扩张性交往打破了长期存在于各地区、民族、国家的相对隔绝状态,促使世界形成互相依存又互相矛盾的密切联系的统一体。马克思和恩格斯对此种巨变,在《德意志意识形态》一书中,有一个历史观念上的概括:"各个相互影响的活动范围在这个发展过程中越是扩大,各民族的原始封闭状态由于日益完善的生产方式、交往以及因交往而自然形成的不同民族之间的分工消灭得越是彻底,历史也就越是成为世界历史。"这就是人类文明交往进入了新的自觉历史时期。

(二) 人与自然的人文生态共同体

1. "风号大树中天立"的树人风韵。认识"人"字,并且把它写好,是人类如何生活得美好的终生问题,它与大自然有着密切而深远的关联。百年树人,把人和树的命运内在联系,往深远处想,那也是"道法自然"之喻。明代画家项圣谟有《题画诗》云:"风号大树中天立,日薄西山四海孤。短策且随时旦暮,不堪回首望菰蒲。"鲁迅曾两次手书此诗以赠友人,与他原名"周树人"有直接关系,其中也寓意他"风号大树中天立"的树人风韵。细想一下,暮色昏暝,狂风肆虐,当此四海孤立无援、草木不堪回首的绝望时刻,独见大树依旧挺拔傲岸而立、坚定不移,这既是自然界的生生不息的运行状态,也隐喻着哲人与战士鲁迅"树人"立德之道。

许寿裳作为鲁迅的挚友,他对鲁迅有深刻的理解,认为鲁迅第一个特点是"仁爱"。仁者,爱人,爱国家,爱人民,扩而大之,就是爱人类;再扩而大之,就是爱人类,爱自然。爱自然之喻周树人,就是他以宽广的树冠,护卫着"野草"。爱自然,也是为人类,以为人类对抗日晒、风吹、雷击、电袭,是"爱"与"为"的统一。鲁迅的确是中华文明之林中的"大树"。

"你依偎大树，你就感到树的温度。"这是当今井冈山护林人邓长根的"爱自然，为人类"的智慧名言。树为氧吧，象征着自然和人类的生命生长能力与智慧。2013年，97岁的护林老人邓长根，仍然是护树和青山绿水的隐者。正如《淮南子》所说，有"不彰其功，不扬其声，隐真人之道，以天地之固然"的大气概。这是一种人与自然相交融的人文情怀。

值得一提的是宋代关学创始人张载的名言，"为天地立心，为生民立命"，不仅是心中有人民，而且有人对宇宙自然的生态责任的蕴含。《易传》有"天地之大德曰生"，"生生谓之易"。《周易孔义集说》："果之仁，天地之仁也。"植物果核为"仁"，如花生、核桃等果实为"仁"，按朱熹的说法，具有生命之"生性"，也与现代生物学中的生命说相通。张载主张"为天地立心"，实际上这个"为"人把"仁"自在的"爱心"，化为"天心"，是通过"仁爱"之心，树立起爱天地万物之心。"为天地立心"，是人"为人类"之时，要自觉体会天地养育万物的含义而"爱自然"，从而帮助万物顺畅地完成生生不息的使命。这是生态共同体的心态建设思想，是人与万物一体的"仁"的"爱"和"为"统一的生态文明境界。

人和自然之间的交往，是"生命之流"的互动文明江河，它奔腾不息，流者如斯，逝者如斯，耐人寻味。生态学家罗尔斯顿在《哲学走向荒野》中说，此种"生命之流"，"如果把它们放在一个更大的、呈现着人与自然、生物自然与物理自然的交流图景之中，生命，而个人的主观生命，不过是其中一部分内在方面"。人们不应听任性情而"喜则爱心生，怒则毒螫加"地对待自然，而应当如张载"为天地立心，为生民立命，为往圣继绝学，为万世开太平"那样，把"爱自然"和"为人类"统一起来。

2. 人类文明交往历史观念的拯救方向。《人类存在的意义》，这是美国近90岁高龄生物学家爱德华·威尔逊的书名。他不是从价值判断，而是从生物进化论来谈这个话题的。他的问题意识的角度是：哲学乃至整个人文科学只能回答"何事"（是怎样的"事实"之问）；只有自然科学才能回答"为何"（何种缘由）之问。在他看来，进化论是理解人类存在意义的基础。人类是怎样产生的？他回答道：人类只是进化链条上偶然出现的物种，是随机变异和自然选择的产物；但是，现在人类已经是"地球的头脑"，有拯救或毁灭它的能力。

《人类存在的意义》一书有以下几点值得思考：

第一，该书否定造物主的存在，反对宗教哲学。他认为，宗教哲学在人类存在的意义问题上的思路是："意义"一词意味着"意图"，而"意图""意味"着"设计"，"设计"则意味着"设计者"（造物主，上帝，神）。因此，在宗教哲学观中，任何实体和过程都是"设计者"头脑意图的结果，人类只是为这一目标而存在。他提出了一个科学的世界观："意义"之源是历史的偶然，而非设计者的"意图"。没有预先的"设计"，只有相互重叠之网。历史的展开，只存在于宇宙法则中。每件事都是随机的，但都会有改变后面事件的可能性。人类存在的意义，就是建立在自然科学的基础之上，它决定着意识的意义，决定着做决定的能力，决定着此种能力"如何""为何"会出现及随后的结果上。

第二，该书将人类定位于：人类是一种情绪不稳定的动物。这一界定是威尔逊的"群体进化论"中的人性论。他认为，群体进化决定了人类在群体内部是相互竞争的，但在同其他群体竞争时，群体内部需要相互协作，因此人类本性不是邪恶的。他指出，我们有足够的力量、善意、慷慨、进取心，去把地球变成一个天堂。问题是我们天生是一个功能失调的物种，进化使我们适合打猎和采集生活，进化给我们带来的特征，在全球化的城市和科技社会，日益成为障碍。我们好像不能实现统筹稳定的社会。进而，世界上的许多人仍受着部落性质的宗教的支配，我们对部落冲突上瘾。我们专心于保护自己的余生，继续破坏自然环境。我们很难去关心自己的部落国家以外的人，关心其他动物就更难了，除了狗、马等少数几种被我们驯化为听话的动物伙伴。

第三，人类情绪不稳定的原因在进化。进化中此种情绪总是在持续、令人眼花缭乱地变化着：傲慢、攻击性、竞争、愤怒、报复、贪财、奸诈、好奇、冒险、宗派、勇敢、谦逊、爱国、同情和爱。所有人都是既可耻又高贵，经常互相交替，有时重叠。他为治疗人类情绪不稳定开出了药方：保持情绪不稳定这个人类品性的本质和创造力之源，为了计划一个更理性、避免灾难的未来，我们需要用进化论和心理学的观念来理解自己，我们要学会遵守规矩，但永远都不要想着驯服人性。

第四，进化论怎样影响人性？他的回答是：原始时期危险境遇所传承的记忆。他以自己患有轻度蜘蛛恐惧症为例进行说明：他8岁时，突然被一只蠕动的蜘蛛吓坏了，以后便不敢碰。明知它不咬人，即使咬了人也没有毒液。即使他现在有了许多生物学知识，仍然是如此。由此他推演说，人类之所以怕蜘蛛、蛇、狼、流动的水、密闭的空间、大群陌生人，都是几百万年前早期人类遇到的这些危险，甚至为此而死亡。最安全的办法，是记住这些，以便遇到时立即采取行动。他又问：人类为何对汽车、刀、枪，以及过量地摄取盐、糖这些当今人类致病而死的东西不怕呢？那是因为它存在时间不够长，人类还未进化到这些倾向。

第五，自然科学和人文科学之间的关系。威尔逊认为，二者存在着根本差异，"但从源头上它们是相互补充的，都源于人脑的创造过程。前者的探索、分析力和后者的反省性的创造性携手，人类的存在将变得更有创造性和更有趣。"他说，如果有外星人来到地球，人类肯定在自然科学上不如他们。外星人在人类身上学习的价值是人文科学。他认为，自然科学永远都接触不到人们通过创造性艺术感受和表达的东西。虽然经过17、18世纪的启蒙运动，自然科学不能满足思想家和浪漫主义的要求，所以这两门科学分道扬镳。现在重新开始追求二者的统一，也有实现的可能，其原因是二者协作有助于解决宗教冲突、道德推理含混和人类存在的意义。

第六，威尔逊认为，现在需要以对人类起源和意义的科学理解为基础的新哲学。哲学的新颖之处在于：要学会问生物学家问的问题。19世纪70年代，人文科学的基本倾向是：人类行为的起源是文化的。20世纪末，这一转向是倾向于生物学：人类行为有强烈的遗传成分。威尔逊希望用自然科学来统一人文科学，而哲学可以统一二者。大约在50年前，哲学就死了。现在的哲学只是回顾哲学史，而哲学史包括的主要是失败的大脑模型。他说，现代自然科学认同以前一些伟大哲学家的洞见和直觉，比如亚里士多德所说的人的本质是"政治动物"。

第七，威尔逊预测：神经科学家不久就能确定"意识"的生理基础，揭示人类"情绪"和"思想"的物质过程。实际上，现代科学在一定程度上已经揭示了这个过程。例如，人保持愉悦，需要神经递质的参与，缺乏递质或传递障碍就会导致抑郁症。如果"心灵"只是物质过程的副作用，它产生于一系列的因果链条，那么，"意识""自由选择"就只是一种幻觉。他说，相信自由意志是生物学上的适应，必然使我们陷入宿命论。既然人类完全受物理生物法则统治宇宙，自由意志在现实中并不存在；那么，规劝人们接受进化论、保护物种多样性、回避种种冲突又有什么意义？人类怎样才能有意识地改变自己的行为与信念？这说明，威尔逊对人类前途的乐观是源于信念而非理性的。

以上七点，可以说明威尔逊的一家之言。他关于"人类是一种情绪不稳定的动物"，是"天生功能失调的物种"，而其原因在"进化"。这使人想起当今政坛许多"政治动物"的"进化状态"[①]。如何既保持人类品性本质和创造力之源的"情绪不稳定"，又更理性地避免其带来的灾难？虽然此问题并未解决，但"我们需要用进化论和心理学的观念来理解自己，我们要学会守规矩，但永远不要想着驯服个性"一语，给"为人类"未来提供了一种思考问题的思路。然而

---

① 美国一些总统，小布什之"伊拉克门"、特朗普的"叙利亚门"，都是犯有"霸权更年期综合征"。这是中国国家安全论坛副秘书长彭光谦在2015年2月25日《光明日报》上发表的《美国对军事问题为何过于敏感？》一文中的观点。他写道："霸权要衰落而未完全衰落之际，是最脆弱、最敏感、最容易丧失理智的阶段。今天的美国与过去相比，说话嗓门越来越高，这并不是强大的表现，恰恰是内心焦躁、神经过敏、不自信的表现，是霸权更年期综合征的表现。"奥巴马讲，"美国决不做老二"，特朗普说，"美国永远是第一"，这都是这个拥有超级战争机器大国"犯浑"的根源。一旦美国霸权失去控制，将是人类的一场大灾难！

解决这个问题，还应从人类文明交往的历史观念去思考。

这使人想起费尔巴哈，他在《基督教的本质》和《未来哲学原理》等书中，用自然和人的实证批判，揭示了宗教产生的根源。他超越了霍布斯"见物不见人"的理论偏颇，在承认自然界基础上，把人称为哲学上唯一、普遍而最高的世界的对象。但他离开人的社会实践去理解人，用人的生理和肉体方面去理解人，把人的本质这一哲学"最高问题"，归结为"单个固有的抽象物"，只有感情、意志和爱的单纯直观和感觉。因此，用社会交往实践历史看"人类"，不应重蹈费尔巴哈的歧路："当费尔巴哈是一个唯物主义者的时候，历史在他视野之外；当他去探讨历史的时候，他不是唯物主义者。"

十　人文精神的本质

我在《文明交往论》中提出了"文明的生命在交往，交往的价值在文明。文明的真谛在于文明所包括的人文精神本质"。

我在《老学日历》又有《题史》书前叙意："爱自然，为人类，自然育人，人化自然。自然史、人类史，科学双轮驱动，弘扬人文精神，在文明交往大道上，共同追求真、善、美。"在该书第十编中，我用自然科技和人文社会科学协作的历史观念，论述了从哥白尼到亚当·斯密等九位学者的文明创造成果和科学人文精神。

在本文之前，我又详细摘录了美国生物学家爱德华·威尔逊《人类存在的意义》。此书多次强调自然科学的特殊社会功能，也谈到自然科学和人文社会科学之间的互动协作。这实际上是两门科学共同解决人类存在的意义这个人类历史交往的历史观念问题。威尔逊设计的思路是：①哲学，乃至整个人文社会科学回答"何事"（怎样的事实）之问，而自然科学回答"为何"之问；②进化论是理解人类存在意义的基础；③自然科学和人文社会科学是同源互补，都是人脑的创造过程；④自然科学的探索特点是"反省性创造"，而人文社会科学的探索特点是"分析力创造"；⑤最可贵的是，他提出两门科学创造"携手"（这和列宁所说的哲学与自然科学"联盟"相近），"人类的存在将变得更有创造性和更有趣","二者协作,有助于解决宗教冲突、道德推理含混和人类存在的意义";⑥具体来说,他希望用自然科学来统一人文社会科学,而用哲学统一二者;而他提出的对人类起源和意义的新哲学不是文化的,其"新"处在生物学和心理学方面的"人的本质"。这种"新哲学"的特点在于:"用进化论和心理学的观念来理解自己(自知之明)","要学会遵守规矩,但永远不要想着驯服人性(知人之明)"。

我从人类文明交往自觉的历史观念去观察人类存在的意义,即人类交往的文明化在于做"知物之明、知人之明、自知之明"的具有文化品质和文明素质的明白人。文明的明白人是文而化之、文而明之交往文明化的人。还是本文开头所说的那句话:"文明的真谛在于文明所包括的人文精神本质。"

文化、文明为何物?是人的本质力量的对象化。文化、文明自信的核心何在?在于对人文精神的自信。人文精神存在于时间、空间和人间这"三间"之中,在人的文化积累和文明提升中其特点有三:广度的基础、深度的思想、长度的影响。

何谓人文精神?人而文之的"文"是文化、文明的"化"和"明",都表示着人的交往实践主体意义。《易·系辞》:"物相杂,故曰文。"《礼记·乐记》:"五色成文而不乱。""文"字本意就有"彩色交织"的交往、交流、交织的"交往"纠缠关系。《礼记·乐记》还有"礼灭而进,以进为文;乐盈而反,以反为文"的美善意蕴。文治教化,文采光明的"文化""文明"更有"文化内辑""经天纬地"和"照临四方"的宏大内涵。人有认识、践行客观规律的主观能动性、自觉性和创造性,这是人为万物之灵的关键所在。此种对事物客观规律性的主观能动性的认识及在实践中的自觉性和创造性,就是人文精神的实质所在。人的主体地位如《左传》中对"人"的解释:"夫民,神之主也。"欧洲的文艺复兴、启蒙运动,也正是把人从中世纪神学枷锁下解放出来,才有了思想解放、科技发展、人文社会进步和工业革命等文化文明创造。

谈起人文精神,需要回归、反思、领悟历史科学,才能获得人文精神的自觉。马克思恩格斯在欧洲近代文明鼎盛的 19 世纪中期，就自觉意识到历史科学的自觉是文明的根本自觉。哲学的确可以统一自然科技和人文社科两大科学，这就是在大科学框架下认识世界的历史观，也就是这两大科学的哲学观。黑格尔在《哲学史讲义》中说，哲学只有"回归历史，才能获得自觉"。自然和人类，也只有回归大科学的历史观，思考自然史和人类史之间的互相联系和依存，才能解决人类文明交往中的人自觉的种种问题。

  人文精神昭示着人类存在的意义和价值。这是因为文明的核心内涵，是人的素质、品质、人格、道德和心灵修养。我说过，文明的生命在交往，没有交往文明就要萎缩，就要在封闭中消亡。然而，交往固然重要，但交往的价值在文明，没有文明的价值交往，蒙昧、愚蠢、野蛮的恶性交往，也只能是自毁人类和自然。人类文明交往的自觉，是自然史、人类史所积淀、所提升、所共同追求的真、善、美。自然育人，人化自然，爱自然，为人类，自然科技和人文社科两大科学，并驾齐驱，在文明交往的大道上，不断弘扬人文精神，才可以达到交而通、避免交而恶，获得文明化这个人类存在的最大意义。

  人文精神是沟通自然科技和人文社科的思想桥梁，塑造这两大科学领域科学家的美好精神世界和劳作、栖息的诗意人生。北京大学人文学部主任袁学需在《呼唤人文精神》一文中的下述话语耐人深思：

  "试想，如果我们心灵中没有诗意，我们记忆中没有历史，我们的思考中没有哲理，我们的生活将是什么样子？试想，如果我们医生心目中只有细菌和病毒，而没有病人；如果我们的建筑师心中只有水泥和钢材，而没有居民；如果我们的经济学家心目中只有 GDP，而忽略了民生；如果我们的物理学家和化学家心目中只有分子、原子、电子，而没有想到如何把自己的发明用来造福人类，那么学术有什么意义呢？"

  这是他在欢迎新同学大会上的讲话。他从两大"试想"和八个问题，指向了人类文明交往中的人文精神。人的最大空虚不是无事、无力，而是无人所应具的人文精神本质，是失去了人文精神的灵魂。人文精神实在是人类文明化的灵魂。人人都有一颗追求真、善、美的诗意境界的心灵，这就是我主张和践行的"诗意人生"和"诗意治学"。从人与自然交往的哲理处思考，这也就是天人合一的高深境界。在治学上，学者把现象与本质、把表象与本真统一为善美而与学术生命同在，乃尽职尽力尽心之追求。这都是"爱自然，为人类"的人文精神中的应有之义。早在古代的中华文明交往中，《周易》中就有人类"观乎天文以察时变"和"观乎人文以化成天下"之说，这中间都有自然与人文的人文精神。这种"诗意人生"和"诗意治学"的境界是把治学的坐标定位于人类与自然、人类生存的人类文明交往的探究创新上。只有这样，才能对民族、对世界做出贡献。在人文精神引领下的"诗意治学"，是学者贡献给社会的两份文明成果：学品和人品。

十一　文明交往人文化

我在概括人类文明交往自觉论的历史观念时，把它简要概述为九个方面，其中第八是"变化"，要点为：人类文明交往通之于"变"、归之于化、成之于明，是"变""化""明"的交往文明化实践哲学。前面谈了"人化自然"和"转化"，这里谈谈其他关于人类文明交往过程中的人文化问题。

首先谈孔、颜的"乐"与"化"境界。儒家的大美境界是人生之"乐"，进入"乐"界即理想的文明化人生。孔子有两段有关此问题的精练名言：①"饭蔬食饮水，曲肱而枕之，乐在其中矣。不义而富且贵，于我如浮云。"（《论语·述而》）②"贤哉，回也。一箪食，一瓢饮，居陋巷，人不堪其忧，回也不改其乐。贤哉，回也。"（《论语·雍也》）这两段是生活中的饮食居住、清贫中的安贫乐道的"义"中之"乐"，其中心都围绕"贤"与"不贤"为人品德问题。

值得注意的是此"乐"中有"化"的人生境界。周敦颐有孔、颜所乐何事之问，他自问自答，认为其中是一个"化而齐"的"化"境："天地间有至贵、至富、可爱、可求而导乎彼者，见其大而忘其小焉尔。见其大则心泰，心泰则无不足，无不足则富贵贫贱处之一也。处之一则能化而齐，故颜之亚圣。"（《通书·颜子》）这里，在对待富贵贫贱有"见大忘小"的"心泰"而"无不足"。欲望为人的本能，欲所望者是物质文化的需要和追求。此种需求，具有两面性。一方面，它推动着社会生产和科技的进步，是文明的推动力量；另一方面，"人欲"膨胀，危害人类社会，破坏文明秩序。人类要戒贪，贪得无厌总是不知足，不知适可而止，见好就收，最终因见小而忘大，走入歧途。"无不足"是没有"不满足"，即"去贪婪"而面对富贵贫贱"处之一也"。有了这种文明化修养，就能"化而齐"从而步入"化境"，颜回因此堪称"亚圣"。

周敦颐在《太极图说》中，把"化"提高到哲学上的"万物化生"，即"天地之大德曰生"的"大化而成"的高度。不仅如此，他还有一首自悦诗："倚梧或倚枕，风月盈中襟。或吟或冥默，或酒或鸣琴。数十黄卷轴，圣贤谈无音。"（《周敦颐集·题濂溪书堂》）此哲理诗是人与自然交往、融入天人合一的诗意治学的人生"大化"境界。

程颐对颜回的"化境"则有所保留。他在《颜子何好何学论》中说："颜子所独好者，何学也？学以至圣人之道也。""颜子之与圣人，相去一息。孟子曰：充实而有光辉谓之大，大而化之谓之圣，圣而不可知谓之神。颜子之德，可谓充实而有光辉，所未至者，守之也，非化之也。以其好学之心，假之以年，则不日化矣。故仲尼曰：不幸短命死矣。盖伤身不得至于圣人也。所谓化之者，入于神而自然，不思而得，不勉而中之谓也。孔子曰：'七十而从心所欲，不逾矩'是也。"

颜回（前521—前481），春秋鲁人，字子渊，在孔子学生中以德著称。不迁怒，不二过，好学而安贫乐道，以其年四十而英年早逝为孔子所悲。程颐因此称颜回是"充实而有光辉"之"大"德，而没有达到"圣人"之"大化"。他认为"大化"的"化"不是"守"德，而是"入于神而自然，不思而得，不勉而中之谓也"，如孔子修养中"七十而从心所欲，不逾矩"那样的高度。不过，他认为颜回好学，如果假之以年，"则不日可化矣"。他"入于神"源于《易·

系辞》的"精义入神,以致用也"。此句话的意思为"言圣人用精粹微妙之义,入于神化,寂然不动,乃能致其所用"。这种"神化"的"入于神",是"大而化之谓之圣",但已经接近"圣而不可知谓之神"的玄幻境界了。

事物变化是自然规律性的表现,而人文而化的"人文"是人的主观能动性的表现。人们谈各种"化",如王羲之的"修短随化",以至于当代的各种"现代化",都是人类主观能动性见诸客观规律性而"人文化"的表现。其实,"化"在儒道释中虽说法有别有异,但有许多相通相近之处。"化,易也",变化、改变之意。《书·益稷》有"懋迁有无化居",其中的"化居"就是"徙有之无,鱼盐徙山,林木徙川泽,交易其居积"之物。这与《吕氏春秋·察今》的变法者因时而化的"时化"、汝南王司马亮的"理化之本,事实由之"(《晋书·刑法志》)的"理化",都有相通之处。也与佛教一时幻化的城郭"化城"相近。《妙法莲华经·化城喻品》中有导师以"方便力","化作一城","于是众人前入化城"。后遂称佛寺为"化城"。至于北冥鱼鲲化为鹏鸟,睡梦化蝶,在诗人中有唐代蒋防《至人无梦》的"化蝶诚知幻,征兰匪契真"、有宋代陆游《邻水延福寺早行》的"化蝶方酣枕,闻鸡又着鞭",已儒道化而为一了。还有一部多出自黄老而又符合于儒家的《化书》六卷则将"化"细分为"道化、求化、德化、仁化、食化、俭化",原被唐代终南山隐士谭峭的细化之作,后被明代宋濂《诸子辨》订为齐丘窃为己有的抄袭之作。

"化"还有自然生成万物的功能。自然造化万物,即"化不可代,时不可违"(《素问·五常政大论》)。王充在《论衡·订鬼篇》中说,"天地之中,本有此化,非道术之家所能论辩",表现了自然界的变化力量。自然界中的变化,在《礼记·乐记》中强调"和,故百物皆化"的"和生万物之乐和之道、和谐之道"。它认为:"鼓之以雷霆,奋之以风雨,动之以四时,煖之以日月,而百化兴焉。"儒家不是宗教,但它有"教化"之教旨。儒道释在魏晋南北朝的大合唱,有中华文明内部交往的新气象,到了宋代,有儒释道再度融合的潮流，教化的教而化育之于人，都是使人之为人的过程。如中国古语所说，"致天下之治者在人才，成天下之才者在教化"，教化育人都是百年树人的大计。文明化的人，是教而化的人，是爱自然，为人类，有自己的信仰、人生观、价值观的人。

回头再看孔、颜之"乐"与"化"的"化"大事的"乐境"，不因繁琐小事而干扰思考人生真谛。其实，此种境界西哲伽达默尔也是如此。他在101岁高寿时，每日仍去研究室办公，从哲学深思处享受无穷乐趣。哲人、思想家都是靠其专业活着，他们活着就是干他们的活，大都活得有乐趣，有些人是长寿老人，其中重要原因之一，是因他们活得充实，生活专一而丰富。他们有精神营养，有精神家园，可供劳作栖息，有自己的诗意人生。这就是人类文明交往中的文明化的精神境界和人文而化万物之道。

十二　文字与文章

文字和文章，其关系说简单也简单，说复杂也并不为过。

在中华文明中，文字的语言书写符号，多指单字。许慎《说文解字·叙》中的经典解释是："仓颉之初作书，盖依类象形，故谓之文。其后形声相益，即谓之字。文者，物象之本，字者，言孳乳而浸多也。"《古今通论》："仓颉造书，形立谓之文，声具谓之字。"

至于文章，刘勰《文心雕龙》有《章句》篇："夫人之立言，因字而生句，积句而成章，积章而成篇。"文章还有"文以载道"的内涵，《孟子·尽心》："君子志于道也，不成章不达。"文人把文章看得很重，杜甫《题偶》中即有"文章千古事，得失寸心知"。

汉字为世界上最古老的文字体系之一，它是人类文明在历史长河中贯通的文化生命链条。中华文明之所以没有在灾害、战争中消亡而富有生命力，汉字在记载浩如烟海的古代文化典籍中，起了保存、积累、传承、传播的巨大作用。"文以载道"，汉字文化承载着中华文明的大道。《周礼·春官·外史》："掌达书名于四方"的注说："古曰名，今曰字，使四方知书文得以读之。"《仪礼·聘礼》："百名以上书于策，不及百名者书于方。"其注曰："名，书文也。"这里是说，古代将"字"与"名"，书于木片或竹简，用以传播阅读和存储。文字承载，如文化文明之车，于此可见其运载传送作用。汉字在文明交往中真是功不可没。

中国人有尊敬汉字的传统，把整理、统一汉字体系的仓颉奉为神圣，并在东汉时期为他在其诞生地陕西白水县修了庙宇。仓颉，原姓侯冈，名颉，号史皇氏，由于仰观天象、俯察万物，首创"鸟迹书"有功，据说被黄帝赐以"仓"（倉）姓，誉为"君上一人，人下一君"之意。传说，仓颉本为天神，因创造汉字而使人类得到窥知上天秘密，被罚为人，做了一个史官，他的故乡杨武村仓颉庙旁，至今还有一个"史官村"。文史不分家，早有此根源了。不仅他被奉为神圣，他创造的字，也被认为是圣物，有字的废纸成为不能乱扔的"敬惜字纸"规则。一个人识字不识字，上学不上学，成为社会身份地位的关键标志。汉字成为中华民族摆脱愚昧而走向文明的历史象征。

创造文字之祖的传说不只是仓颉。《尚书·序》载："古者，伏羲之王天下也，始画八卦、造书契，以代结绳之政，由是文籍生焉。"文，就是文字；籍，就是典籍，是文成为章的扩大。"文"的范围广，内容博，被延伸至"礼"，《礼记·礼器》："先王之立礼也，有本有文。忠信，礼之本也；义理，礼之文也。""文"在《礼记·乐记》中被认为是"文犹言美也，善也"的内涵。《史记·谥法》甚至说："经纬天地曰文，道德博文曰文，勤学好问曰文，慈惠爱民曰文，愍民惠礼曰文，锡民爵位曰文。"

文字成为文章书契才有价值，成章之文，才是"文以载道"。然而，文的根本意义不止于此。"文"字的篆体就是"人"的形态。人文其实就体现着"人文而化"之的"文化"，"人文而明"之的"文明"。人文的"文"字在这里是动词，人文是人的主观能动性、创造性、创新性、积极性的综合词语，是人创造出的文明成果及其所表现世界观、历史观、人生观、价值观所包含的人文精神。这种人文精神是人类文明交往的真谛所在。

人是有理性、有理智、有思想的，"人文而化""人文而明"的

"人文"都是人类特有的交往行为功能。语言、文字、文章都是属于人类的认知范畴，都表现为各民族特有的思维方式和思想观念。已故的旅美学者唐德刚先生，在西北大学同我交谈时，曾涉及文明交往的话题。他谈到一个相当独到的观点："汉字即中华文明。"我当时很欣赏他犀利的交往表达能力，把观点表达得很鲜明尖锐，虽然有些绝对化。汉字确实记载、传承了伟大的中华文明，这种文字成章的文以载道功能，也在很大程度上塑造了伟大的中华文明。步入汉字化的世界，也可以说走进了中华文明世界。唐德刚先生为史学家、文化人，他从汉字在维系、促进、造福于中华民族之根脉、多民族融合之发展角度上，可以这样说：汉字即中华文明。

在世界文明史中，几大古老文明都创造了自己的文字，而且都使文字成章，承载着文化，如西亚两河流域苏美尔人的楔形文字、古埃及人的圣书字，然而都失传了。唯有中华文明的文字体系在当今信息化时代，依然生机盎然。尽管它曾经被当作落后文字，曾经被人试图废除它而实行西方拼音文字，但终究在冲击性交往中重新焕发青春。从人类文明交往的互学互鉴中，发扬光大汉字文明，让中华文明为人类在当今巨变时代做出独特贡献，正是我们传承、传播的天职使命。当然，汉字只是中华文明的一个重要因素，它对人类根本的贡献是承载着人文精神。现在汉语热正炽，孔子学院遍布世界各地，孔子的"郁郁乎文哉"其内涵应该是人文精神，让我们持续发扬这种可贵的精神。

十三　西方的人文史

2016年，美国芝加哥大学出版社创办《人文史》（*History of Humanities*）杂志。该刊主编伦斯·波多指出该刊创办的初衷是纠正存在于人类探索历史知识中低估人文学科作用"这一不平等现象"。该刊追求的宗旨是："我们相信，一个更为平衡的图景会告诉我们人类获得知识的途径是复杂的、多变的，而且是不可预测的，并往往涉及研究方法和视角在不同领域间的传播。"

在西方，humanities（人文），有两个含义，一为人文学科，包括文、史、哲、艺术；另一为希腊拉丁语文学，总体上是关于人类精神追求的概念。humanities 一词相当于希腊语中的 paideia（教化），humanize 一词就有成为"教化""感化"或"赋人性""使成为人"的含义了。有人性、人情、人道、人类，或人文主义、人本主义的 humanism，则成为有相近内涵的字了。

"教化"在希腊文化中，是一个纽带性的词。paideia（教化）是每个希腊人必须接受的人文教育方式，无论希腊人在何处安家，首先是建立教育机构、初级学校和体育馆。法国古典学家马鲁（Herri-lréc Marrou，1904—1977）对希腊人重视教育设施非常赞许，认为这些学校和体育馆教授那些希腊人、非希腊人如何像希腊贵族一样生活，而这种教育方式培养的精英人物，又在各方面影响了民众。此种教化观念使伊索克拉底（436—338B.C.）认定："我们所称的希腊人，是'教化'（paideia）上的一致，不是血统上的一致。"这种观念为后来的罗马人所继承，再后来随着罗马人在地中海世界开疆拓土而传至欧洲各地，在语言学上，表现为 paideia 被 humanities 所传承了。由此来看，希腊、罗马文明的传承与传播在交往过程中的一些演化轨迹。

人文学科随着文艺复兴而形成，它是以反对宗教信仰文化统治为特征的。其主要代表人物为彼特立克（Francesco Petraca，1304—1374）、萨卢塔帝（Coluccio Stalutati，1331—1406）、瓦拉（Loremozo Valla，1407—1437）、维柯（Giambettista Vico，1668—1774）和狄尔泰（Wilhelm Dilthey，1833—1911），他们反对经院哲学，关注世俗历史、文学、道德哲学，全面改造人类知识，并把人文与自然两种学科从研究对象与方法中彻底分开。

西方的人文史是与社会史、自然（科学）史相互区别又彼此联系的大史学史。其内容为人类精神表达、发展、交流及学科体系形成史。人文与自然的不平衡（重自然而轻人文）、社会上商业化浓厚、功利化取向明显、自我关怀、人的尊严与价值缺乏、人的主体性削弱、人工智能走出实验室，大有取代人脑之势。人文精神面临着危机。这都是人类文明交往中出现的新问题。所谓人文史的大史学史，实际上是大历史的一部分。爱自然，为人类，自然史、人类史双轮驱动，平衡发展，共同追求科学的真善美，是西方，也是东方当代文明交往自觉的历史与现实。还是马克思、恩格斯说的那句老话：历史科学是唯一的科学，即自然史和人类史的科学求实创新精神、科学理性反思精神和科学的人文关怀精神。这是自然科学与人文科学组成的人类文明交往腾飞的双翼，二者相互协调、互补共进是良性交往的真谛。

十四　文明的生命在于交往

中华文明与美洲古文明有不少相似性，如共同的天象观、尚爱美玉、巫术信仰、陶器造型、纹饰等艺术要素。

美洲印第安人的祖先是来自末次冰期最盛期白令陆桥出露那个很短的时间某支早期蒙古人群。其时间大约是距今1.6万—1.5万年，从美洲土著语言结构（纳得内语、因纽特·阿留申语和印第安语）看可能分几批来美洲。早期人类迁徙能力已很强。中美洲墨西哥距今9000年伊始培植玉米。

美洲古文明是迁徙后在当地环境下形成的。最早为奥尔梅克文明（约公元前1600年，与中国商朝文明形成时间相近），之后形成中美和南美两个相对独立的文明。中美分布在墨西哥的奥尔梅克文明，后来包括兴盛的玛雅和阿兹特克文明。南美由以公元前900年兴起的秘鲁文明为起点，后来形成南美印加文明有300万平方千米土地，约600万人口，但无文字而为结绳记事。

尽管中南美古文明对人类贡献了50%以上驯化作物，但在形成之后，长期孤立、封闭，缺乏文明之间的互动交流等开放交往活动，甚至中南美同一文明之间也缺乏交往，因此生命力有限。处于孤立状况下的文明，长期处于停滞落后状态，因此被外来西方文明摧毁了。这些古老文明的衰落，说明了"文明的生命在于交往"的道理。内部变革与外部开放始终是文明发展的综合动力。这些古文明的消失，还有自然灾害的因素。但主要在失去内外交往的封闭状态，便失去了文明生命存在的前提。

十五　学问与文明

学问是人类文明史在观念中的积淀与升华。做学问是钻研古往今来的已有的学问。

读书一要读出人家的好处，二要发现人家的问题，三要悟出自己的思想。于别人未见之处发现问题，于别人未思之处提出问题。

要读出人家的好处，一要有人家的学识，二要有人家的见识，三要把握人家的洞见。

爱因斯坦说："有时候提出一个问题比解决一个问题更重要。"要解决问题必须上下求索。有问题方可进入深刻之处。深思方能厚重。

黑格尔重视"全体的自由性"论证，强调必须诉说"环节的必然性"。论证的逻辑却是由抽象到具体运动，要把终究会倒的"大山"推倒，再塑造自己理论化的"大山"，使其定位于对人类文明贡献上。

十六　翻译与文明交往

季羡林老师在文明交往传统的异域体验中，用惊叹的笔调写出了"翻译之为用大矣哉"的名句。以研究中国唐诗闻名于世的美国汉学家宇文所安用魔术师的盒子比喻说："一个文化传统给出去得越多，得到的也越多。"翻译自然就是传播文明种子。

翻译事关人类文明的传播，也关系文化的传承，而文化是文明的核心。一个文明的影响力首先取决于它独特的魅力，同时也取决于吸引力，但发达的传播手段和强大的传播能力，同样起着重大的作用。语言文字作为传播的重要载体和媒介，是人类文明互动、交融的直接推动力。翻译可称之为社会交往中的"语言文字交换转化器"，此种"转化"在很大程度上决定于翻译的效果。"文以载道"，翻译之车所载各种文明之道，促进着人类文明交往的深入。

翻译工作富有创造性，而且把自己定位于人类文明交往的历史方位上,力求多奉献而不求名位大奖。当然泰戈尔1913年获诺贝尔文学奖是凭借着自己的英译诗歌集,那是创作、翻译的双丰收,那也是翻译史上的一个佳话。中国翻译家范景中在《艺术史名著译丛》总序中深有体会地说:"翻译乃苦事,但却是传播文明最重要的方式。"在人类文明交往活动中,无论是"请进来"或是"走出去",沟通联系的关键桥梁就是翻译。翻译之于文明交往,进入全球化时代,更应扮演重要角色。这是时代的诉求,也是历史的回应。

  这使我想起了波斯《鲁拜集》的英译本。波斯诗人奥玛·海亚姆所做的这部书之所以在英语世界流行,爱德华·菲茨杰拉德的英译再创之功不可小觑。文学是语言的艺术,另一个民族的学人,要从翻译文本中感受到原作全部真意是不大可能的。读者从另一个民族文学原本中体会原作美,美的语言,美的意味,要靠翻译来代替,使读者感受到与原作文本相等的各方面价值是十分困难的。文学翻译本身应当是翻译者的再创造,但这种再创造,必须要具有两种不同文明的深刻体验才能适合原作风格。这个很难做到的事,爱德华·菲茨杰拉德做到了。他的《鲁拜集》就是把波斯文的古诗译成了不朽的英文诗。我在《两斋文明自觉论随笔》中提到了《鲁拜集》,现在看来,应当和英译本联系起来,才赋予翻译对文明交往之用"大矣哉"的完全意义。

  我的博士研究生、现在华南师范大学的尚劝余教授,2016年12月赠送我一本他和尹锡南、毕玮共同编著的《印度翻译研究论文选译》,介绍了印度翻译界的理论与实践。这本近60万字的选译,介绍的许多感受在中国同行中也有同感,如翻译依附于原作的从属性、对原作的陌生化手法处理本体翻译问题,特别是德里大学教授哈利西·特里维迪使用"翻译诗学"(poetics the transcation),都值得借鉴。尤其是印度古典诗学中的"味"左右着整个文本的路径和走向,关系到"美的情味欣赏、品味"诗的意境。这使人想起陶渊明的"此中有真意,欲辨已忘言"和曹雪芹的"都云作者痴,谁解其中味"?意和味正是翻译中的复杂问题。

十七　陕西三原县宏道书院的遐思

书院文化是中国古代大学文化的核心。

书院是将儒家的人文精神转化为以"道"作核心的书院文化。三原的宏道书院的"宏道"一词即体现了对儒家道德理想的追求。宏道是以儒家道德理想模式来设计人才的教育培养模式。宏道的"宏"不仅在实现个体道德完善，而且要在此基础上，以实现治国、平天下的社会道德的完善，培养"德业"与"举业"（科举仕进）并重的人才。

中国古代学术史在宋代后，有程朱新儒学、明代阳明心学、清代乾嘉汉学和实学之演进，都与书院文化相伴随，书院为私学，数量多于官学。陕西三原还有关中书院等，泾阳也有。据统计，清代创建书院多达3757所，修复前代书院608所，两项共计4365所。宏道书院为明代所办，现在作为县级重点文物保护单位而立碑于陕西三原城。这是书院改制的结果，现在已经几变了，先是三原工业职业学校，后是三原教师进修学校，唯当时的两层旧楼仍在原址摇曳着。有朝一日坍倒，便只剩下楼旁的一块"宏道书院遗址"碑了。

中国大学体制是典型的舶来品，是东西方文明交往过程中特定的政治社会条件决定的。书院的自主创新机制和教化精神随着改制之后沉没下去了。胡适为此发出了下述感叹："书院之废，实在是吾中国一大不幸事。一千年来学者自动的研究精神，将不复现于今日。"不过，我还相信，移植西方大学体制的合理性、合乎时代性的交往中，书院的文化精神必将加以现代化转化。梅贻琦已经看到了这一点："今日中国之大学教育，溯其源流，实自西洋移植而来，顾制度为一事，而精神又为一事。"要办出中国气派、中国大学特色，书院文化是一个可探索的教育资源。

以书交往，以文明德，书院中的文明交往，"道"的人格要求、"道"的价值体现、"道"的德育和"道"的社会与学术创新交流，都是"宏"而大之的宏美、大美课题。这是我作为一名在大学有近五十年教书生涯的教师，回顾昔日中学时代旧事旧地的遐思。于右任就是陕西三原宏道书院的学生。1944年我在陕西三原县县中、1947—1949年在陕西三原高中（原址为关中书院）上学，几次去宏道书院旧址。每次重游，思绪如涛涌。宏道书院、关中书院、三原县中、陕西三原高中，真是文化三原。下面是此种文化之旅的记录之一。

重游三原城隍庙

我69岁时，重游三原城隍庙。往事如烟，漂浮眼前，忽显忽隐，恍若昨日。

陕西三原曾是文化名城，过去已有宏道书院、关中书院，盛名一时，培养了不少名人。此次来三原重游，知道宏道书院后来成为三原工业职业学校校址，该校为陕西培养了许多工程人才，有不少人还支援宁夏、甘肃，为那里的水利、工矿输送了骨干力量。关中书院后来为渭北中学、再后来成为陕西省立三原中学，是关中名校。那里也是我的母校，我解放前在那里上高中、解放后毕业，考入西北大学。这两个书院虽在学校办学上无传承关系，但是同处一地，一先一后，地缘上有一定基因，入学时总有故地重住的感觉。记得陕西三原高中校长王时曾1948年来校第一次讲话中，就提到渭北中学，也讲到关中书院，而且强调，既然曾是书院，后又是中学，有书有学，要好好念书、好好学习，不要再闹学潮了。他有句话我现在还记得："你们闹学潮，省上说'三中紧火了'，调我来'灭火'。快回到教室，静心读书吧！记住：要对得起父母，要对得起这个学习的好地方！"

陕西三原在抗日战争时期，是陕西的文化中心之一。省立中学有三个：省立三原高中、省立三原女中、省立工业职业学校。还有于右任办的民治中学、私立池阳中学和振国中学。山西沦陷后，孔祥熙办的铭贤中学，也迁到三原。该校有大学预科，人们称为"铭贤学院"。

我的初中，开始是在三原县中。宿舍设在三原城隍庙隔壁，名师不少。有后来成陕西教育厅厅长的冯一航，成为陕西中苏友协的会长田克恭，校长是韦文宣、曹健吾，还有称为"活辞源"的严文儒、生物老师侯干之，等等。当时，我只有14岁，宿舍就在城隍庙西道院（东道院住的是道士），尚不能"有志于学"。白天，城隍庙大门前的租书摊是我常去的地方。那里有剑侠小说、现代小说，交一点押金，一天租一本，看完再租。我不是县中成绩优秀的学生，却是班上受欢迎的故事员。许多同学爱听我讲故事，被誉为"小评书家"。听众很多，有些人是我租书押金的自愿资助者。每次讲完，听众还不散，意犹未尽，总不让我离开，总是问："后来呢？"我总是说"且听下回分解"，留个悬念，更加引起他们的兴趣。

我年龄在班上最小，又是第一次由农村到城市上学，新的环境使人很不适应。尤其是到了晚上，从学校下自习回城隍庙西道院宿舍，要在黑夜中经过一条长长的石板路。庙的大门口两侧，分别站有高大凶恶的"哼哈二将"泥塑像，黑夜虽看不清面貌，那双琉璃眼珠的闪光，像是在查问行人，使人望而生畏。进入二门，两侧长廊和墙壁上，是反映人死后"善有善报，恶有恶报"的炼狱报应的泥塑群像。它警示观众：善人死后要转生富贵人家；恶人死后要入十八层地狱，备受上刀山、入火海、受热滚油的煎熬，然后转生牛马。"善有善报，恶有恶报，不是不报，时间未到，时间一到，一切都报"，就写在墙上，给我留下深刻印象。夜晚经过此路，特别恐怖，那些鬼怪塑像，面目狰狞；那种残酷图景，令人心惊胆战、毛骨悚然，阴森得使人不寒而栗，只求快点走过这段路程。入睡的宿舍，特别凄凉。窗外刺骨的秋风，吹到窗边，冻得人难以成眠。庙房房檐四角的铃声随风雨而长鸣不息，不由使人产生了"夜雨闻铃断肠声"的悲惨情绪。想到家中父母的呵护，想到家中的热炕热饭，年幼的我，不觉潸然泪下。背着一周的锅盔，后三天已经变硬甚至发酸发霉，有时用砖头砸打成小块，泡在开水中才能吃下。也没有什么菜，一包盐就是一周的菜。就这样，我在初中第二学期中就病倒回家，结束了在三原县中的学习生活。

三原县中阶段对我印象深刻的就是城隍庙。后来我发现它比西安城隍庙保存完整，没有商店，环境清净。这次故地重游，发现那些泥塑群像在解放初就被清除，在此基地上，已经办成文物展览长廊。尤其引起我注意的是，城隍庙正殿大门两旁的那一副对联：

存上等心结中等缘享下等福

在高处立着平处坐向阔处行

这是一副儒释道合一气韵的对联，似乎在哪儿见过它！噢，想起来了，西安化觉巷清真大寺就有这副对联！不过，这副对联是：

存上等心享下等福

在高处立向阔处行

中间的"结中等缘""着平处坐"被去掉了。这说明伊斯兰教是不讲缘法的。由此可见，这副对联在明代很流行，也影响到大清真寺，那是伊斯兰中国化的产物。不仅如此，这副对联反映了"法乎其上，取乎其中，以备其下"的人生处世哲理，也在当代人身上打下深深烙印。2005年10月27日，国家副主席荣毅仁，这位仁厚刚毅的老人，以89岁高龄辞世。他生前最喜欢这副对联。不过，个别字有所不同：

发上等愿结中等缘享下等福

择高处立就平处坐向宽处行

三副对联，由三原城隍庙引起，到西安化觉巷清真大寺和荣毅仁延伸，这中间有人类文明史的道理。这个道理的深处，就是人文精神，就是人性中共同的善良心愿。此种上等心愿，要"存"、要"发"，是人生的追求，缘与福均不求上等，而求中等、下等。人要"立高""坐平""宽阔处行"能高能宽，在登高望远、向平处求稳。能高能平，心胸宽阔，则涵盖一切，不受束缚，得真切体悟。荣毅仁所喜的对联中，"择高"的"择"

字，说明"选择"比"在高处"的"在"进了一步；而"发上等愿"，也较前二联的"存上等心"，更接近佛教的"许愿"。

对联，也称楹联，是文以载道花园中的一朵花，如"诗言志"的诗一样，载有文明交往之道。出身于三原宏道书院的大书法家于右任就为蒋经国书写过下述名联：

求利当求天下利

留名须留后世名

1966年，胡耀邦也有自拟对联：

心在人民原无大事小事

利归天下何必争多争少

我在云南大学讲学时，曾游昆明西山，见山上有一副对联：

置身须向极高处

仰首还多在上人

这副对联既有攀登高峰向上精神，又有虚怀若谷宽容心意，可谓处事治学为人佳联。

我在昆明大观楼，还看到清代陕西三原学者孙髯翁写的180字长联。那是一副宏伟名联。除了欣赏他长联的才华智慧，我也佩服他少年时因反对考官搜身、保卫人格尊严而终身不参加科考之事。在昆明期间，为此我专门去弥勒县新瓦房村去拜谒他的墓地。墓旁石碑仍有下述评价他人品的对联：

古塚城西留傲骨

名士滇南一布衣

站在他的墓前，下述问题泛浮脑际：清代有孙髯翁，民国有于髯翁（于右任），关中人因其长胡过胸，称其为"于胡子"，为何三原常出长须老学人？

今日三原县城隍庙西道院旧平房犹在，却成为堆放杂物的仓库。宏道书院、关中书院两块文物保护碑在提醒人们关注过去的文脉。三原高中、三原女中、三原工职也不复存在。三原县中已改名为龙桥中学（龙桥，是横架清河、连接三原南城与北城的"三眼桥"，因县中在桥附近而更名）。我站在校门口，思前想后，昔日在此住宿上学的少年，今日已成白发老人，怎令人不生悲伤之感。陶渊明《形影神三首》的诗句不禁涌上心头："但余平生物，举目情凄洏。"形、影、神相吊的情景啊！

但是，我又想起了与龙桥中学一河之隔的宏道书院遗址。那仅存的几面窑洞，是明代的文化象征，它被列为文物保护单位。1982年4月修建的三原县人民政府石碑，还似乎告诉人们：这是"人能弘道，非道弘人。"（《论语·卫灵公》）；"士不可以不弘毅，任重而道远。"（《论语·泰伯》）是啊，人弘道，士弘毅，任重而道远！人类应当自觉认识自己的天职使命，去弘扬文明交往自觉之道。

十八　人类文明走向堕落的过程

人类文明是一个历史发展过程，其间的伴随物是野蛮、愚昧、贫穷、道德堕落。这个过程从"道"的角度来说，诸子百家从多角度有不同的反映。

老子生在兵祸乱世之时，社会动荡、贫富分化急剧扩大，其视野下的人类社会文明的曲折发展过程是："失道而后德，失德而后仁，失仁而后义，失义而后礼。"他排的是一个由失"道"开始，中经失"德"、失"仁"、失"义"的序列，其社会历史表现为一种人类文明走向堕落的过程。老子认为"失道""失德"为乱世之始，他肯定道治、德治的历史阶段，否定仁、义、礼为标志的社会。他说："大道废，有仁义。智慧出，有大伪。六亲不和，有孝慈。国家乱，有忠臣。"（《老子·十八章》）在他看来，智巧狡诈、六亲不合、国家混乱这些人类社会中的病态，皆源于人类纯朴敦厚状态的丧失。

《史记·太史公自序》："道家无为，又曰无不为，其辞难知；其术以虚无为本，以因循为用。"《汉书·艺文志》："道家者流……清虚以自守，弱以自持。"《淮南子·原道》："所谓无为者，不先物为也；所谓无不为，因物之所为也。"

上述诸家论老子"道"中的为与不为、虚无为本、清虚自守、因物所为，都是顺应自然的道德观。这是老子的哲学，也是一种人类文明发展的历史观念，同时也是一种人类文明的历史感。对人类文明的历史感，对思考自然史和人类史都有意义，对思考历史转变为世界史尤其重要。没有历史感的思维，不是辩证的理论思维，是没有历史感的机械思维。老子哲学的宝贵之处在于它的辩证要素。我们要记住恩格斯的话："哲学就是一种建立在通晓思维的历史和成就基础上的理论思维。"这一点我将在《京隐述作集》第三集《哲以论道》中展开讨论。此处只是说明历史感的辩证意义。

十九　容闳的文明交往志愿

容闳被称为中国现代知识分子"第一人"。

他生于1828年，1848年入耶鲁大学。当时，西方富强，中国落后。他在美国学习时，深切感受到这一点，因此在该校毕业前，便立下志愿：

> 予意以为，予之一身，既受此文明之教育，则使后予之人，亦享此同等之利益。以西方之学术，灌输于中国，使中国日趋于文明富强之境。予后来之事业，盖以此为标准，专心致志以为之。

容闳立志回国为祖国服务的志向，一开始就面临严峻的挑战。那时，美国教会资助他的条件："须先填志愿书，毕业后充教士传道。"容闳断然拒绝说："予虽贫，自由固所有。他日竟学，无论何业，将择其最有益于中国而为之。"

他的志愿中，两提"文明"，又把"文明"与"富强"联系在一起，作为振兴中国的目标，其思想境界洋溢着中华儿女的赤子热诚之心。他一生的内外交往活动的特点是：只忠于自己的理想、原则，而不依附于任何其他政治利益集团。此种独立性、超越性特点，使他从太平天国、洋务运动、维新运动到辛亥革命各个历史阶段，都坚定走自己的路。

洋务运动后，中国建立了同文馆，从事翻译西方名著。作为中国第一批留美学者代表人物，他写有 My Life in China and America 一书，直译为《我在中国和美国的生活》。1915 年译为中文时，书名为《西学东渐记》，就赋予会通中西的文明交往的意义。

二十　人文与文学

在欧洲，文学范围因时而易。《诺顿文学理论与批评》认为，18 世纪以前，"文学"一词几乎包括了一切形式的文类和写作。19 世纪浪漫主义思潮诞生以后，文学才走向狭义化，变为特指诗歌、散文、小说、戏剧一类基于"想象"的创作。但此思潮上的"文学"泛化仍有影响。诺贝尔文学奖的评选标准与规则为："授予在文学领域创作出富于理想主义的最杰出作品的人。"到 20 世纪时，仍有伯格森、罗素作为哲学家获 1927 年、1950 年文学奖，而温斯顿·丘吉尔也因为一战和二战而写的英国历史著作曾获 1953 年诺贝尔文学奖。20 世纪初期大英百科全书的"文学"定义为："诉诸笔头的、对最优秀思想的表达"，很类似我国人文学科即文、史、哲的含意。马克思、恩格斯在《共产党宣言》中讲"世界文学"的文学也属于广义上的文史哲内容，我在以前书中已经说到这一点。至于诺贝尔文学奖的"理想主义"内容，有人以黑格尔绝对理想主义哲学为标准，后又将其解释为"宽广的人性""普遍利益"，至今为止，标准仍与诺贝尔遗产存在不同理解。俄国的列夫·托尔斯泰、美国的马克·吐温因此而被排在诺奖之外，但这并不能影响他们在文学中的地位。

二十一　《艺术中的人文精神》

《艺术中的人文精神》是由大卫·马丁和李·A. 雅各布斯著，缑斌译的书，中国人民大学出版社 2016 年出版，该书讨论了以下内容，每条都留有思考讨论的空间，值得深入思考。

1. 艺术与人类：美国总统、艺术与人文学委员会荣誉主席米歇尔·奥巴马："艺术与人文学科，界定作为人的我们是谁，这就是它的功能——提醒我们所有人的共同之处，帮助我们理解我们的历史和想象我们的未来。在艰难的时刻给我们以希望，并将我们凝聚在一起，这是其他任何东西都无法替代的。"

2. 在人文学科大目标中找"大坐标"（揭示不同维度的艺术实质和同异之处），以艺术与其他人文学科联系中找其本质与规律。

3. 艺术感知与艺术概念需要艺术参与来理解此种感知艺术的传统符号和表现方法。艺术与每个人相关，艺术之道，道不远人。突破观念与范畴之玄秘，以经验与实证的参与体会鉴评。

4. 艺术品揭示价值，是内容与形式的统一。艺术与其他人文学科之间的区别：艺术以感知为主，其他人文学科则以思辨为主，二者并行不悖。

5. 艺术所反映的价值观是人文精神在艺术中的表现，但有相对性和主观性。①涉及即时的正负而内在价值；②涉及获取内在价值的手段；③包括获取内在价值的手段和有重大意义的即时感受。人类兴趣与事物、事件之间相关性的价值理论。不限于人类自身能力，更关于人类价值、精神、发展、未来。

二十二　以画疗"心"与以绿养目

《光明日报》记者邢兆远、李建斌在 2016 年 5 月 5 日写了一篇报道：《李兆顺：以画疗"心"》，在开篇中写道：

> 在英国的泰晤士河上，有座历史悠久的波利菲尔大桥，原本是黑色的。曾几何时，一些抑郁的人常常在这里自杀。专家建议把桥身漆成绿色，此后的一年来此轻生的人开始大量减少。古时的隋炀帝曾多病缠身，御医百药无效，民间医生莫群锡只是送上一幅青绿山水画，请隋炀帝反复观赏，10 天后便不药而愈……
>
> 这些传说故事，撩拨着画家李兆顺的灵感，他巧妙地将色彩

心理学与脑科学结合在一起，让人们在欣赏艺术时感觉轻松、舒畅，扫除悲伤、忧郁、烦闷等情绪，为此创造了右脑潜能激发绘画，并获得了两项国家专利。著名画家吴冠中对此评价说："王维是文人画的首创者，李兆顺是脑科学画的开拓者。"

李兆顺的画以大地山水的绿色秀美、蓝色静谧，令人心旷神怡，起了以画疗"心"的作用。他说："要打破传统，大胆创新，将色彩心理学、现代科技手段运用到绘画中，充分调动视觉和心理感受，最终达到了'以画疗心'的目的。"他发现不同颜色作用于人的视觉器官，常常产生不同的效果。最使人感到舒适且最理想的颜色是绿色和蓝色，给人以轻松、舒适、愉悦之感，可以使人在心理上得到放松，有助于缓解大脑疲劳。其他的黑、灰二色则使人感到消沉，助长悲观绝望情绪，红色使人紧张，也容易产生疲劳感。

我想起20世纪80年代在长白山发生的一件往事。当时教育部组织《世界史》教材编委会，由吴于廑、齐世荣负责，在吉林延边大学举行。会后考察长白山，因吴先生年老体弱，专门有医生随团。谁知一上山我就患上眼疾，这位医生一直陪着我到天池，医好了我的病。他不用眼药，就要我沿途看汽车窗外的绿色树林和蓝天白云。他说，在医学上这叫视觉疗法，其要点是有意识地用远眺凝视、要左右上下转睛、呼吸要均匀深长，坚持越久效果越佳。这一方法在我身上很奏效，一路看去，长白山上那层层绿色森林和蓝天白云，竟然使我忘记了眼疾。到了天池，池中绿水如镜，令人心旷神怡，眼疾不知不觉好了许多。他说，下山路上，还要如法炮制，回宾馆后，果然眼疾痊愈。此后，我记住他的话，在一切场合，向绿色行注目礼，用凝视绿色树木、远眺蓝天白云来保养眼睛，包括坐在书桌上，也要不时凝视窗外的绿树，更不用说外出散步、坐车远行了。我在中学体检时，医生说我眼珠有斑点，五十岁后要失明，但今年已八十九岁，还可以写蝇头小楷，使我更加相信绿蓝色的视觉疗法之功效。

绿色是春天来临的标志性色彩，它在视觉上给人以春天的感受。宋代政治家、文学家王安石经四次改动后才写出名句"春风又绿江南岸"。这个"绿"字给春天带来了新生的气息。《三元里》长诗的作者张维屏赞扬充满生命活力的绿色,诗云:"沧桑易使乾坤老,风月难消千古愁。多情唯有是春草,年年新绿满芳洲。"这首诗具有浓郁的历史感,洋溢着"诗意人生"的诗情画意,给"人间正道是沧桑"增添了生命力量和希望情操。

当代画家李兆顺通过绘画来医治头脑不清晰的中学生。他首先引导学生认识人的左脑主管逻辑推理和语言表达,右脑主管空间和形象思维。然后请他们走进画室,观看以绿、蓝为主色调的脑科学画,先看画面近景,再看画面远景,用聚精会神的、远近结合的视觉疗法,时间长了,年轻人的感觉就不一样了。李兆顺的经验是:在工作、学习和生活中,要有意识地多多与绿、蓝二色"亲密接触",天长日久,心理健康,生活质量也会提高。

这也使我联想到"诗意治学",也可以现代脑科学得到解释。右脑因其能量之广大,被誉为艺术思维"无意识脑""节能脑""快乐脑""行动脑""创造脑"。发挥右脑的潜能,使之与左脑平衡发展,说大了是全面发展,从小处说,每一个体的人,也会在视觉、听觉、嗅觉的全方位发展中,从形象思维与逻辑思维的结合上收获到心理平和、思维灵活敏锐,更是有柔情意味、更充满人文精神的诗意生活境界。治学的诗意在此,尤其是主要用逻辑推理的求真基础和实用的技术学科,更需要调顺此种理想心态。逻辑思维的美,融汇形象思维之美才是全面的美。

人对颜色的反应因时因人而异,个性化是其特征。李兆顺知道梵·高一生以黄色为最爱或经典色彩,自己在绘画时也加上了庄严的黄色。这是他善于学习、关注站在巨人肩上努力上进的创新精神。他在此前已同吴冠中共同研讨艺术与自然科学结合问题,而吴冠中看到李兆顺开发右脑潜能的创新成果后,十分兴奋,进一步为他理顺了融合中西绘画技艺的思路。李政道用下列题词来鼓励他:"融合科学与艺术,发展世界之和谐。"

提起黄色,我想我的《中东国家和中东问题》(1991年河南大学出版社版)、《两斋文明自觉论随笔》(2012年中国社会科学出版社版）和《老学日历》（2015年中国社会科学出版社版）都用的黄色或浅黄色作为底色。我在《中东国家和中东问题》一书最后一页，曾写有如下的话：

"本书封面为黄色。按哥伦比亚《万花筒》周刊1992年5月4日的《您个性中的色调》一文中称'黄色被东方人用来驱鬼避邪，喜欢黄色的人胆子往往比较小。但不少艺术家和科学家偏爱这种颜色'。又据新加坡《联合早报》在《为了健康请多利用颜色》（1992年6月30日）一文中说：'心理学家研究发现，黄色使人情绪高涨，脉搏跳动快，有提神的作用。'因此汽车在雾中行驶要开黄灯，交通指挥也以黄灯作为提醒行人注意的信号，行人穿上黄色的鲜艳服装，能减少车祸的发生。"

黄为土地之色，朱熹称黄为"中央土之正色"，即内德美好的中和之色。《易·坤》："君子黄中通理，正位居体，美在其中，而畅于四肢，发于事业，美之至也。"从人的心灵深处发出的内在之美，称之为"黄中"，可见黄色在美学中的地位。这种内在的德行美中有道、美中有理。正如《三国志·吴王蕃传》陆凯的疏中所言："常侍王蕃黄中通理，知天知物，处朝忠蹇。"黄中通理，知天知物，深处是知人和自知，达到明适。伟哉，黄色！庄严、肃穆、吉祥、奋进之色，"我炎黄子孙之本色也"。

色感是美好多彩的，是美感中的普遍形式。这个问题将在第二编第四《色感》一节中进一步讨论。

第二编　文以载美道

一　京隐西望秋云白

长安画派领军人物赵望云是我西望长安的"仰望白云",此"望云"正与傅斯年图书馆建馆五十周年纪念册开篇诗"春山樱醉秋云白"相呼应①,从而交响为和声之美音。

赵望云(1906—1977)先生在我出生的第二年(1932)开始,曾与《大公报》以"绘画代新闻"结缘的事,我是从该报记者张警吾先生那里知道的。张先生是我在陕西三原高中的国文老师,他曾展示"赵望云农村旅行写生"专栏发表的 130 幅作品汇编《赵望云农村写生集》给我看。赵先生的一句话印象至今犹在我记忆之中:"希望我们生在乡间的人们,在走入城市之后,不要忘掉乡间才是。"尤其是爱国将领冯玉祥为每幅画配题的白话诗,是诗画交往的文明交汇佳话,于今不失其传世价值。

此后赵冯之间的诗画交往还有两次。1934 年《大公报》聘请赵望云与文字记者杨汝泉在塞上采访,作写生画 99 幅,随后汇集赵画、杨文、冯玉祥诗合集的《赵望云塞上写生集》。1935 年秋,赵创作泰山地区民间生活组画 48 幅,冯玉祥对此尤其珍视:先是为画配诗,以隶书刻于石上,后又于 1938 年 2 月以《泰山社会写生石刻画集》

---

① 《京隐集》第一集草稿写在"傅斯年图书馆"建馆五十周年纪念册上。全诗为:"春山樱醉秋云白,傅图佳景四时新。载籍千古因痴留,墨拓幽香凭信存。红桧为禁蠹鱼来,数典但求万古珍。安用广厦千万间?馆藏能飨天下人。"

在武汉出版，冯玉祥请老舍为之作序，盛赞其为民写生。赵望云先生还编有《抗战画刊》近40辑，1941年该刊停办后，冯玉祥要为他在政治部第三厅安排工作，但他却选择北上西进，特别是1942年定居西安，潜心画法，深入西北，描摹自然风貌与多民族风情，开一代、创一派画风。

　　正如评论学者要从学术史上评价其地位一样，也应从艺术史的定位上来看赵望云的艺术贡献。20世纪中国国画发展史上，有三大派：①齐白石、黄宾虹为代表的传统画派；②徐悲鸿、蒋兆和为代表的引西化中派；③以赵望云为代表的民间生活画派，即"长安画派"。赵望云有十分强烈的社会担当精神，他说，"我是乡下人，画自己身历其境的景物，在我感到是一种生活上的责任"，"我要以这种神圣的责任，作为终生生命之寄托"。他对他的学生说："我的画里永远不画不劳动者。"1977年3月29日，他在西安中心医院弥留之际，喊出最后的话："拿纸来，我要画画！要画大画！"

　　他的最后的呼喊印证了郭沫若1943年在参观赵望云画展后的诗意："画法无中西，法由心所造。慧者思自然，着手自成妙。国画叹陵夷，儿戏殊可笑。江山万木新，人物恒释道。独我望云子，别开生面貌。我手写我心，时代惟妙肖。从兹画史中，长留束鹿赵。"好一个"我手写我心""着手自成妙"，河北束鹿县走出了"长安画派"创始人赵望云，为中华文明史上添上了新篇章！

　　文学家盛成比郭沫若早7年，即1936年，极为肯定赵望云作画中的"真实不虚"，并对此予以肯定，并且用作《赵望云旅行印象画选》上海出版时的纪念语："的确，白石画中有事，不爱摹古；望云画中有事，更进一步。而且，这个事就是我们这个时代的事又是这个世界的事"。

　　秋云白是一景。晋谢灵运《游南亭》诗中，有"逝将候秋水，息景偃旧崖"。这里先言"秋水"，又言喻退职隐居的"息景"一词，正好与本文题目"京隐西望秋云白"相呼应。秋水不息逝去，秋云镶着北京蓝天。诗意画面，令人不禁望川而思人生，孔子的话，油然而生："逝者如斯夫，不舍昼夜。"

"长安画派"的雅称起于20世纪60年代。那是1961年10月，西安美协中国画研究室的六位成员石鲁、赵望云、何海霞、康师尧、方济众、李梓盛在中国美术馆举办了轰动一时的"国画习作展"。"新意新情""气魄雄伟"等好评如云。王朝闻以"新气象"予以盛赞。赵望云为此画展提供了20多幅描绘林区生活的画作，叶浅予对这次西安画坛集体亮相于首都，作了如下评价："这支队伍的核心是赵望云。他们的共同目标是：要把西北地区的自然和社会风貌，用民族绘画的方法表现出来。"

我晚年客居京华，常常思念故乡西安，"西望长安常思家"。"西望"的"望"字，出于我心、形于我情而且见于我吟诵之口和动于笔下纸上。唐代诗人兼画家的王维，诗中有画，画中有诗，他在一首"春望"诗中，紧扣"望"字主题，勾画出了"渭水自萦秦塞曲，黄山旧绕汉宫斜"的帝都全貌，尤其是"云里帝城双凤阙，雨中春树万人家"，使人有同感于在登上北京景山瞰看故宫的情景。同是唐代的骆宾王，也有"指帝乡以望云，赴长安而就日"的诗句。至于陶渊明的"望云惭高鸟，临水愧游鱼"，更是望云临水地钦羡自然之性了。京隐西望长安云，我对赵望云这位大画家崇敬之情油然而生，他的书画人生是灿烂大美之花、丰满充实之文明之果。

二　美感世界
——纯粹意象世界

本题目是中国现代大美学家朱光潜在20世纪20—30年代关于"意象"观点的转述。他的原话是："美感的世界纯粹是意象世界。"这是对中国传统美学核心范畴的表述。这与20世纪30—40年代把"意象"看成是西方输入品不同，他已经把中国传统美学中关于"意象"观念吸收入美学之中。

关于"意象"，刘勰在《文心雕龙·神思》中说："使玄解之宰，寻声律而定墨；独昭之匠，窥意象而运斤。"司空图《诗品集解·缜密》中也有"意象欲出"的提法。王廷相更强调"夫诗贵意象透莹，不喜事实粘着。古谓之水中之月、镜中之影,可以目睹,难以求实也"。实际上,"意象"即"物象"之审美抽象,从"物"中抽象而生的艺术意象。"意"为人的意识,"象"为象征。意象是形于物的形象细胞。"意"为人的意识,其意识深度上演化为"意境""境界",表现了中国古典美学的嬗变过程。"物象"也有其演变过程:物之死寂—物之生命—原天地之美。深层意象是在演变过程中追求人与自然之间交往的自觉,把人的深层情意寄寓形象,创造出内涵全新的审美意象,从而使人的生命之美与自然之美融为一体。

中国传统美学中,"意象"是一个关联范畴。其来源于中国传统文化中的"天人合一""物我一体"的哲学思想,从思维方式上体现看重"象""尚象"的诗性文化精神。此种美学充满着想象力,它是以"意"为导向,以"象"为载体的即景融心、以形写神的艺术创造。此种把美看作主体与客体、情与景、心与物的统一观,与西方美学将美看作人的情感意识实体性对象和实体属性是完全不同的。

"意象"所创造出的世界,也不同于现实和眼前,而是超越现实,走向深远的审美追求和诗意人生境界。诗意即意象,如清代学者王夫之所讲,诗不等于"史",也不是"志",而是情景交融化成的真意。它可以增强人们心灵对美的感受力,促进人的文明化程度,从而摆脱野蛮、愚昧的思想枷锁而获得自觉。马克思认为,人是按照美的规律来创造的。人的立象言意,物越人生,浑然为一,这是在自觉地品味人生价值,追求美好生活,在认真地细读、读好人生这本大书。诗意人生,诗意治学,正是体悟这种人生之道。意象的创造性意义,也在于发现自然美、生活美、心灵美、劳动创造世界美。在意象所呈现的世界中,所承载的不仅仅是物质功利的东西,而且更重要的是超越物役层面进入精神层面的诗情、诗意、诗化意识和哲学思想。海德格尔体悟的"诗意栖息"人生,在场(象)背后的不在场(意)之美,与意象之美是相近相通的。

这种美也是现代阿拉伯文学家纪伯伦所说的:"美不是一种需要,只是一种欢乐。""美是一种你为之倾心的魅力。你见到它时,甘愿为之献身,而不愿向它索取。"这就是文明交往的大美。

陶渊明是创造意象美的大师。我客居北京之后，松榆斋内挂的唯一条幅是书法家王其祎仿董其昌行书的"结庐在人境，而无车马喧。问君何能尔？心远地自偏。采菊东篱下，悠然见南山。山气日夕佳，飞鸟相与还。此中有真意，欲辨已忘言"。在此诗中，陶渊明提出田园诗的命题："真意"。这就是言在诗外的意象，是难用语言文字表达出来，而又确实存在的意象之美。陶诗如苏东坡所言，是"外枯而中膏"，"质实而实绮，形癯而实腴"的大美之作。因此，苏东坡晚年几乎遍和陶诗109首，可谓学陶、崇陶的代表人物。平淡朴实而又耐人品味的陶诗，是中华传统农耕文明及温带气候的人与大自然的亲和意象的表现。我每次欣赏书法家王其祎仿董其昌行书陶诗"结庐在人境"时，总是为飘逸诗意和潇洒笔体所感染。

2016年7月初在北京举行的"意象·净土"民族管弦音乐会上，演奏了陶渊明《桃花源记》。琵琶轻弹，如窃窃私语，琴声仿佛走进了陶渊明的"芳草鲜美，落叶缤纷"的"误入""怡然""归去"三部乐章故事。从民族性中寻觅人类共性，用古文化意象观照当今人的内心世界与生活。这是音乐美！

三　大美产生于蓄意而发的意象世界

何谓大美？《孟子·尽心》："充实之谓美，充实有光辉之谓大。"

"充实"与"空虚"相对，又与"真实"相通，还与"增加"相连。按照孟子的说法，"充实"的实质性之美，再增加或扩大到明亮光辉的程度，那就是"大美"。

大美寓于大德，而天地之大德曰生，没有生命，没有自然界，既无生命，也不存在大德大美了。大美就是人在大自然和社会的交往活动中所蓄意而发的意象世界。这个感情世界是真善美的充实而光辉灿烂的精神境界。它如《易·益》所说："损上益下，民说无疆。自上下下，其道大光。"这里的"大光"，就是充实而光辉的"大美"。它如《史记·礼书》中所云："洋洋美德乎！宰制万物，役使群众，岂人力哉！"这是尽人力之后的顺天命的自然历史性德美之"美德"，即"大美"之所在。

所谓"大美",就是立德树人之美。以仁爱之心树人,以仁爱之心做人处世,才是人心灵美的大美体现。美学家朱光潜说,"做人做到极致,就是以入世态度做事,以出世态度做人",全力以赴干实事,不做名、利、位的奴隶。这种大美实质上就是文明进步之美。思想充实,思想真实,内心充实、生活充实,这就是蓄意而发的意象世界的本源。美意蓄于内心、储于心灵,久蓄而发出纯洁灿烂的光辉,就是大美的思想境界,这里边就是才德、品质与形貌、声色俱好的大美。

美,是美德、大德之美,才是大美。美好高尚的品德,美轮美奂,高大美观的新心之胸怀,这是人的懿行文德。汉代徐干《中论·治学》中说:"学犹饰也,器不饰无以为美观,人不学则无以懿德。"德靠积蓄,美需善行,洋洋乎美德,润人心而惠万物是蓄于内而发于外的创造美的力量。这就是人类文明交往的自觉。

四 色感
——美感中最普遍形式

本题为马克思对色彩或颜色审美的转述。马克思在《政治经济学批判》中说:"色感乃是一般美感的最普遍的形式。"诗人诗中之色感,画家画中的色感,都有审美风尚与趣味的底蕴。爱美的人类,早就以服饰之美来表现此种美感:"以五采彰施于五色,作服。"(《书·益稷》)杜甫珍视花的美色,在《花底》诗中说:"深知好颜色,莫作委泥沙。"王冕则以谦逊高雅诗句对待色感:"不要人夸颜色好,留有清气满乾坤。"

然而,"色感"始终是诗人绕不过的话题,大诗人李白即其一例。早在20世纪中期,日本学者花房英树在《李白诗歌索引》中,统计李白运用了白、金、青、黄、绿、紫、碧、苍、素、丹、红、沧、赤、朱、翠、渌、银、皓、玄、皎、赫、练、铜、缁等24种色彩字。近来,我国学者杨晓霭在《从李白诗歌的色彩看盛唐的审美趣尚》又将7种色彩字的出现次数做了如下的统计:白——533次;绿——

406次；青——360次；金——333次；黄——183次；红——150次；紫——128次。前4种色高频率出现，尤其是绿、青、黄三色，更为李白写景时所偏爱的大自然的固有色。

白色与绿色的普遍组合，既表现李白心向明月、崇尚皎洁，对纯洁、朴素、明快的人生追求，也是盛唐明秀清逸、自然和谐的审美特点。在盛唐时代，人们特别喜爱在绿色天地、白色世界之中表现他们对生命、对自然的体悟。"何谢新安水，千寻见底清。白沙留月色，绿竹助秋声"（《题宛溪馆》）；"宅近青山同谢朓，门垂碧柳似陶潜"（《题东谿公幽居》）；"芙蓉娇绿波，桃李夸白日"（《感兴八首·其四》）；"阴生古苔绿，色染秋烟碧"（《南轩松》）。李白的这些诗句，都是以白、绿相配的审美佳句。

绿色是大自然最有生气、最宁静的色彩，是生态文明的内涵。我爱绿色，在我主编的代表作《中东国家通史》（13卷）的封面上，也用了绿色，这与穆斯林崇尚绿色不谋而合。"清都绿玉树，灼烁瑶台春。"李白的《拟古十二首》其四中的诗句，也是生态、心态的色感写照。

我作为学人，常常是用书的封面来表示自己的色感的。我的书上封面的色感最初是白色的，白是底色，加以蓝紫线条。那就是商务印书馆的外国历史小丛书《阿富汗三次抗英战争》和《印度革命家提拉克》。不过，这是该丛书统一的颜色。其实，白色无色，是五颜六色之初色，我还是喜欢那纯洁的本色，它也体现了我为人治学的起色和初心。

提起书的封面颜色，似乎和政治有直接关系，尤其是"文化大革命"那些动荡年代，反面人物总是以黑蓝为底色。我的三部有争议的人物评传——《叛徒考茨基》《修正主义的鼻祖——伯恩施坦》和《无政府主义之父巴枯宁》，都基本上以这两种颜色为底色，但也离不开白色。这也表现了时代的色彩。色感体现了时代，时代也在改变色感。我的民族主义问题系列著作《现代民族主义运动史》和《东方民族主义思潮》分别就是以深红和深蓝为底色了。

时间到了1991年，我主编的《中东国家和中东问题》一书则以浅黄为封面的底色。1992年，我在此书后面还写上了哥伦比亚《万花筒周刊》上《您的个性中的色调》中一句话:"黄色被东方人用来驱鬼避邪,喜欢黄色的人胆子往往比较小。但不少艺术家和科学家都喜欢这种颜色。"我引用了新加坡《联合早报》上《为了健康请勿利用颜色》一文中的话:"心理学家们研究发现,黄色使人情绪高涨,脉搏跳动快,有提神作用。因此汽车在雾中行驶要开黄灯,交通指挥也以黄色灯作为提醒注意的信号,行人穿上黄色的鲜艳服装,能减少车祸发生。"后面我写道:"伟哉,黄色!庄、严、肃穆、吉祥、我黄帝子孙之本也。"的确,《易·坤》有"黄中通理"之说,有土地本色的农业文明之色,天地玄黄,知物知人自知之明。

绿色为生态文明的形态和本色。我自思考人类文明交往问题之后,绿色也就变为我最喜爱的底色了。然而,正像世间万物的多样性一样,色感总是多种的、综合的。万紫千红、五彩斑斓才是丰富色感的世界。文明的"文"字,在《易·系辞》中就解释为"物相杂,故曰文"。《礼记·乐记》中则有"五色成文而不乱"的说明。这意味着"彩色交织"为"文"。而"明"的"光明"源于日月照射、反射,如《易·系辞》所说:"日往则月来,月往则日来。日月相推,而明生焉。"至于"文明"在《易·大有》中写"道德"相依,与自然相形:"其德刚健而文明,应乎天而时行,是以元亨。"《在书·舜典》中,也有"浚哲文明,温恭允塞"的记载,对此句的疏解则确定为:"经天纬地曰文,照临四方曰明。"更具有文采光辉、文德辉耀,闪烁着日月多色多彩。

色彩交织,方显多彩绚丽美感。到了我研究中东史以及人类文明交往问题时,首先反映的是热烈的红色。《诗·秦风·终南》:"颜如渥丹,其居也哉。"红色成为我 2002 年出版的《文明交往论》封面全色。此书为陕西人民出版社副主编吴秉辉和责任编辑叶子精心设计、美编曹刚独具匠心所做的创造性成果。封面在红色的底面上,有灰白色的地球图案,有象征五大洲人民的白、蓝、黄、浅红、黑蓝色彩的五只飞翔的蝴蝶,显得活跃动态,体现了诸多文明之间交往互动的人类活动图景。"文明交往论"五字为白色,在红色底面上特别醒目。它的下面配有汉语拼音 WENMING JIAOWANG LUN 的灰色字样,它的上面则有黑色小字"本书为西北大学211工程资助项目",封内说明有"谨以此书献给西北大学百年华诞"。作者和出版社的名字均用黑色字体。这是一幅多色彩、多姿态的人类文明交往互动的大美图画,倾注了美编的丰富情怀,时间过了16年,依然令人赏心悦目、联想万千、品味无穷。其后我的几十本书封面设计,虽各有特色,但在整体写意上终究没有超过它。

此书出版12年之后,西北大学出版社以《我的文明观》为名,出版了以《文明交往论》为主要内容的增订本。此书是陕西省人民政府参事室(陕西省文史研究馆)2013年度重点文化项目,被列为《崇文丛书》第一卷出版。该丛书主编徐晔尽心尽力,指导审定出版,还有许多同志和亲朋大力帮助,终于在我82岁时完成面世心愿。此书封面是以白色为底色,书名、作者名、主编名及出版社名均为黑体,还有凸印"文明观"二字与"我的文明观"相映照,显得大方大气。"崇文丛书"四个棕色隶体与"我的文明观"手写体相并列,也使人崇尚文明、追求文明交往自觉的理念油然而生。从学术视觉看,此书庄重纯朴、装潢考究,无论是精装本、平装本,均给人一种厚实美感。总之,此书的内容、装帧、封面色彩,又达致空前审美境界,这使我感动感激不已。

五　古小镇与古大城之美

现今特色小镇与古大城并茂,其人文理念、地方特产、保护与开发、主客观共建、当地"文化+旅游"传统优势与城镇化的文明发展模式引人注目。

小镇如北京西斋堂、杭州塘栖以及云南、海南等地遍布全国,大城以"大西安"范围的古城相互辉映,表现着祖国大好河山的美好新貌。"一特二新三美"的三者综合互动为一个整体,其特色、新貌、美丽在于以人为核心、以人的需求为出发点,充满着生长力。

在祖国大地上星罗棋布的小镇中,四川大邑县安仁古镇尤引人注目。它始于唐代,面积3.5平方千米,是一座小而美的古镇。37座博物馆里有 800 余件藏品，其中有 343 件国家一级文物。在该古镇的民国风情街的街边巷口，有一座隐蔽在仿古宅院里的民艺传习馆。该馆主人名彭宇，身穿麻布服装，长须飘飘，一派世外仙人模样。他是从大城举家迁居安仁，为的是孩子在人文古镇环境中成长。

安仁古镇有一条与"仁"呼应的古色古香的街道，名为"树街"，"蜀都土特产""安仁华侨城"等商店排列两侧，颇有以人为本、人与自然和谐共生的文明交往自觉风味。

六　王阳明的觉化知明之诗意美

我在《知行观与觉化知明之理》一文中提到："王阳明是一位'诗意治学'的哲学家。"我在这篇文章中引用了他"致良知"的诗，已经反映了他从学、为政、治军以及师儒、修道、入佛、从老丰富阅历经验的本乎性情、精于思维独特诗意气象。觉化知明之理，处世治学之美，在他的诗歌中得到了具有阳明圣哲特点的诗性表达。

莎士比亚说："给美的事物戴上宝贵的真理桂冠，她就会变得百倍美好。"我要补充一句：如果再加上人文精神的善和爱，那就再完美不过了。

王阳明的诗路人生是同他整个人生阶段变化紧密联系、相伴相随的。此种变化被黄宗羲称为阳明"其学凡三变而始得其门"和钱德洪关于阳明之学为教"三变至道"，均概括为"三变"：一是从遍览辞章到遍读朱熹之书，循序格物而不得其门，遂长期出入佛老，最后龙场大挫悟道而达"吾性自足，不假外物"境界；二是以静心默坐为学到江右后悟"致良知"，再到越后的时时"知是知非"、时时"无是无非"、开口"即得本心"。诗歌也随此"三变"。

王阳明早年诗风狂放，本人迷于"五溺"（任侠、器射、神仙、佛氏，辞章为多。）"我昔北关初始归，匹马远随边檄飞。涉危趋险日百里，了无尘土沾人衣。"（《坠马行》）这里表现了文字之中的"我令健如笔挥戈"气势。他的诗风从贬谪贵州龙场时，为最大转变。此时，好友湛若水赠诗送行，咏歌九章。王阳明在《八咏以答之·其三》中回赠以明志："屡兴屡还仆,惴息几不免。道逢同心人,秉节倡予敢。"几上几下,终不改觉、化、知、明的悟道之志。他在《寄希渊》序中说:"往年区区谪官贵州,横逆之加,无月无有。迄今思之,最是动心忍性,砥砺切磋之地。"在《与王纯甫》序中又说:"及谪贵州三年,百难备尝,然后能有所见,始信孟氏'生于忧患'之言,非我欺也。"贵州"龙场学《易》"可说是他"塞以反身,困以遂志"(《赠刘侍御二首》)的思、疑、知、行岁月。为专心学《易》,细嚼玩味《周易》,他作有《玩易窝记》①,其中有一段话详细记述了他困学求知的心路历程:

> 阳明子之居夷地也,穴山麓之富而读《易》其间。始其未得也,仰而疑焉,俯而疑焉,函六合,入无微,茫乎其无所指,子乎其若林。其或得之也,沛兮其若决。联兮其若彻,蒕淤出焉,精华入焉,若有相者而莫知其所以然。其得而玩之也,优然其休焉,充然其喜焉,油然其春生焉;精粗一,外内翕,视险若夷,而不知其夷之为陁也。于是阳明子抚几而叹曰:"嗟乎!此古之君子所以甘囚奴、忘拘幽,而不知其老之将至也夫!吾知所以终吾身矣。"

这是他在山洞"玩易窝"面壁静思细读深思,深入品味《易经》这部"五经之首"所体悟的人生哲理,研读阳明学的人,宜思索其情景心态,从而掌握其知行合一观的精义。知行是统一体,然而其统一互动中有阶段性,有不同的侧重点,其中静思之功不可缺。尤其是在困而学的自觉而悟道阶段至关重要。这里往往是由实践上升为理性认识,由发生至深究外部之"物理"转变为内之"心理"的关键点。王阳明的觉、化、知、明思维路径即由此开通。下面两段自述进一步

---

① 阳明在龙场将住所附近山洞命名为"玩易窝"。这个"玩"可不是"玩耍"之"玩",而是"玩味"之"玩",是"品味"《易经》真谛。正如他早年反宦官刘瑾被迁杖四十下狱后的《读易》诗所说:"瞑坐玩羲易,洗心见奥微。"那是经历忧感之后,学习思考的觉、化、知、明过程。

说明了这一转变过程:

"忽中夜大悟格物致知之旨……始知圣人之道,吾性自足,向之求理于事物者误也。"(《王阳明年谱》)这是他日夜端坐澄默、专心参悟"圣人之道"何在之后的"致良知"的初始起点。

"其后谪官龙场,因夷处困,动心忍性之余,恍有所悟,体验探求,再更寒暑,证诸六经四子,沛然若江河而放之四海也。"(《朱子晚年定论序》)王阳明之所以"明"于知行合一理念,其思路是一个连续一生的过程。他青年时期就因思虑此理却找不到问题答案而大病一场,中年"龙场悟道"获得新知,后来觉悟知明之后,又印证于《易》《诗》《书》《礼》《春秋》,得出"莫不吻合"的结论,因而有《五经臆说》之论著。

上述两段自述结合王阳明学《易》悟道而觉、化、知、明的思维过程自然是将"知"奠基于"行"的生活实践基础之上,并非远离人世的苦思冥想,而是从政治阅历、人世间宦海沉浮、多种磨炼、百味人生中觉悟的积极文明交往成果。有人或对王阳明被贬谪龙场仍忠于君国、无怨无悔感到不解:自己被迫害、被冤枉,仍忠于昏庸的明武宗,以为此明知之人,为何无常人想法?其实这是中国古代士大夫忧国忧民的传统风格。中华文明在古代的传统中,皇帝是国家、天下的政治象征,"忠君"是忠于皇帝,其更广义上是忠于国家、忠于天下。因此忧国忧民的士大夫遭不公正待遇后,大多仍继续为国为天下殚精竭虑地献策筹谋。这是时代,是历史的条件所限,不能脱离历史实际而理解。对此种"愚忠"确实为自由民主时代所不取,因此孙中山在进行民主革命时就说过,到了"民国"不讲"忠君",但"忠"于民,"忠"于事,"为四万万人去效忠","不但可以,而且高尚"。孙中山对中华文明中传统的道德观念加以改造、创新、继承,是有自知之明的自觉性①。

---

① 孙中山在《民族主义》中对"忠"的合理因素有如下解释:"我们做一件事,总要始终不渝,做到成功;如果做不成功,就把生命去牺牲,这便是德。"这与他"天下为公"的"公德"大道相通。"忠"能够大公无私,《忠经》中就有"天无私,四时行;地无私,万物兴;人无私,大亨真"。

王阳明的这种自觉性，用诗意来体现便是"知群""觉道"："静后始知群动妄，闲来还觉道心惊。"（《霁夜》）"知"与"觉"是"良知"的体验。这种自觉也是"悟"和"明"心学境界："悟后六经无一字，静余孤月湛虚明。"（《送蔡希颜三首》）觉悟到"六经无一字"，静思后如孤月之湛清"虚明"，虚明形容月光的明亮，是王阳明儒道交集的体现。《庄子》载："夫恬淡寂寞，虚无无为，此天地之平，而道德之质也。"虚无，道家的本体，谓其无所不在，又无形可见，是"唯道集虚，虚者，心斋也"（《庄子·人间世》）。虚而明，也有禅宗的影子，本心如月，明朗如圆月，物我如一，这是儒道交互一体的表达。不仅儒道一体，而且佛教也融入心学诗中："无声无臭独知时，此是乾坤万有基。抛却自家无尽藏，沿门持钵效贫儿。"（《咏良知四首示诸生》）

"抛却自家无尽藏"的"藏"字，使人想起《管子·形势篇》中的"藏之无形，天之道也"的提法。"道"是藏在现象后边，它需要从形象之中，经过思维抽象出规律性的觉化知明道理。《管子》把学行化知连接起来，有了以下几层论述：①人主务学术数，务行正理，则化变而进，至于大功，而愚人不知也。②乱主淫佚邪枉，日为无道，至于灭亡，而不自知也。③故曰：其道既得，莫知其为之。其道既成，莫知其释之。④结论：藏之无形，天之道也。知行合一过程中的规律性，要归结于知者之智慧，儒道释等诸家的大道是分于不同角度而归于觉化知明之知物之明、知人之明、自知之明这个总方向的，而不仅仅是道家一家之"道"的。孔子就说过："朝闻道，夕死可矣！"王阳明在龙场生死关头所觉所化自我身心大震撼中悟出的"致良知"之道，使他"闲来还觉道心惊"，终于获得了"静余孤月湛虚明"的"知明"之理。

王阳明自成一家的诗风，一如他思想自成一家所具有的独特复杂性。请看下述几个追求不受限制的自由，又遇到名、利、位和养家糊口的俗累等多种人生交往因素：

王阳明是一位不矜功自得的虚心谦逊的诗人。重内圣而轻外王、轻现实而重超越是他的人生哲学和诗意栖息。在《丁丑二月征漳寇进兵长汀道中有感》诗中说:"将略平生非所长。"在《闻曰仁买田雪上携同志待予归》二首之一诗中说:"百战自知非旧学。"在《怀旧二首》中说:"深惭经济学封侯,都付浮云自去留。"所有这些,对一位行政和军事上都有所成的人说来,颇有孔子"富贵于我如浮云"的风度。自知之明靠"虚己",如《庄子·山木》中所讲:"人能虚己以游世,其孰能害之。"

  王阳明是一位知止而退、进而热血戎马、勤政担当与退而农耕山林的诗人。他有《赣南诗三十六首》为战争凯歌与山田农歌,歌颂以戈止武的和平与民生之事。例如《回军上杭》:"南国已忻回甲马,东田初喜出农蓑。溪云晓度千峰雨,江涨新生两岸波。"再如《喜雨三首》也有"即看一雨洗兵戈,便觉光风转石萝。顺水飞檐来买舶,绝江喧浪舞渔蓑。"特别是《闻曰石买田雪上携同志待予归》二首之二:"月色高林坐夜沉,此时何限故园心。山中古洞阴萝合,江上孤舟春水深。百战自知非旧学,三驱犹愧失前禽。归期久负云门伴,独向幽溪雪后寻。"诗人将战场旗鼓与山田买舶结合,在军中不忘民忧,在戎马倥惚中的"百战"中,"自知"非旧学。诗中对月夜高林、山中古洞、云门幽雪的故园归农的描绘,洋溢着雅趣寻觅的审美气象。这是一种觉("便觉光风转石萝")、化("江涨新生两岸波")、知("百战自知非旧学")、明("独向幽溪雪后寻")之美。这是王阳明"仁者要以天地万物为一体"的人与自然的和谐境界。

  王阳明是一位集通明高爽而又难以放弃烦冗事务纠缠、隐逸山林心愿而又爱山恋官于一身的真性情诗人。在《次魏五松荷亭晚兴》诗中,他有明志于隐逸情操:"入座松阴尽日清,当轩野鹤复时鸣。风光于我能留意,世味醺人未解醒。长拟心神窥物外,休将姓字重乡评。飞腾岂必皆伊吕,归去山田亦可耕。"他的隐逸情操不是道家学仙情节,而是儒家现实观念:"惟萦垂白念,旦夕怀归图。君行勉三事,吾计终五湖。"此种现实观念表明了对妻儿子女的挂牵,即"尚为妻孥守俸钱,至今未得休官去"。(《庐山东林寺次韵》)同时表明了他即世间与超世间的无奈心态:"远公学佛却援儒,渊明嗜酒不入社。我亦爱山仍恋官,同是乾坤避人者。"

总之，阳明心学留给我们的是三大人类文明交往自觉之问：一是人与自然交往之问，即人与物之间何以共生共处？二是人与人交往之问：人类何以共生共处？三是人的自我身心关系如何和谐？王阳明是在入世与出世、为官与从戎、儒道佛交织交融中"知行合一"地绘制多彩人生之画的。他是在实际生活中诚实真挚地对待生命。真实是他的诗魂，致良知是他的学魂。王阳明集学者、思想家、政治家、军事家、诗人于一身，是有明一代旷世的"五绝"奇才！

七　张若虚《春江花月夜》的艺术生命美

《春江花月夜》为乐府《清声曲辞·吴声歌曲》的题名，对其首创者有不同看法。一般多作南朝陈后主（陈叔宝，553—604）所作。也有隋炀帝（杨广）所作之说。据郭茂倩《乐府诗集》所录，诗存者除张若虚这一首之外，还有隋炀帝二首、诸葛颖一首、张子容二首、温庭筠一首。诸篇中唯张若虚一枝独秀，赋予此旧题以创新意境，使其焕发艺术的生命之美。

张若虚（约647—约730），江苏扬州人，官至兖州兵曹。与贺知章、张旭、包融齐名，号"吴中四士"。虽已闻名当时文坛，然一生仅留诗二首，而其中的《春江花月夜》却成为"孤篇横绝，竟为大家"，被现代诗人闻一多誉为"诗中之诗，顶峰上的顶峰"（《宫体诗的自赎》）。全诗共36句，4句一换韵，共9韵，平仄交错，一咏三叹，音乐韵律节奏感起伏变化，与诗人诗意浑成一气，充满了含蓄婉转的人与自然交往的和谐美。

《春江花月夜》列出"春、江、花、月、夜"五种自然景物，月为主景，美为意境。短短252个字中，就有14个"月"字。"月"通贯全诗，如同脉搏，如同纽带，把诗中所有的情景都用生命的艺术美联结为一个整体。诗情随着月亮升、悬、斜、落而起伏跌宕，春江、潮水、花树、白沙、碧空、白云、青枫、扁舟、高楼、鸿雁、鱼龙、海雾、碣石、江树，无不为月而动，为月而变，为月创造出一幅充满诗意之美的淡雅美丽图景。

《春江花月夜》的主体是月夜中的人，是扁舟上的游子，是玉楼内妆镜台、户帘和捣衣砧旁的离人。全诗的诗眼是"人生代代无穷已，江月年年只相似"。联系"江畔何人初见月？江月何年初照人"？和"不知江月待何人，但见长江送流水"。这里的"何年""何人"之问，突出了问题意识和历史意识。前者属哲学层面，后者属历史范畴。时移世转，相似的是人心人性良知，是人类文明交往自觉的经验和智慧，是共同对真善美的规律性不懈追求。这种对春江花月夜大自然景色的赞叹，把游人思妻之情与人生哲理思考汇集为情、景、理的诗意，超越了纯写山水、纯哀人生苦短、纯写儿女别情狭小格局而别具新意。诗人笔下的人是"哀而不伤"，是个体生命有限、人类群体代代长久，这种对大自然美景的欣赏、对人生的热爱，尤其是结尾一句："不知乘月几人归，落月摇情满江树"，给后来者留下回归人文情怀的深深遐思空间。月光如水之柔情，不绝如缕的摇曳思念，与诗人之心意绵绵地摆动"摇情"，感拂着读者的心灵。其情其意其味"卷浮云""拂还来"，它似海雾遮斜月，使人思绪进入"无限路"。

　　王羲之在《兰亭诗集序》结语中说："后之视今，亦由今之视昔……故列叙时人录其所述，虽世殊事异，所以兴怀，其致一也。后之览者，亦将有感于斯文。"他的序言，是诗集的序言。"有感于斯文"，也自然包括"有感"于诗集中的诗意。"人生代代无穷已，江月年年只相似。"此诗眼的兴怀并不绝望于颓废人生的消极面，而是描绘了人生中春江花月夜情景下人们正常的思念感情。"谁家今夜扁舟子？何处相思明月楼？"这里的"谁家"与"何处"两句人间与时间之问，正处于春江花月夜的空间之中。这种兴怀不止一家、不止一处，因而诗人才提出了这个时间、空间、人间的何时、何处、何人的离愁别恨。如王羲之所说："昔人兴感之由，若合一契，未曾不临文嗟悼，不能喻之于怀。"张若虚留下了千古一篇的《春江花月夜》，一如王羲之的千古一序《兰亭诗集序》，都使后之览者"有感于斯文"，有感于斯诗。

　　附：手抄全首，细细品味：

　　首八句：

第二编　文以载美道

　　春江潮水连海平，海上明月共潮生。
　　滟滟随波千万里，何处春江无月明。
　　江流宛转绕芳甸，月照花林皆是霰。
　　空里流霜不觉飞，汀上白沙看不见。
　　江天一色无纤尘，皎皎空中孤月轮。
　　江畔何人初见月，江月何年初照人。
　　人生代代无穷已，江月年年只相似。
　　不知江月待何人，但见长江送流水。

　　此八句又可分前四句的点破挥洒"春江花月夜"之主题，又由大自然景色引申入人生哲理思考。第一句末尾的一个"生"字，就把春江潮、江月夜和大海的浩大气象相互融汇、又相共生而勃勃生机显现在读者眼前。月潮共"生"赋予了水波、明月、芳甸、花林似白雪、如奇葩的银色世界；又转思人生代代相继而江月年年如此，一轮江上孤月待人送流水这种人和自然的关系。尤其是"江畔何人初见月""江月何年初照人"这"二何"之问，如余音绕梁，令人遐思万千。

　　中八句：

　　白云一片去悠悠，青枫浦上不胜愁。
　　谁家今夜扁舟子？何处相思明月楼？
　　可怜楼上月徘徊，应照离人妆镜台。
　　玉户帘中卷不去，捣衣砧上拂还来。
　　此时相望不相闻，愿逐月华流照君。
　　鸿雁长飞光不度，鱼龙潜跃水成文。
　　昨夜闲潭梦落花，可怜春半不还家。
　　江水流春去欲尽，江潭落月复西斜。

　　这里所呈现的是一幅男女相思的别离之愁情。今夜春江花月之夜，一片悠悠白云如飘忽不定的"扁舟"游子，思念想象明楼上的妻子"可怜春半不还家"。这有如杜甫"今夜鄜州月"那种男子思念妻子的细节，那样的诗情荡漾，那样的诗意别致。想象中的二人同望月光而音信全无，鱼龙潜跃而无尺素书信。"江水流春去欲尽，江潭落月复西斜"一句，描写江水流去春天，斜月落向江潭，这是一幅人老花落、凄苦的离愁悲情！

后四句：

斜月沉沉藏海雾，碣石潇湘无限路。
不知乘月几人归，落月摇情满江树。

这是思乡思人的总括诗句。春江花月夜五种自然景物之后面是"人"，前八句写群体的人类代代无穷已，中八句写个体游子思妻的相望不相闻。西斜月映照江水流春，诗人此时面对"逝者如斯夫"的春江花月夜，心中激荡沉沉海雾般的凄苦寂寞，碣石、潇湘各在一方的乡思之漫漫遥远之路，一个"不知"何时的"乘月几人归"又回到了无着无落的离情之中。他只有怅然惘然伴着落月"摇情"不绝于满江树林之中。月落了，春江花月夜也将结束了，树在这时是最动人的情思之物。"落月摇情满江树"，在静静等待着那些归乡之人。有一句关中民谣说，"春风摆动柳树梢"，春风"摆动"之处在树梢，是春日枝头上的"柳色新"，月光之情，春风之动，游子思妻之情，诗人之心，都一齐洒向江上树林。春江花月夜的人文情韵，摇曳生姿，在等待着黎明日出的灿烂阳光！

如果用最简单的话来表达张若虚的《春江花月夜》一诗，那就是"艺术的生命之美"！这是人类文明交往活动中人与自然之间交往的和谐自觉之美。

八　在人类文明交往自觉基点上创新

今日谈创新问题，对学人来说，首先要明确基点是对人类与自然交往的理解、人类对自己生存、自我身心探研，总之，是对人类文明交往自觉问题的研究。只有从人类文明交往的基点出发，而不是其他诸如获大奖、外界评价等基点出发，才有可能取得真正人类文明创新意义上的成果，进而作出有益于民族、国家和世界的贡献。

今日谈创新，离不开对本民族文明的传承与创新，也离不开与其他民族文明之间的交往和互鉴。创新，从根上说，是对人类史和自然史洞察的文明历史自觉问题。学人作为人类生存问题的探索者群体，是追求真、善、美，生产文化成果的工作者群体。作为学人，要真正尊重自己从事的学问本身，创新的源头就来自这里。只有这种文明历史的自觉，才能把创新汇入人类发展的长河，形成命运共同体的海洋。

恩格斯在《费尔巴哈与德国古典哲学的终结》中说："无论历史结局如何，人们总是通过每一个人追求他自己的自觉预期的目的来创造他们的历史，而这许多按不同方向活动的愿望及其外界的各种作用的合力，就是历史。"合力，即各方面、各方向、各方式为人类创造历史的综合动力。这是自觉的、互相作用的力量，是人类创新自己命运共同体走向文明交往自觉化的动力。让学人的治学诗意美传承、传播、创新、发展，川流不息，融汇流入人类文明的江河海洋之中永生。

九　刘长卿"风雪夜归人"的苍山雪夜诗意图景

刘长卿（约709—789），唐河间（今属河北）人，天宝进士，官监察御史，因事下狱，两度被贬谪，终官随州刺史，世称刘随州。他有各体诗作，内容多写失意之诗，也有反映离乱的，善于描写景物。长于五言诗，当时有"五言长城"的美称，《逢雪宿芙蓉山主人》即其代表作之一。

日暮苍山远，天寒白屋贫。
柴门闻犬吠，风雪夜归人。

人常说，诗中有画，那是用诗来表现出的美丽图景，是诗中有美景如画的表现艺术。善于描写景物、长于五言诗的刘长卿，用了这一个诗题：《逢雪宿芙蓉山主人》。但诗中只写了"风雪夜归人"，而未见芙蓉山主人；只写了芙蓉山主人贫穷的"白屋"和柴门的"犬吠"，也未写主人的接待。这种其简练的20个字的五言绝句诗笔，描绘一位逢雪投宿的旅客画卷，需要有艺术的大手笔。诗人写人是通过景物来表现旅客之所感觉，夜幕即将降临，风雪交加、体劳力竭、急于投宿的心情；又用视觉察看到"天寒白屋贫"所见景物，写到达要投宿人家所居，这位芙蓉山主人必定是位穷人寒士；再用听觉捕捉到"柴门闻犬吠"那只有看家狗在柴门外呼叫。最后点出了主题：画面中的"风雪夜归人"。至此，心中所感、耳中所闻、眼中所见这彼此相连的三个画面，由诗的主体——"风雪夜归人"把情意交融为一体了。

刘长卿描画景物中，常用山水、植物、飞鸟、柴门等词来抒情。如"荷笠带斜阳，青山独归远"（《送灵澈上人》）的"远"字，与"风雪夜归人"的诗境画面相同，世有"青山"与"苍山"大背景在。如"处处蓬蒿遍，归人掩泪看"，"楚国苍山古，幽州白日寒"（《穆陵关北逢人归渔阳》），既有"归人"，又有"苍山"还有"白日寒"，再次出现。用"归"字的诗句还有《余干旅舍》中的"邻家渔未归"；用"柴门""贫"等字词的还有"欲扫柴门迎远客，青苔黄叶满贫家"（《酬李穆见寄》），等等。

刘长卿诗中"日暮苍山远"，往深处体味，也有人生命运苍茫，前途未卜，山路漫长，寒暑难以预测，因而诗有不尽言的巨大想象空间。他诗中展现的图景只能意会、不能言表，具有充实而光辉的大美境界。法国作家维克多·雨果说过："谁要是个名叫诗人的人，同时也必然是历史学家和哲学家……任何诗人在他们身上都有一个反映镜，这就是'观察'。还有一个储存器，这就是'热情'。由此在他们的脑海里产生的那些巨大的发光的身影，这些身影将永远地照亮黑暗的人类长城。"

这段话与孟子"充实而有光辉"的"大美"内涵是相通的。文史哲是用人文精神中枢联结共同领域。雨果所说的诗人"反映镜"和"储存器"正是"蓄意待发的大美意象世界"。人类文明交往需要真善美相融为一体的文史哲以及其他自然社会科学。一个民族需要这种美丽，一个国家和整个人类，同样都需要这种美丽。这种美丽是人类文明交往自觉的大美，用"观察"和"热情"汇聚而发出光彩之大美，如"风雪夜归人"所"回归"的交往文明化的人那样，筑构远离贫穷、愚昧、野蛮的人类光明的长城。

十　审美的诗意心灵境界

诗意治学是一种在治学活动中的生活方式，是一种脑力与体力互动的生产劳动交往诗意栖息，是学人审美的诗意治学境界，其广义上是人生。

诗意之美是本真向善大爱之美，是意象之美。从哲学意义上讲，是意与象之间的内在交往联系美。人们通常是通过现象表层、在场方位、明显迹象，体察其背后隐藏的实质、场外、隐蔽真相。这是细致的剥丝抽茧般的抽象工作。此种体悟是觉化而明的人类文明自觉思维活动，其中有些可以升华凝结为观念、理论，而有许多还在形成、难言说，只能意会无穷而有待探索、开掘和思考。这种美是本真含蓄之美，是诗的形象特色。诗可以直白，然而含蓄地引而不发、藏而不露和发人深思的美更富诗意，所以称为诗意境界。

此种诗意境界的中华古文明表达之一，是"情在词外曰隐，状溢目前曰秀"的"隐秀论"。南朝刘勰的《文心雕龙》中有"隐秀"一条，其中说："是以文之英蕤，有秀有隐。隐也者，文外之要旨也；秀也者，篇中之独拔者也。"禾吐华曰秀，谷类抽穗开花曰秀。秀还有优秀、特异的含义，如"木秀于林，风必摧之"（三国时魏李康《运命论》）。挺秀是美，隐蔽也是美，刘勰把二者结合在一起，引入百花繁茂治学文人世界，赋以幽雅之美，可谓对诗意治学的中国古文论意象说中"隐秀论"的深化。

往深处讲，这是人与自然和谐相处和文明交往自觉的天人合一的高雅美好境界。诗意治学的审美情趣属于此类境界。诗意治学在本意上正是把本质和现象、本真和表象的事物有机地统一为整体的人类文明交往人文精神之美。治学中的审美意识，是长远、深刻和宝贵的智慧力量。治学是科学研究的生命活动，它起源于问题意识的好奇心和兴趣追求，首先是求真、向善，同时也是爱美的心灵历程。人类和动物都有生产和交往的生命活动，不同的是人把自己的生命活动本身变成了自己意识和意志的对象。马克思在《1844年经济学哲学手稿》中指出，有意识的生命活动把人和动物的生命活动直接区别开来，并且分为以交往为前提的人的生产和动物生产的种种不同。他着重指出："人也是按照美的规律来建造"、来"改造"、来"创造"世界的。审美意识是人类求真向善内在有机统一的、相互融合真善美文明交往自觉生命活动。

审美活动的兴趣，也受问题意识的导引。在学人的科学研究中，审美意识是最高层次的道德意识，尽善而后的境界是尽美，真理充实之中涵盖着美，而美又使真理的充实光彩更加灿烂多姿。"美的规律"是人类创造文明的规律。

大美需要大无畏的勇气和理性的大智慧，也需要这种纯粹的科学研究的兴趣。伽利略临终前留下的遗言："追求科学需要特殊的勇气。"此种勇气源于人类文明交往的自觉。2003年我在《书路鸿踪录》的跋语中，有下述两段话，可作为本文的结语：

我感谢我的石匠祖父和中医父亲给我起的名字：树智。树立智慧，吸取智慧，把智慧化为力量，运用到科学研究工作中去，成为我书路人生的追求。70多年的书路生涯，使我深信科学研究贵在学术原创，学术原创需要问题意识的指引和中国话语的表达，而学术创新、问题意识和中国话语，都有审美的追求。学术上新的自觉、新的高度、新的成果，无不充满着诗性的、独立的、有空间理性美的悟性和智慧。

伽利略为科学而献身是"特殊勇力"的典范，而"这种特殊的勇气"来源于特殊的大智慧。这种大智慧不是卖弄小聪明、玩弄权术和使用不正派的手法，而是求真中的理性自觉，向善中的道德自觉，爱美中的审美自觉，一句话，就是文化自觉、文明自觉，特别是在文明交往中的人生自觉。我对历史的最大兴趣是理解历史的意义，是理解人类自身和理解人生的意义，是对当代人生生存危机的反思和探索，具有当代意义的人生审美生存和诗意栖息。这是人类社会几千年历史延续发展下来的终极方向，当代生存焦虑和困惑也由此变得能理解和能忍受，从而在各个领域中笑对人生。

人生之美，贵在心灵之美；心灵之美，贵在自知之明。佛教讲人的心灵，指人的意识、精神，《楞严经》有"汝之心灵，一切明了"。也是指人的心灵明了。《宋书·颜延之传》中提到"幸有心灵，义无自恶"。义与情都是诗意美的表达，如《梁书·钟嵘传·诗评》所言："凡斯种种，感荡心灵，非陈诗何以展其义，非长歌何以释其情！"

十一　智识是明智见识之"知"

智和知在有些时候、有些地方是通用的，因此智识和知识也是一个通用词。唐代大诗人陈子昂在《答制问事八条》就有"微百智识短浅，实昧政源"之句。

然而智识也有自己特别的内容，它的主要意义是：聪慧明白的认识力，相当于智慧，明辨力、鉴裁力可以表达出其内涵。我的《学行记》（《老学日历》第43节）对此已有论述。《韩非子·解老》从掌握事物认识能力的限度问题上，讨论了"智识"的作用："故视强则目不明，聪甚则耳不聪，思虑过度则智识乱……智识乱则不能审得失之地。"这里的"强"（qiáng）、"甚"（shèn）都是过度之意。看问题不能走极端，物极必反，思虑过度，"智识"便混乱不清，失去明晰的问题审察意识。古人的审问、慎思而明辨，直到笃行，都与学习和笃行密切相连。这是人类文明交往中的智慧之美。

钱穆在《国史大纲·引论》中认为："历史智识"与"历史材

料"有所不同、又有联系的观点：历史"经记载流传以迄于今者，只可谓是历史材料，而非吾侪今日所谓历史的智识。材料积累得愈多，智识则时以俱新。历史智识，随时变迁，应与当时现代种种问题，有亲切之联络。历史智识，贵能鉴古而知今。至于历史材料，则为前人之所欲知。然后人欲求历史智识，必从前人所传史料中觅取。若蔑视前人史料而空谈史识，则所谓'史'非史，而所谓'识'者无识。生于今而臆古，无当于'鉴古而知今之任也。'"

"智"与"识"本有智慧与见识双重含意。"智识"这一明慧的明辨力与鉴裁力，在上述钱穆的论述中，被用于运用历史材料分析而作出判断的"历史智识"，具有创新意识。这是对历史辨别力、判断力的自觉认识，也与培根的"历史使人明智"的史学价值哲言相通。"历史智识"还可以是人类文明交往的历史自觉概念，它可以使历史知识由知识变为鉴古知今的通识力量。这也就是司马迁所说的"究天人之际，通古今之变，成一家之言"的人类文明史识，即"历史智识"。

"知"和"智"的关系，《老子》有"知人者智，自知者明"的名言。把"知"见之于"人"，进而化为"智"，把"知"变为认识自己而形成"明"，明智在这里都是"智识"的核心内容，也就是知而上升为对事物的规律性认识。正因为如此，《国语·周》中有"言智必及事"的论断。"能处事物为智"，也说明"智"是明于客观事物的规律，从而顺应规律以发挥人的主观能动性的意义。《文子·微明》引老子的话说："凡人之道，心欲小，志欲大；智欲圆，行欲方；能欲多，事欲少。智圆者，无不知也；行方者，无不为也。"这也就是明代薛瑄《读书录》中所说的"知圆行方，似和而不流"的人际交往智识"和合"之说。

智识的明智不是奸诡巧诈，也不是小聪明的"智巧""智故"，而是知人类文明交往自觉的历史大智慧，是智虑通达而行为方正的大智之道。在知与智问题上，《荀子·正名》中说："所以知之在人者谓之知，知有所合谓之智。"在荀子看来，合于事物发展规律的认识，就是智。《荀子·天论》中又说："明于天人之分，则可谓至人矣。"

在《荀子·不苟》中还说："公生明，偏生闇。"智需明，知物、知人、自知之明，就是大智。大智关键是心明行正，大事不糊涂，如王充《论衡·定贤》中所说："夫贤者才能未必高而心明，智力未必多而举是。"大智若愚，不自恃，不自以为是，知人乘物，循知而明智力行。大智即大美。

十二　为美养心

为美养心的"养"字包括使身心得到培养和休息，也包括培养劳动、生活和思维习惯。但重点在于心态的平和，在于心灵的涵养和思想上通畅开阔，而美好的心灵是根本，是人生的灵魂所在。无此心灵美好，则人体不过是肉壳行尸。学术上的为美养心，则是将人生作为这一大前提下的具体生活方式，即一种审美的、精神劳动的生活方式。这是在科学研究中追求高境界的生活方式。它用理想生活超越有限生活、引导现实生活、改变现实生活，从生活中发现学术研究的特殊美好精神、思想境界。

学术在大的方面，和艺术、技术有相通之处，它们都不能与人类生活、生存、生产相脱离。学术作为人类文明交往的生活方式，日渐成为学术观念、历史观念、哲学观念。学术不能是实用观念，它是精神的、审美的，是淡化实用而更重视精神品质、情趣爱好和思想情操。学术上的精品必然是美与真善相统一的精神文明交往的优秀成果，而且具有如艺术之美一样的审美意蕴。

审美有其独立性和存在性价值，其意义不宜忽视。以文史哲而论，此三者在学术上具有一体而有区别的共通性。三者有实用的、教化的、为政治服务的作用，但这个层面之上还应上升为审美的养心层面。这是一种升华、提高、转化过程和文明交往的自觉过程。以美养心所体现的是深刻的思想和艺术精神，这就是创造性、创新性、历史感、人文关怀和现实关注，尤其是民族性、世界性和时代性三者之间的辩证关系。人们常说，没有民族性就没有世界性，这是对的，但还要加上时代性，尤其三者的核心自觉性。没有民族性就没有世界性，或者民族性就是世界性都有一定的道理，但可以换一个说法，有了人类文明交往的自觉性，就会有民族性、世界性和时代性。

汉字很有美的真谛。以美养心的"美"和"养"①都有"羊"字的首部，羊是慈爱吉祥的。"祥"旁就有一个"羊"字。"羊"字与"鱼"字加在一起是"鲜"字。鲜为新鲜，新的品味，是创新的味感。义（義）也为美部，诗有六义，如《抱朴子·钩世》所说"今诗与古诗，俱有义理，而盈差于美"，即"美"对于诗说，是诗之为诗的品位所在。美与好相连，包括形象、声色、才气和品德美，还有《孟子·尽心》中称"可欲之谓善，有诸己之谓信，充实之谓美"的内容美。美可为一切事物的品质增色添好，尽真尽善而又尽美。学人在学术上为时代留下什么？为历史留下什么？为文明交往留下什么？我常想，在这方面要有文明交往的自觉性和清醒感，少一点糊涂和疏忽，多一点谦虚和纯净；少一点浮躁和盲动，多一点沉稳和宁静；少一点名、利、位纠缠，多一点尽职、尽责、尽心，用人文情怀培育对民族、对人类之爱，潜心学术，开花结果。这就是以美养心、为美养心的人生价值。

以美养心，为的是培养治学的思想穿透力，以深刻的思想与诗意美感贯通心灵、美化心灵。思想和美感是充盈学术的营养和底气，是洞察人类生存境遇和心灵困惑的能源，是对文明交往的真正"心入"，是丰硕的文化储备，是对积累材料的消化融通力和高屋建瓴的驾驭力。帕斯卡尔说过一句事关人的本质能力的话："人的全部尊严在于思想。"这中间应当包括真善美三位一体的思想，这是使人类从物质的羁绊中解放出来的人文精神，它可以开掘社会、人性的深度，追寻人生价值的深度。

为美养心，是思想性与艺术性相融互动之美。这是需要用大智慧的发现之美，如美术大师罗丹所说："所谓大师，就是这样的人，他

---

① 有辞书将"養"归"食"部，不如归"羊"，使其从"美"从"良"，更符合原来的修养心性、涵养心灵、养仪态、养气质的弘道美正之理。陶渊明有"养真衡茅下，庶以善自名"诗句，说明养与美、也与善真相连。《庄子》有顺应自然以养其生的"以养生为己道"之说。

们用自己的眼睛去看别人见过的东西，在别人司空见惯的东西上能够发现出美来。"大师是大智者，他的眼睛受深刻思想的引领，在常人所忽视的问题中，去发现真善美，致力于以美养心。

这里还可以举一个事例。2012年，在北京画院的档案中，发现了老舍求齐白石画的一幅《蛙声十里出山泉》，并为其构思如下："蝌蚪四五，随风摇曳，无蛙而蛙声可想矣。"这是文学家的诗意想象和美的意境；此时无声中而蛙声却响成一片，在场的活跃新生命——蝌蚪，与不在画中的群蛙之声，随山泉流水，汹涌长驱出于隐藏联想之处。这幅画的构思，是美的空灵基调，给人以广深思考的空间，有与无的辩证关系，形与声的贯通感，跃然纸上。画好以后，白石老人题上了"老舍命予依句作画"，"应友人老舍命"，以心领神会的画笔，用人们常见的景物，又以文学大家老舍的文字设想构图，以超凡的艺术想象力与创造力，用蝌蚪的生命律动和山泉水潺流线条美相对应，以形表声，成为传世的艺术佳作。这是文学家与艺术家用美的珠联璧合之作，在诗意治艺上以美养心的灵犀通畅，一脉相承，彼此相融相通。

这就是前引孟子所说的"充实谓之美"，而且是充实、含蓄谓之如庄子"天地有大美而不言"的深奥宏伟气象。"学问之道无他，求其放心而已矣。"孟子这句名言是治学专心致志的总结，而"放心"则须以美养心，诗意治学，要旨在此。这种为美养心的底蕴不仅是艺术之美的规律，也是治学、从政、经商等行业之道，从根本上说，也符合人类交往自觉的文明化规律。

十三 美道

黑格尔在《美学》中，对人类的审美意识的界定是：它超越了求知境界，对象在这里已不再仅仅作为存在着的个别对象而存在，而与"主体性概念"处于外在关系之中。审美意识乃是让概念显现于客观存在之中，主客统一而具有生动性，审美对象不再是存在于外在之物，而由有限变为无限，由不自由变为自由。

审美意识是美道之魂，它也超越了"道德意识"中的实用关系和人之初那种"欲求"境界（"原始的天人合一"）。对象作为"有用手段"的异己目的关系也不存在。总之，黑格尔认为，美有自由性质，超越了"单纯的应该"的"有限关系""有限需求""有限意图而满足占有意志和功利心的东西"。

对美和道德的辨别力，爱因斯坦特别关注。他从教育角度上讲："仅仅用专业知识教育人是不够的，通过专业，他可是个有用的机器，但不能成为一个和谐发展的人。你必须在美和道德上具备明确的辨别力。否则，他连同他的专业知识——就像一只受着很好训练的狗，而不像一个和谐发展的人。"这同他晚年关注历史教育一样，都在于人的判断力的培养，特别是在对待美和道德方面。

黑格尔把艺术美理解为"典型美"，而在此之上又设立了宗教和哲学，以哲学之"纯概念"为最高境界。席勒有审美为最高境界的观点，认为单纯的"感性冲动"，让人受感性物欲"限制"和让人受理性限制，人性超越二者达到"无限"的"游戏冲动"，才是最高自由的"审美意识"。所以，席勒把"审美境界"视为人生最高境界，"审美的人""游戏着的人"是有着最高自由的人。

美分为"感性美""典型美""隐显美"三个层面，感性理性支配着第一、二层；领悟、玩味支配着第三层。领悟、玩味是人类自我身心交往中一种超感性、超理性的交往力——想象力。想象力把显性的和隐性的东西综合一体，此种人类思维的交往力可称之为"审美想象力"，它是"好看好听"感性美和"发人深思""理性美"到"玩味无穷"的"意象感"。这是"隐显美"的诗意境界。"显隐"是海德格尔的美学概念，它代替了近代以来"主客关系"式所带来的"科学至上主义"。这是"存在论"上的人与世界融为一体的交往关系，它强调的是具体的、现实的、活生生的、与人生不可分离的世界。海德格尔不是从认识论上看人生，反对传统的"主—客"二元关系式和超验的永恒不变的僵化的抽象概念世界。

非此即彼是主客二元论的思维方式。虽然从 19 世纪中叶以后，西方开始进入一个不同的自我之间的"对话文明阶段"，"全球意识"

"整体意识""宇宙大互联网意识"或"人类""世界"的"大历史意识"。但"主—客"二元关系思想影响太深,非此即彼难以超越。然而,今日互联网在人间贯通,自我独特性与人我交往正在融合为一个整体。人类文明交往自觉进入一个新阶段。

十四　美学杂记

1. 中国人的审美、艺术是和人生哲理统一的。在中华文明传统中,有以下特点:①儒道释互补的文化结构和人文精神;②协调人与自然、人与人、人的自我身心矛盾关系,富有尽善尽美、守真抱诚、抑恶扬善、厌丑爱美的天人合一、合而不同、道法自然、入世与出世相统一的哲理;③美的诗意神韵,传物中之神,意人中之情,用心体味、用眼俯察仰视静动交替的客观世界,澄怀生命之明。

2. 求真是审美的品格,向善是审美的本质,所谓德美、艺美、学美,美与好、美与善、美与真,都是统一的和互相贯通的。美是鼓舞,陶冶人,使人愉悦,是快乐的身心享受、感受,进而向往追求更美好的世界。

3. 意境是中华文明中独特的美学范畴,是人与自然交往、人的自我身心的互动观念。此中的"意"是意象之美,即"意以象尽,象以言著;得象忘言,得意忘象"。在艺术创作中,意境是变动的世界,其中的美是诗意的美,境界是诗意美的境界。王昌龄在《诗格》中,有物境、情景、意境这三境之说。其中提出了"身在意中""处身于境"的美学命题。人的自我身心与自然界合一中的主体地位,在"意境美学"中,体现了人的身体与心灵同自然界的深层交往联系。这里,可以帮助我们理解张载"四为"之首——"为天地立心"。人要为"天地"立心,人在与自然交往中的主体性表现得十分明显,这也是人在"知物之明"中的"自知之明",是人类文明交往中的自觉性表现。

4. 中国古代书法艺术的文明特色在美学中有许多表现。如汉字书法艺术美可注意者有:①美善合一,艺术形式美和人的心灵美二者的统一；②技进乎道，专业上的笔法、字法、章法、墨法的辩证法；③写意中的气、情、哀、乐相融合；④深造求通、修养求全。书法充分体现汉字之美、艺术之美，后面藏有儒释道思想之哲理。20世纪中国四大书法家之一的陕西卫俊秀在去世前的遗言中，对美学之于书法的关系，有大悟话语："美神啊！中国书法，众美中之至美。"

5. 中国画是艺术的科学，西洋画是科学的艺术，这是一句中西绘画美学中流行的概括话语。中国画是中国画家们的文明创造，其哲学思想是道、气、象、有无、虚实、动静、黑白、笔墨、多色元素；其技法有形态、质感、动感、笔意、笔法对意境、个性及文化思想的意象表达。

6. 艺术、学术以及广义的科学之美。庄子的"天地有大美而不言美"，是一种大自然的"大美"；孟子有美为"充实之美"，是一种实在之生活内容美。从人类史与自然史的文明交往史看，还应该有一种"大科学"的美。这种"大科学"或"大历史科学"之美，即人类史和自然史相统一之美。这种"大美"不仅包括诗意美、艺术美，而且包括自然科技之美。此种"大美"既有人文社科之美，又有自然科技之美，是人文社科和自然科技创造出的人类文明优秀成果之美。这正如唐代画家张璪所说的"外师造化、（内）中得心源"的创新之美、创造之美，也是大科学的大诗意治学之美。

7. 掌握"无穷尽"与"终极之美"。英国诗人威廉·布莱克说："一粒沙有一个世界，一朵花有一个天空，把无穷尽握于手中，永恒无非是刹那的时光。"这是一位人文学者的自然哲学观。此种诗意哲理之想象思考美，令人想起我国宋代大诗人陆游《秋思》中的诗句："虚极静笃道乃见，仁至义尽余何忧。"这是一片绿叶、一片乾坤的"唯道集虚，虚者，心斋也"（《庄子·人间世》）那样道家境界的"虚己"游世之美。

我国物理学家杨振宁则提出了"终极美"为客观之美的观点，他认为这是比人类更早就存在并照耀宇宙的大美。与布莱克不同，他从自然科学家的视角，提出了这样的问题："当今社会科学家取得了辉煌成就，可是，这是我们要追求的最终极美吗？"

无穷尽,是极限;终极是极限。二者统一于美,不同之处,是就其限度大小的两极而言。《庄子·天下》用"大至无外,谓之大一;至小无内,谓之小一"来概括这一差异。用于美,可以有"大美""小美"之别。"大美"大到无所不包,这是"无外";"小美"小到无法再分割,这是"无内"。"美"虽有大小之分,但各异理归于一,这就是"无穷无尽"与"终级"之美的大小同异观。

唐代大诗人杜甫在《登高》中有名句:"无边落木萧萧下,不尽长江滚滚流。"无边与不尽,终极与无极,如天之无涯,自然界之大而无际、无外、无内;大美如德配天地,人类文明交往之江长流。

十五 爱自然、为人类的仁爱之美

美从爱生、从爱长,美与爱相伴随而不弃不离。美而无爱与爱而无美,都是不可想象的事。美与爱,在人类文明交往史上,如光彩夺目各色丝线,经纬交织地绘制成了绚丽图景。在人类与自然的交往过程中,爱自然、为人类,集中体现了仁爱之美的辩证关系,结成了生态的共同体。

"植物活着为了动物,所有其他动物活着是为了人类。"(亚里士多德:《政治学》)托马斯·阿奎那认为,动物对人来说,"根据神的意志,人类可以随心所欲地驾驭之,可以杀死,也可以用其他方式役使"。康德主张,人对动物"不负有任何直接的义务"。

以上是西方思想家的一些道德观在人与自然关系方面的见解。他们认为对自然无所谓爱,自然仅仅是为人类存在。道德共同体仅仅指人类而言,而且只是属于人类,对自然谈不上爱。

自然确是天然存在的,非人为的状态。人仅仅是自然界万千有生命的物种之一,人类和自然共生共存互为共同体关系。中国的人与自然生态共同体方面,存在着"爱自然"和"为人类"两个方面的互动交往。中国古代智慧中的"仁"的观念,按郑玄《周礼注疏》是:"仁,爱人及物。"董仲舒《春秋繁露》:"质于爱民,以下至于鸟兽昆虫莫不爱;不爱,奚足谓仁?"又说:"泛爱群生,不以喜怒赏罚,所以仁也。"《老子》则认为:"人法地,地法天,道法自然。"王安石对此有《老子》的专论:"本者,出之自然,故不假乎人之力而万物以生也。"人效法天地,效法自然而收获的是"道",是"德","爱自然,为人类",应为生态共同体道德观的必然结论。

《周易·孔义集说》:"果之仁,天地之仁也。"果仁,植物果核之心为"仁",如花生、桃、杏等"五仁",按朱熹说法,是有生命之"共性"。想来,张载"为天地立心"的"心",也就是此生命原本的"仁爱"之心。因为《易传》中的"天地之大德曰生"与此"天地之仁","生生谓之易"之理是相通的,而张载所立之"心"是指人对于自然的生态责任。这种"心"是人把自在的"天心",通过人心得到自觉的实现;是要人自觉地体会天地养育万物的含义,帮助万物顺畅完成自己生生之易变过程。这种生态共同体的心灵建设,是"仁爱"中由人及物之"大美"。

《尚书大传·牧誓大战》:"爱人者,兼其屋上之鸟。"爱人而及于物之"仁爱"是谓"推爱",如怀念召公生前在甘棠树下听民讼、亲民情而爱甘棠树,如仁者居住过的地方也因爱仁者而有"里仁为美"之说,后来泛指风俗淳朴、有仁爱美好之地。"喜则爱心生","其爱心感者,其声和以柔"。孔子称,韶乐,尽美矣,又尽善也,美与善是相连的,美与好是人所追求的生活。中华文明中有"仁化"的观念。三国曹魏时期的文学家曹植在《登台赋》中,谈到仁慈的教化时,即有"扬仁化于宇内兮,尽肃恭于上京"之句。"仁化"属于"为政以德"的"公德",即爱民仁政的"政德"。仁、义、礼、智、信,既是个人修养的"私德",也是为政的公德。仁政是儒家的政治主张,指国家管理层忠厚待民、惠民以德而赢得民心。这种仁爱的美好爱民治理,如唐代诗人杜牧在《寄牛相公》诗中所歌颂的:"六年仁政讴歌去,柳绕春堤处处闻。"

西方大哲学家阿弗烈·诺夫·怀德海认为,西方的"爱"(love),就相当于孔子的"仁",都是致力于和谐的人性。面对中国与西方哲学的不同,1992年去世的美国哲学家诺斯洛普(F. S. Northrop)在《东西汇通》(*Meeting of East and West*, 1946)中有一个巧妙的比喻：西方人看问题，如同一个人（即认知者）站在地球之外看地球（被认知之物）如何运转，而中国人看问题则如同在地球之上与地球同时运转。这种思维方式，使我想起前些年美国史学界从月球上看地球的"全球史学"思潮，还是居高临下的俯察思维方式。从哲学上讲，本文所列举的"天人合一"与"天人对抗"问题，由此也可以得到理解。

文明交往是人与自然交往之流，是"生命交往之流"，其中有对立，又有统一。这条奔腾不息向前之交往之流，涌向人类史与自然史的大海洋，给后代留下的是文明交往自觉的智慧，是优秀的真善美统一体的人类文明成果。这种"生命交往之流"，如生态哲学家罗尔斯顿在《哲学走向荒野》中所说："如果把它们置于一个更大的、呈现着人与自然、生物自然与物理自然的交流图景之中，那就是生命，而个人不过是其中一部分内在的方面。"

人类文明交往需要生命的活力。此种活力的源头活水是生物自然与物理自然交流过程中的平衡，其自觉在于适度、限度、基线、顶线之间的掌握。在交往中，切忌过度、越线。沈括《梦溪笔谈·技艺》中以医学为例说："医之为术……如火少，必因风气所鼓而后发；火盛，则鼓之反而为害，此自然之理也。"自然技艺如此，人文社会也是同理。自然科学与人文社会科学两大科学的双轮互动，必将促进人类文明交往的自觉化，必将使全球文明更美好。人与自然、人与人、人的自我身心之间的文明交往的生命活动辩证法是：文明的生命在交往，交往的价值在文明，文明交往的真谛在人文精神，文明交往生命的活力在知物之明、知人之明和自知之明的自觉性，在于爱自然、为人类的仁爱之美。

十六　人类生命中的智慧美

人类史从人类出现开始。智慧是人类生命中的"智识"，即人类大脑中的聪慧明辨的认识能力。"智"在《论语》中皆作"知"。《易·蹇》："见险而能止，知矣哉。"知在这里也与智通用。《庄子·徐无鬼》:"知士无思虑之变则不乐。"以思考变化为乐事的人谓"知士",这种人足智多谋,他们常以思虑人世艰危、天灾人祸事变为乐。《诗·大雅》:"其惟哲人,告之语言。"《诗·檀弓》:"泰山其颓乎,梁木其坏乎,哲人其萎乎。""知士"就是这种"爱智慧"的"知人则哲"的"哲人"。这种富有哲思的人,从贤明君主的"哲王"(《诗·大雅》),到明智老人的"哲艾",到多才多艺的"哲匠",以至足智多谋的"哲夫成城,哲妇倾城"(《诗·大雅》),以及男女思国虑事的思想家,都是人类生命中的"哲人"。有智慧,爱智慧,是人类的哲思,有爱便有美,有美便有乐趣,智慧的生命美,为人之为人的灵气所在。

1989年,古生物学家斯蒂芬·古尔德在《奇妙的生命》一书中的结论是:"就让进化重演一百万次,人类这样的生物,也不可能再出现一次了。"

古尔德一生著作等身,然而,他的这句话,也恐怕是最令人难忘的一句话了。其原因不在别处,而在于太使人问题意识丛生,而且联想不已。人类生命真是复杂、珍贵、奇妙,真是意味深长的智慧美!

它向人们提出了以下问题:

①人类出现和存在只是不可思议的巧合、运气或者偶然性,研究者是否可以被迫接受人类是某个造物主精心培养出的爱的花朵?

②如果回到四十亿年之前,让一切从头开始,人类还会再出现吗?

③进化是否注定要指向某种意义上的智慧?

④如果生物有高级、文明的智慧,能都归之于"人类"吗?

⑤生命是变化的,但是否有可能存在与生俱来不变的生物吗?

⑥如果说生物是在变化,是向什么方向变化?

思考这些问题,首先使人想起"定向进化论",尤其是生物学奠基人、法国博物学家拉马克。理论要点是:

①在自然界中,生命不停地从无机物产生;

②自然界的这种变化是在以下两种力量的互动综合下发生变化:推动生物越来越复杂的"复杂之力"和用进废退的"适应之力"。

拉马克的生物观不是"演化之树",而是无穷平行线组成的"进化草坪",无数的生命各自在这里走完自己的路然后死亡。此种生物观直观而美丽,可是并非真正生命的完全的智慧美。

达尔文的自然选择论比拉马克更贴近实际:自然选择的本能是生物繁殖力,强者存、弱者亡;遗传将"好"与"坏"的特征传于后代,其方向各有适用范围,因而"方向"难以界定,只能是"适者生存"。进化不仅有"何时",而且有"何地",尤其是有十几亿年的时间段。选择对自然和人类,都是很难的问题,绝没有鱼和熊掌只能选择一样来食用那样简单,也会在溺水时救母还是救妻难以抉择。这是一个困难而又必然面临的课题。

三十八亿前的地球,只有最简单的微生物。进化完全是自然的,没有"方向智慧"。进化没有方向,但因为生命的复杂性而有下限,可以阻挡进化向更简单方向移动。演化生物学家恩斯特·迈尔说过:"如果今天有300万活着的物种,假定一个物种平均存活10万年,那么,从生命起源直到今天,可能有500亿种物种生存过,而其中只有一个物种获得了足以建立文明的智慧。"文明需要智慧,智慧是生命中美丽的花朵。

地球诞生于46亿年前,用几亿年冷却下来,演化出最初的生命。再用15亿年诞生了复杂的多细胞生命,然后是寒武纪大爆发。随后,生物多样性迅速增加,即使遭到二叠纪末这种消失了90%海洋物种的大灾难事件,不到一千年就恢复过来了。可是,即使在这样蓬勃生长情况下,又等了五亿年,才等到了智慧生命的诞生。这里又出现了两个问题:

①为何智慧诞生这么难?
②难道智慧不是好事吗?

智慧产生于大脑。大脑是一个相当复杂的、耗能极高的器官。对于一个渔猎时代的原始人而言,稍微聪明一点带来的好处,并不一定能抵消因此增加的能量消耗。这许是智慧只诞生了一次的原因,也正是生命之于人类这个万物之灵的"灵气"所在,这是人类生命中智慧之美所在。

人类虽因拥有智慧而贵为万物之灵,但绝不是宇宙万物的中心,也不是宇宙万物的目的。人类生活在美丽、宏大而复杂的宇宙之中，宇宙对人类的存在不关心，也不赋予意义。人类所要做的事，是让宇宙、让自己骄傲的事，是做一些让生命的智慧火花延续下去的事。所以，"言智必及事"（《国语·周语》），"能处事物为智"（《国语·周语》）。然而，智慧是有限度的，《韩非子·解老》："故视强则目不明，听甚则耳不聪，思虑过度则智识乱……智识乱则不能审得失也。"智慧通达而行为方正的"智圆行方"是适度的把握。《文子·微明》："老子曰：凡人之道，心欲小，志欲大，智欲圆，行欲方；能欲多，事欲少……智圆者，无所不知也；行方者，有所不为也。"由此出发，明代薛瑄在《读书录》中，提出了"胆大心小，似知崇礼高、知圆行方，似和而不流"的命题。"和而不流"是人类生命中文明交往的智慧美。

智和知在许多方面是相通相融的，其交融点在于合于事物的规律性。《荀子·正名》因此而有"所以知之在人者谓之知，知有所合谓之智"。对此句话的注是："知有所合，谓所知能合于物也。"事物发展的客观规律不能以人的主观意志为转移。主观能动性只有在符合客观规律时，才有文明交往的自觉行动。古语云："不知乘物而自怙恃，多其教诏而好自以……此亡国之风也。"（《吕氏春秋·审分》）这里的"乘物"就是顺应客观规律，而"自怙恃""多其教诏""好自以"就是自以为是、唯主观意志、违反客观规律，必然会干出愚蠢的事来。

清代关中教育家刘古愚（1843—1903）在《瞽鱼赞》中，对于不知天高地厚的"目盲不明"之鱼，有以下感叹："浮不知天之高，而气压于皮；沉不知地之厚，而切于泥。茫茫万顷之波，澄不清而挠即浊，尔偏有觉，尔将奈何！"大智若愚的刘古愚，在这里告诉我们，人贵为万物之灵，就在于"知而明"。这个"明"就是人类在交往文明化过程中培养的明智慧敏和知晓事物变化之道，而不是"瞽鱼"式生活。中华文明中，关于"知"的智慧很多，在一段时期中，"知"和"智"还是通用的。这种人类生命中的智慧美，可举8例：

1. "人不知而不愠。"(《论语·学而》)
2. "知之为知之,不知为不知,是知也。"(《论语·为政》)
3. "知足不辱,知止不殆","祸莫大于不知足,咎莫大于欲得,故知足不足常足矣。""知人者智,自知者明。"(《老子》)
4. "何谓'知言'?诐辞知其所蔽,淫辞知其所陷,邪辞知其所离,遁辞知其所穷。"(《孟子·公孙丑》)
5. "自知者不怨人,知命者不怨天。"(《荀子·荣辱》)
6. "知己知彼者,百战不殆。不知彼而知己,一胜一负。不知彼,不知己,每战必殆。"(《孙子·谋攻》)
7. "知之曰明哲,明哲实作则。"(《书·说命》)
8. "过此以往,未之或知也,穷神知化,德之盛也。"(《易·系辞》)

现今在全部已知的宇宙中,作为智慧生命只出现过一次的人类,应当有知物、知人、自知之明,应当有更高的文明交往自觉,不应当在只有一次的生命中留下太多遗憾。

十七　阿富汗战争的悲歌

2015年诺贝尔文学奖得主俄罗斯作家S. A. 阿列克谢耶维奇(1948—　)的《我是女兵,也是女人》,描写第二次世界大战中苏联女兵故事。当时女兵有100万人,为15—30岁。

与上述悲壮故事不同,她的《锌皮娃娃兵》(直译为《锌皮男孩》),是描写1979—1989年苏军入侵阿富汗战争的一曲悲歌。这是阿列克谢耶维奇的代表作。把锌与男孩联系为书名颇令读者费解,这也许是作家特意设置的阅读障碍。正因为如此,在开篇不久,就用"锌作为棺材"来对应"锌皮男孩"。也正因为如此,女作家为了强调这一主题,在这部"艺术·文献"型小说的最后收篇处,列出七块墓碑反映一群18—22岁的娃娃兵在世界和平年代战死在异国他乡的悲剧。对于因在阿富汗战场上死亡而钉得严严实实的锌棺材里的"锌皮男孩",翻译家高莽用了《锌皮娃娃》这笔妙译,点明作品这一描写年轻生命死亡的主题。

　　研究中东问题的人，都应当读一下这本小说。苏军入侵阿富汗到底有多少人战死外国沙场？1989年8月17日苏联《真理报》公布的数字是13835人。到了1999年，死亡数字又增至15031人（战死、受伤后死亡、疾病死亡、失踪），其中除两名中将、三名少将外，绝大多数是"和平年代的娃娃兵"。这是苏联统治者实行的一次所谓"大十字"战略：纵向从波罗的海、里海、黑海、地中海、印度，横向为欧洲、白令海峡。在此战略下，如女作家所描述的："在预制板结构的房子里，在窗台摆放着和平的天竺葵的农舍里，民间暗地里流传的"是"阵亡通知书"，是"预制板建造的赫鲁晓夫楼里装不下的那口锌皮棺材"。

　　小说写作体裁的特色是"艺术·文献"型，是《战争中没有女人》和《最后的证人》之后的第三部成熟之作。她以采访记录的第一人称叙述方式来"展现真实"的主旨。此书首次出版于1990年，2013年又出版了新版本。她经过多次加工，修订的目的是表现真实性。作品的主体是一则则的实录，由士兵、尉官、护士、宣传员口述。由于主人公为"锌皮娃娃兵"，所以讲述者主要是母亲，是扑在锌皮棺材上绝望地哭天呼地的母亲们。

　　1992年6月，该书出版后，讲述的母亲们将作者和选刊此书的《共青团真理报》的编辑部告上法庭。1993年1月，明斯克中央民事法庭公开审理了此案。原来母亲们说自己是"英雄母亲"，现在却变成"杀人犯母亲"，而状告该书作者侮辱了"母亲的荣誉"。在后来再版的书中，作者把此次诉讼的记录附在书后。这些法庭审理记录，连同作者为此书写的前言、后记、墓碑铭文等一起，表明了它的完整"艺术·文献"型作品性质。

　　阿富汗是一块悲怆的土地，古老文明与当代文明、内部文明与外部文明交往在其上展开画卷。它和整个中东地区一样，历来是外力侵凌的动荡之地。这个文明交往的"十字路口"是纵横交织、错综复杂的纷争之地、乱象丛生之所。它也是各种大帝国的坟墓。它见证了亚历山大的大帝国之逃逸，也经历了"日不落"英帝国太阳的落去，还送走了苏联的败亡。现在,美利坚帝国正深深陷入侵略泥潭而难以自拔。乱从内部生,祸引外力来。啊!"十字路口"的阿富汗!何日终止悲歌悲剧进入欢歌喜剧而走向文明交往自觉。这个多难国家,何时文明复兴啊!人类文明交往的自觉,人类交往的文明化,对人类命运前途多么重要啊!

悲歌由苏联作家写出,悲歌却由接捧力交给了美国。阿富汗是帝国的坟墓,叙利亚是帝国坟墓,整个中东也是帝国的坟墓。伊拉克战争奏响了美国衰落的哀乐。下一个悲歌的作家,该是美国人了!悲歌之后,应该是阿富汗这个中东文明"十字路"国家高奏独立、富强的凯歌了!那一天可能还要迟到,但它是不会缺席的!我把自己在1992年10月6日写的《阿富汗史》一书序言中写的一句话赠给刚毅、智慧的阿富汗人民:"遵循但丁《神曲》中《炼狱篇》的原则:'走你的路,让别人去说吧!'"

十八　羊年谈美续篇

2003年,正逢我的本命年——羊年。这一年我迁居北京朝阳区松榆路美景东方小区。我把我隐于京都的书斋命名为"松榆斋",这也正与老年的诗意人生美趣心境相联系。羊年又遇"美景"之美、又逢中东的"东方"治学方向,诸多因素的交织,使我写了《羊年善美谈》一文。此文后来收入2004年出版的《松榆斋百记——人类文明交往散记》一书中。

在那篇文章中,我首先把羊同善联系在一起。羊是性格善良的吉祥动物。我属羊,又名树智,而"智"为"仁义礼智信"这"五善德"之一。"上善若水","智者若水",善在"智德"之中,是若水之韧而柔能克刚,而若水之强而能水滴石穿。如《孟子·尽心》中所言,"智"德根于人心。这种心灵深处之德在《孟子·公孙丑》中,是人与非人的"四心"良知的根本区别:"无恻隐之心,非人也;无羞耻之心,非人也;无辞让之心,非人也;无是非之心,非人也。"

美字，一般作"美味"解，与羊肉的鲜美味有直接关系，即所谓"美，甘也，从羊从大"。大羊为"美"，有两说：一为美乃"大"与"羊"的组合；一为甲骨文中的"美"字，其上部似羊而非羊，是人头上的装饰品，下半部是"大"字，其意在用来表示人双手展开，作兴高采烈状。实际上，美不限于食味，而是人追求精神美感，用以表外形美丽、心灵美好，是善良慈爱为"大美"。

后来，我重读《羊年善美谈》一文时，又觉得美不仅有仁善之慈爱，还和义（繁体为"義"）关系相通。通常谈"义"，多为"正义"，实际上，从人类文明交往的视角看，繁体"義"字把"羊"与"我"相组合为一字，有更深层意义。《说文解字》中就有"义，己之威仪也，从我从羊"的解释。汉字简化中的"义"字，已看不出这种联系了。以羊表示自己的"威仪"，我想恐怕这个"羊"是公羊或山羊，双角及头部挺拔威武，美丽而勇敢。这是把羊作象征物，置于己之头部，除了美丽、美好、吉祥，还有健美的形象，以表对威仪的崇尚。当然，美味不可少，羊肉之美和鱼组成"鲜"字，不由使人想起西安的羊肉泡馍之鲜美，也令人想起宋人范仲淹《江上渔者》中的"江上往来人，但爱鲈鱼美"的诗句。

再后来，我又想起自己发表于《历史研究》1985年第6期的《甘地思想的整体性和独特性》一文。在该文中我写道："哲学、宗教、艺术都追求真、善、美，但侧重不同。哲学以求真为主，又和善美相结合。宗教以求善为主，也不脱离真、美。艺术以美为宗，而真、善寓于其中……甘地思想突出一个'爱'字，把'爱'和'真理'结合起来，这是富于印度文化、文明特色的创造，其东方风格和个性值得进一步研究。"

同样，我在上述文章中还写道："甘地对佛祖释迦牟尼把慈爱由人类推广到一切生物身上（即'众生平等'），而对羊充满了特别的关爱。"甘地在他的自传《我追求真理的故事》中，把释迦牟尼和耶稣相比较时特别提到羊：释迦牟尼思想中的"慈悲不限于人类，而是普及到一切生物身上。我们一想到那快乐地蜷伏在他肩上的羔羊，心里能不洋溢着怜爱之情吗？可是人们在耶稣的生平中，却看不出有这种对一切生物的爱。"这真是一种最博大的爱,是对天下一切生命之物的大爱,是"众生平等"的"大德"之爱。"不杀生","素食去荤"这是佛教独有的戒律。

甘地的话固然有理,但耶稣也有用"迷途之羊"(Lost sheep)来称赞误入歧途而知悔改的人。《圣经·新约》中记载:耶稣对众人、税吏和罪人说:"你们中间谁有一百只羊,失去一只,不把这九十九只撇在旷野,去找那失去的羊直到找到呢。找着了,就欢欢喜喜地扛在肩上,回到家里。就请朋友邻舍来,对他们说,我失去的羊已经找着了,你们和我一同欢喜罢。我告诉你们,一个罪人的悔改,在天上也要这样为他欢喜,较比为九十九个不同悔改的人,欢喜更大。"这也是把迷途之羊"扛在肩上",和"蜷伏在佛祖肩上"一样充满着爱。耶稣、释迦牟尼一样有博爱。

人间圣贤、宗教圣徒的理想人格,侧重于道德维度的真、善、美。当今科技、产业尚智崇能,侧重于求真向美。从人的品格素质来说,审美可以把二者统一起来,引导人们摆脱单向度追求而背负的精神与物质枷锁。真善美三者内在的统一,可以使人格健全。审美不仅是娱乐与享受,而且是恬静与安详地在美好的世界中去感受人生;还可以向上追溯历史、审视现实、展望未来,从而提升宽厚胸怀,培养高品格、高品质的情思理趣。这是一种审美素质的雅致情趣、大气开阔的诗性智慧和人生美德向往的培育。

美德在教,教而习,习而积,积美德,行善事,人心灵之美会逐渐养成。"祥"和、"养"成,又一个个"羊""美"、吉祥与"良"知的组合!"美"的"祥"也与教育而化之的文化有关。《汉书·董仲舒传》中一段话有其参考价值:"今陛下贵为天子……然而,天地未应而美祥不至者何也?凡以教化不立,而万民不正也。"这里的"何也"一问,便蕴含着"美祥"之因在其中了。《荀子·尧问》:"其为人宽,好自用,以德。此三者,其美德也。"优良美好高尚之德,就存在于人的学习、历练的内外文明交往性的提升过程之中。

教师对爱的教育多有切身体会,并能以慈爱之心呵护孩子成长。爱的教育其出发点是爱孩子,如何进行爱的教育是很现实、很实际的问题。尹建莉在其《最美的教育最简单》（2014年作家出版社）中，把"教化之美"归结为"美育六字"：纯真、净化、自然。在书中特别强调教师、家长的"不言之教"必须时常放在心上、落实到日常的一言一行中。的确，行为教育和口头教育同样教化育人。朴素的人学理念是简单的，但人的情感是多样的，人的思想是复杂的。在美的教育中，最重要的是爱自然、为人类、有良知和有责任担当，从而把美的教育看作是人主动性、创造性与建设性付诸实践的过程。这可以说是对法国哲学史学家吕克·费希和克劳德·卡佩里耶合著的《最美的哲学史》有关"最美教育哲学"的阐释和必要补充。

美是贯穿于文史哲之中的。身居中国台湾的作家蒋勋所著的生活美学之书原名为《生活中有大美》，后改名为《品味四讲》，广西师范大学2014年出版。他认为人类生活中的食衣住行四方面交往活动，是美的生活的具体化。许多研究美学的人都热心于给美下定义，但这四方面具体活动比给美下定义更容易理解。从这四个方面控制生活节奏，从味觉、嗅觉、视觉、听觉、触觉的细微点滴处，更能品味出生活中的大美味道。他的大美生活之门是为人生美学而敞开，又把人生美学和家庭关系、整个城乡整体美学、社会美学结合在一起，最后以"大美"为归宿。这种大美的回归，是日常生命细节生活与艺术、哲学美之大化而成的思辨成果，其美是了无大痕迹而又存留于所有人中的大美。

由人类社会生活大美的"无大痕迹"，自然会想到中国古代传说中"羚羊挂角"，这又一个"羊年谈羊"的故事。羚羊状似山羊而大，雌雄皆有角，短小而圆锐，环节凸而密，四肢细长有力。传说中有羚羊挂角于树，脚不着地，致使猎人无迹可寻。文学家从美学观念评论诗文的含蓄美，如宋代严羽以此言诗文奥妙在于"不落痕迹"；而具体论诗则认为诗乃"吟咏情性"之美，在盛唐诗人那里，"惟在兴趣，羚羊挂角，无迹可求。故其妙处透彻玲珑，不可凑泊"（《沧浪诗话·诗辩》）。严羽论诗之所以推崇盛唐，主要是反对宋儒将诗意脱离诗意美学神韵，而将诗议论化、散文化倾向。他认为第一流诗作，是不涉理路、不落言诠而是趣味与妙悟之作，即羚羊挂角的"无迹可求"之美。羊在这里是美的象征。

从政之美在于心中有民，而不仅口中有民。孔子在回答子贡关于"今之从政者何如"这个问题时，说了这样一句评价："噫！斗筲之人，何足算也。"按，斗，十升的容器；筲，容斗二升的竹器，都容量很小，比喻官员之才识短浅，器量狭小。斗筲，用林语堂的解释，那就是"饭桶"，即饭袋酒囊的无德无才的庸官、懒官、昏官。这种人心中没有人民，只是自己吃吃喝喝的中饱私囊的小爬虫，所以孔子极端轻视他们。斗筲，也喻职位低微。《后汉书·郭太传》："早孤，母欲使给事县廷，林宗曰：'大丈夫焉能处斗筲之役乎？'"其实不要瞧不上小官，只要为民，一样是"大美"之人。例如郑板桥，他不仅是一位诗书画"三绝"的"大美"艺术家，自为七品小县官，心中有民，听竹声而想民，有诗为证："衙斋卧听萧萧竹，疑是民间疾苦声。些小吾曹州县吏，一枝一叶总关情。"当代作家贾大山也有从政美德。他的官应该比郑板桥更小，请听他的美声："我之所以要当这个县（按，河北定县）文化局局长、政协副主席，就是因为不让那些总想当官的贪官占据这个位置！"他还总结了"刚柔相济，戒急用忍"八字从政律己之道。

羊年谈美续篇主要谈美。终篇之时，我总觉得真善美是统一的，三者统一于人类文明良性交往的活动过程之中。老子说："居，善地；心，善渊；与，善仁；言，善信；政，善治；事，善能；动，善时。"善德通于许多方面，善不仅字形上与美相关联，都有"羊"字的字根，而且与真的根基相关。老子是"知人者智，自知者明"的大智者、大明白人的哲者，他的"大巧若拙""大智若愚"，他的"无为而无不为""天下之至柔驰骋于天下之至坚"，尤其是"天地之大德曰生"，更说出自然、人类的生命之"大美"。李叔同（弘一法师）有言："自处超然，处人蔼然，无事澄然，有事斩然，得意淡然，失意泰然"的"六然"，可谓心态的自然大美！养生重在养心，心术不正者多短命。《管子·形势篇》讲："起居时，饮食节，寒暑避，则身利而寿命益。"如果末句再加一个"心气平"三字，就更完美了。

十九　羊年谈美再续篇

我谈羊年有几篇文章。第一篇是2003年，那一年正逢我的本命年——羊年，写有《羊年善美谈》，后来收入2004年出版的《松榆斋百记——人类文明交往散记》一书中。在这篇文章中，我把羊同善联系在一起。羊是"善"字的头，口是"善"字的部首，"善"字在字典中的部首不在"羊"，而在"口"。这和人的美食鲜味有关，即所"美，甘也，从羊从大"。美从口始，鲜香可口。羊字这样既与善相关，又与美相连，大美大善的"羊"字就成了一个常谈常新的话题。

其实羊是善良性格的吉祥动物，也是很美的动物。中华文明传统中，认为仁义礼智信是"五善德"，这样，善良美德又被列入道德维度。提起羊来，我想起了内蒙古诗人杨锦的《羊的泪》诗：

草原的深处，旅行的异乡人，在踩踏了草原之后，又渴望美好的羊肉和羊肉汤……
于是，好客的牧人在栏栅里到处抓寻
每一天，都有不幸的羔羊
被送上屠宰的灶台
草原无语，只有大片的白云在天空缓缓飘动
我看见羊圈里的羊
眼里都含着泪

读着这首诗，我脑海里的浪涛翻滚不已，思绪回到了1952年我在西安西北大学历史系二年级学习时的一幕：那是一个星期天的下午，我由城墙外侧小路上向西门方向散步，旨在放松一下身心，也看看古城墙和护城河之间夕阳晚照下的风景。当我漫步在西南城墙下，正往北走去时，突然发现人声嘈嚷，天空老鹰飞来飞去。抬头往前方细看，没有任何思想准备的我，一下被眼前的场景惊呆了：一个个手执屠刀的宰羊者，撸起了袖子，走进了羊群。那些小羊并不逃走，而是一个个跪倒在地上，咩咩哀鸣，眼泪滴滴洒到地上……

这个场面和杨锦《羊的泪》所描写的场面，多么相似！原来这是一个屠宰场。这场面是那样可怖，它留给我的印象是那样的深刻，以至于从那一天起直到现在，都不忍心吃羊肉了。西安的名食"羊肉泡馍"，我再也吃不下去了。我把这段经历讲给以素食为生的北京师范大学刘家和师兄，他若有所思地说：你有佛教中所说的"善根"。这其实是人性中的"善德"，是《孟子·尽心》中所说的："智德"根源于人心的"恻隐之心"。这是"人皆有之"的善良之心。

诗人杨锦的《羊的泪》，在我至今还历历在目。那些跪在地上、咩咩哀鸣、眼泪滴滴洒在地上的任人宰杀的羔羊，怎么能不引起人的悲悯之心呢？我甚至恨那些杀羊不眨眼的宰羊者，我也本能地想起了我的生肖属羊，这种动物的软弱无助，以及孟子"无恻隐之心，非人也"的话。

杨锦的诗句，不仅是对羊，而且是对万物生灵的大爱的一弯溪流，是对大美大善的一首赞歌。他看到了羊的泪，此为诗心，写《羊的泪》，体现了人性中的善和美。他的诗是散文诗，没有韵律，没有节奏，却立意精辟、辞章跌宕，如法国诗人波德莱尔所说，"足以适应灵魂的柔情的动荡、梦幻的激动和意识的惊跳"，足以惊醒"人类野心的滋长"，使人从"大羊为美"中得到启示。

二十　贾岛自注诗的意蕴美

唐代诗人贾岛（779—843）以苦吟为特性，初落拓为僧，法号"无本"，后还俗，屡试进士不第。曾任长江（今四川蓬溪）主簿，人称贾长江，有《长江集》，俨然一古"长江学者"也。其诗境荒凉枯寂，以五律见长，注重词句锤炼，刻苦求工。这与用字造句力避平庸浅率、求瘦硬寒的"减肥"诗人孟郊相同，故有"郊寒岛瘦"之说，其清冷瘦硬诗风于此可见一斑。他有一首《送无可上人》并为之写"自注"，值得从思想和艺术美的结合方面去深思。

圭峰霁色新，送此草堂人。
麈尾同离寺，蛩鸣暂别亲。
独行潭底影，数息树边身。
终有烟霞约，天台作近邻。

贾岛的自注云："两句三年得，一吟双泪流。知音如不赏，归卧故山秋。"

读此诗及其自注，使我《京隐望九集》增添了他写的《雪晴晚望》浓郁诗意："倚杖望晴雪，溪云几万重。樵人归白屋，寒日下危峰。野火烧冈草，断烟生石松。却回山寺路，闻打暮天钟。"此诗就写在圭峰草堂寺里，这二诗对照，流露出他回归少年为僧、今日穷寒怀才不遇而"归卧故山"的初衷念想。宋代魏泰在《归隐居诗话》中对贾诗注不能理解，因而有"其自注云：'两句三年得，一吟双泪流。知音如不赏，归卧故山秋'不知此二句有何难道，至于三年始成，而一吟双泪流下也"之问。其实这可以用历史条件来回答。魏泰生于宋代，物质生活优裕，没有"独行潭底影，数息树边身"的体验，没有作者穷苦艰难处境和苦吟诗人的心境，故有此问。同时代的诗人王建看到了贾岛以生命写作的实际情况，在《寄贾岛》中说："尽日吟诗坐忍风，万人中觅似君稀。"

读此诗及自注，可注意之处有二。第一是他的艺术定力。他在《戏赠友人》中，有刻骨铭心的夫子自道："一日不作诗，心源如废井。笔砚为辘轳，吟咏作縻绠。朝来重汲引，依旧得清冷。"他的诗意人生是勤奋、严谨，是"推""敲"的苦寂人生，又是"秋风吹渭水，落叶满长安""沥血呕心"的名句心源。第二是他不计功利的艰苦创作精神，开一代诗风。闻一多在《唐诗杂论》中有精当评价："由晚唐到五代，学贾岛的诗人不是数字可以计算的，除极少数鲜明的例外，是向着词的意境与辞藻移动的。其余一般的诗人大众，也就是大众的诗人，则属于贾岛。从这个观点看，我们不妨称晚唐五代为贾岛时代。"

当然，苦吟诗人不是张扬的狂妄之人。在他笔下的隐士风格十分鲜明。与他交往的人，他写的许多诗，都与隐逸风格有联系。如有"鸟宿池边树，僧敲月下门"的《题李凝幽居》中的"出居"即"隐居"，《忆江吴处士》即隐居山林不仕的人，谋篇精思的《访隐者不遇》则是自然曲折抒情之诗。细读贾岛之诗，忆我的京隐十几年生活，他的"十年磨一剑"苦磨之功，与我"人类文明交往"之写之思，在心灵上产生了共鸣。

二十一　咖啡事补记

我在《老学日历》第187题《"东茶咖啡西洋醒"解》一文中，谈到生产于东方的咖啡对西方的影响。人类的生活世界，为文明之间互学互补的重要领域，为文明交往不可或缺的生存方面。今读萧莎在《光明日报》2017年5月31日发表的《咖啡馆在英国的兴与衰》一文，可以加深对此问题的理解。

咖啡是作为物质文化而进入人的餐饮生活的，此文将咖啡文化在200年前英国的状况作了介绍，称之为"在英国所主导的历史，见证过世界壮观的咖啡馆社交景观"。可注意有以下几点：

1. 咖啡的传闻在英国大约是17世纪初。英国一位散文作家在《生与死的历史》（1623）中提到："土耳其人使用一种名为'咖啡'的草本植物——将其晒干，碾成粉末，用热水冲服。他们确信咖啡大大提高勇气，增强才智。"

2. 咖啡馆在英国最先出现于何处，说法不一。如1650年在牛津，如1652年在伦敦商业中心唐希尔附近，等等。一般而言，1660年王政复辟以后，由学界、商界而普及于市民。

3. 咖啡的传入者是谁？是从事旅游、商贸的伊斯兰阿拉伯东方的名流与商人。在英国，咖啡传入过程，既与大学纪律性强、教学刻板有关，因为咖啡色味古怪、提神解困，深得追求课堂自由、雅静的师生欢迎，而且很便宜，如牛津一便士一杯咖啡，可以消磨一整天，咖啡馆被称为"便士大学"；加之1649年英国查理一世被处死，进入控酒时期，咖啡正好可以代替酒类的作用。

4. 伦敦的家庭主妇曾发起反咖啡、保卫家庭斗争，抗议逃避家庭责任的"一便士"男士运动。但是咖啡馆不是酒馆，没有酗酒乱性，而且客源广，日渐成为社会公共交往、政治商贸文化交往综合性场所。

5. 18世纪60年代以后，咖啡和酒吧一样，商业功能消退。茶叶进口猛增，茶叶泡茶比咖啡更加简便，咖啡文化成为次流。

6. 咖啡文化曾被认为激发新思想、新发现，孕育了后来科学飞跃、知识更新和文学兴起，称之为点燃"社会的炼金术"。1656年詹姆斯·哈林顿政治宣言《大西洋国》为其代表作。17世纪60年代的"威尔咖啡馆才子圈"，以后的"巴顿咖啡馆"，都成为"文学立法会"而载入现代化转型历史册上。

二十二 体育、艺术和文化

顾拜旦于1894年倡导复兴古希腊的奥林匹亚运动会。他确立的"奥林匹克主义"宗旨是："追求人的身体与心理官能和谐发展；同时，还要增长人的文化与艺术才能，其目的在于通过体育、艺术与文化的结合，来促进相互之间的了解和友谊。"

"奥林匹克主义"的精神是人类文明交往互动活动中的人文精神。这种旨在将人类的自我身心和精神方面各种品质的均衡结合，实际上是人类文明互动交往活动中的"自知之明"和"知人之明"的人生和谐哲学。把体育视为"艺术创造"、赋予体育一种艺术性、创造性的美，实际上是赋予它以文明内涵。中国体育家马约翰对何谓"体育"之问的回答是："野蛮其体魄，文明其灵魂。"这句话是对体育工作者偏见（如"四肢发达，脑子简单"等）的一个理性启蒙，同时也开阔了体育文明的广大视野。我每每想马约翰那种冬季洗冷水浴、老年爬西山，他的红润脸庞与爽朗笑声，每想起西安体育大学教授郭杰百岁高龄时仍能坚持在雁塔路长走，并声言要打破西北大学体育家王耀东104岁的纪录，心中不由得对"更快、更高、更强"、身心两健的精神追求肃然起敬。

"奥林匹克主义"贯穿着人类文明交往自觉的人文精神，它既包含人的身体健康，又包含心理状态和谐美好，还包含积极向上，热爱祖国又关注世界进步，它如开幕前传递而又升起的火炬一样，使人类和平和世界发展光明灿烂，世代相传。这是人文之光，是对人的关怀，是把人当"人"看，把做好人、写好人生作为终生事业来对待。体育绝不只是身体层面的事，正像医学要跳出技术圈子一样，关键在尊重人，追求人的身心全面发展。

法国诗人波德莱尔在《恶之花》中斥功利主义使社会异化、人的身心失衡时呼喊："哦，天主啊！／给我勇气和力量，／让我在审视自己的身心时，／不感到颓唐。"人类文明交往呼吁人文精神。唐代北派禅师神秀有诗云："身如菩提树，心如明镜台。时时常拂拭，勿使染尘埃。"唐代诗人白居易也有"性海澄淳平少浪，心田洒扫净无尘"诗句。这都是处理身心关系的箴言。

二十三　从郑国渠到泾惠渠

文以载道的美道，是充实而有光彩之大美。大美的实力在创造、创新。水是生命之源，生活之本。洪荒时代，许多神话都反映着人同自然之间的交往关系。水利和水害从夏禹治水传说中，就明显反映出来。诗人用诗歌来表述此种交往关系，科学技术人员用水利工程来建树人类文明，郑国渠即其一例。

《光明日报》记者陈晨2016年12月5日报道，第二届世界灌溉论坛暨国际灌排委员会第67届执行理事会宣布，我国申报的陕西省泾阳县郑国渠、浙江湖州太湖溇港、江西泰和槎滩陂这三项古代灌溉工程，全部列入世界灌溉工程遗产名录。

郑国渠简称"郑渠"，以战国时期水利工程家郑国主持修建而命名。郑国受韩国国君之命，原意是游说秦国兴修水利，以消耗其国力，阻挠其伐韩。秦王政未察缘由，采纳郑国建议，引泾水经三原、富平、蒲城等县境，入沮洛，开渠300余里，灌田40000余顷。及至秦王发现郑国意图，甚至想杀掉郑国，但开渠确对秦有万世之利，所以工程得以完成。郑渠使关中成为沃野，无凶年，为统一六国提供了物质基础。此项本为"瘦秦"的穿凿江水和洛水的大型灌溉渠道工程，却成了"强秦"之用。它虽然后来湮废，但其设计合理、技术先进，其管理上可持续的科学理念和古人对河流特性及自然规律的运用智慧，仍可供借鉴。郑国的功绩及其文明成果功不可没。

秦有郑国渠，汉有白渠，后者是前者的继续，同为关中地区灌溉水利大工程。白渠是以它的建造者赵中大夫白公命名的。他是汉武帝时的水利工程家。白渠从谷口引泾水，入栎阳（今西安市阎良区一带），最后入注渭水，长二百里，灌田4500余顷，以白公之姓命名为"白渠"。到了唐代，该渠建三闸分水，分别称太白、中白和南白，合称"三白渠"。

从郑国渠到白渠，还有汉武帝时的六辅渠，到宋代有白公别渠、小郑渠、半利渠，元代有王御士渠，明代的广惠渠、通济渠，都是引泾水灌溉。历史传承至当代，当数水利学家、陕西蒲城人李仪祉所主持修建的泾惠渠。1930年杨虎城将军主管陕政，李仪祉被任命为水利厅长，泾惠渠是他拟议中的八大惠渠工程的首项。1930年开工，1932年第一期工程完工，1935年又完成第二期工程，灌溉面积达50万亩，使得泾阳、三原、礼泉、高陵又变成膏壤沃野，复现了往日的光彩。泾惠渠现在仍灌溉着关中平原143万亩农田。1938年李仪祉不幸病逝。为了纪念他的治水功劳，在泾惠渠首为他修建了陵墓，人们在墓前设计了"鸡鸣穴"，踩地跪处即鸡鸣声起，表示对他的尊敬。为了纪念他，于右任、杜斌丞、田伯英倡议建立了"仪祉农业技术学校"，由李仪祉的胞妹李蓊仪任校长，地址就设在泾阳杨梧村农场附近。

李仪祉是郑国、白公等水利事业的继承者。我1931年生于泾阳三渠口乡。据泾阳籍作家白描怀念泾阳文学家李若冰的《在故乡种棵树》文章中说，三渠口是朱、蒋、韩、白、雒五个村庄的总称，泾惠渠在此分流为三个渠口。我的家就在附近咸宋公路旁，儿时还常听夜间叮当的商队驼铃声。我家直接受惠于泾惠渠："水利学家李仪祉兴修泾惠渠，使古老的郑白渠得到了新生，我的家乡成了盛产棉粮的

'一马平川关中白菜心'。我是饮泾惠渠水、吃灌区粮、穿泾丝棉长大的。我在这块富庶地区度过了童年和青年时代。"① 我在三渠口小学读完了高小,还有幸在仪祉农业技术学校上完初中,后来考上了陕西省立三原高中,才告别仪祉农校,但对校长、师友的印象仍历历在目。水利与农业文明、水利与社会进步问题,在我心灵深处留下广大思考空间。那些美好记忆,终生难忘。

---

① 彭树智:《松榆斋百记——人类文明交往散论》,西北大学出版社2005年版,第327页。

第三编 文以载诗道

一 诗意治学中的心境

诗意治学中的"意"是以"心"为基,心立而言说之韵情出,诗文乃自然随意而通畅涌流。叶燮在《原诗》中说,诗意"取之于心",是一个很有见地的论题。他说:

> 原夫作诗者之肇端而有事乎此也,必先有所触,以兴起其意,而后措诸辞、属为句,敷之而成章。当其有所触而兴也,其意、其辞、其句,劈空而起,皆自无而有,随之在取之于心。出而为情、为景、为事,人未尝言之,而自我始言之。故言者与闻其言者,诚可悦而永也。①

诗是诗人言事物的艺术。他们通过眼、耳、鼻、舌、身之所见、所闻、所嗅、所尝、所触的多种感官之觉,而汇之于大脑即心灵之所思,用口咏吟、用手书写而抒发自己心境独创的韵文。诗这种有韵之文,有音乐节奏,可歌易记,言在诗中,意在诗外,以含蓄的大思考空间为特点,发人联想,如陶渊明所说:"此中有真意,欲辩已忘言。"诗不但与文相通,而且与画相近,其联结点也在"意"上。清代周亮工《读书录·张遗序》:"得先生之意以读画,当不落于作家云雾中;得先生之意以作画,必不以神化让古人也。""意"之于画,于

---

① 叶燮:《原诗》,人民文学出版社1979年版,第5页。

文,以及治学,都需关注意念,寻觅真意。他所讲的就是这个道理。

诗的意境,即诗人的心境。知晓诗人的心境,就可以发现他们所作的诗心。诗心,是诗意,是诗人的心志,即孔子所说的"诗言志"。诗人独特之处,在于用诗的艺术形式、形象手法、韵声的节奏,使其美学化而成为文明成果。陈良运在《中国诗学体系论》中,曾统计《诗经》中所见"心"字有168处,① 可见诗与"心"之间联系的密切程度。心理状态是变化,是情随事迁、因感触而兴,又缘感触而觉的,进而又由觉悟而明的。叶燮所说的"其意、其辞、其句劈空而起",那是久蓄迸发的灵感,破空爆发,变化之妙,都是"取之于心"的。诗人作诗,学人治学,其变化之妙,确有相通之处。心灵深处之所思、所疑、所问,久蓄迸发,心如明镜洞开,于是创造性地"为情、为景、为事",原创性的"自得之见"随之而出。这就是科学研究上的"人未尝言之,而自我始言之"的有所发现、发明而进入创新境界。

史学家吕思勉有一副治学的对联,恰当地描述了学问通远功夫:"夙夜强学以待问,疏通知远而不诬。"吕思勉从历史学家的治学体验,在上述对联中谈到人劳动着栖息于天地之中的诗意生存和生活。这副对联是他人生的诗意写照。上联中的"学"和"问",是说做学问要日夜勤勉坚强地"学",为的是思考和解决旧的和新的"问"。这是做学问人的思维和生活方式,也就是问题意识。"强学"必须独立思考、准确判断,也就是《礼记·学记》中的"强立而不反"的"强立"而"知类通达",进而达到陶渊明《移居》诗中的"奇文共欣赏,疑义相与析"的境界。下联"疏通",来自《礼记·经解》:"温柔敦厚,诗教也;疏通知远,书教也。"疏即梳理,梳的本字作疏,转为通明畅达,如疏浚水道,通观洞察。《荀子·解蔽》:"坐于室而见四海,处于今而论久远,疏观万物而知其情,参稽治乱而通其度。"解蔽以达真,实事而求是,通古今之变而知远,是诗意治学见之于治史的表现。其内核是人生存的劳作心态,是创造人类文明的思维和生活方式。诗意治学使学人的生活向纵深层次延伸到自觉境界。

---

① 陈良运:《中国诗学体系论》,中国社会科学出版社1992年版,第99页。

二 味外之旨，诗外之音

唐代司空图《司空表圣文集·与李生论诗书》中写道："愚以为辨于味而后可以言诗也。""倘复以全美为工，即知味外之旨矣。"这两句话把诗之"全美"定位为"辨味"和"知味外之旨"，可说对诗意含蓄情味的美趣表达。这是一种意蕴之美，如苏轼《东坡志林》中所言："司空表圣自论其诗：以为得味外味。"

司空图本人就是一位号称为"知非子""隐辱居士"的隐士。他著有《诗品》一书，影响了严羽、王士禛等后代诗论家。"生气远出，不着死灰"，这是《诗品》中的名句，正是"味外之旨"的具体说明。一般人，味从日常生活中舌的味觉中获得，而诗人的味外之旨则开动所有感觉器官，包括耳的听觉，特别是大脑思索之意。如司空图在《退居漫题七首之一》中的"莺喧耐细听"：这里他在"耐细听"，听有乐意，听有会心，听有与莺同感伤喜、惜春归去，其味外之旨不仅自伤韶华已过，还暗喻着黄巢起义后唐王朝的国势衰危，繁华春天已逝的味外之味。

唐初诗人苏味道在《正月十五日夜》一诗中，以"火树银花合"为起句、描写长安元宵盛况，又以"金吾不禁夜、玉漏莫相催"述说"言不尽意、诗外有意"之味。的确读后使人有余音绕梁、不绝于耳、不断于思之感。这大概就是苏味道的"味道"吧。

味在多而意远，诗意治学有其深远意境，也是字里行间见真情趣。汉代徐干在《中论·治学》中说："嘉膳之和，非取乎一味"，就是一个很生动的比喻。鲁迅的老师寿镜吾书斋称为"三味书屋"的三味，即读经，味如稻粱；读史，味如肴馔；读诸子百家，味如醯醢。人的营养见之于食物，一是主食粮米，二是菜蔬肴馔，三是肉鱼杂陈。学人治学于经史百家诸子，一如食物营养平衡多味，有益于自我身心的健康。《孙子兵法·势》云："味不过五"，即酸、苦、甘、辛、咸的五味之说。三味、五味，是指食物，在读书经世历程中，味是"意味"，其中趣味至关重要。趣味有欢乐，有愁苦，它与深意相关，与兴趣相连，与爱好相因果，又与乏味相对立。人生苦短，乐在自处，认识自我，不负此生。我在自己一把《三味书屋》的折扇题诗（见本书封内《京隐折扇消暑诗》）旁，曾写了下述感言：

京隐感言之一。读书贵知其意、解其味、察其理，思其道之外的深长意味。在诗意境界中，意兴有意理与之相伴，语意含蓄而不在言辞表面，言不尽意，意在言外，给人留下思考空间。陶渊明引而不发留下余音绕梁的诗句："此中有真意，欲辩已忘言。"王羲之则直言："后之览者，亦将有感于斯文。"悲观的曹雪芹，却叹息地说："都云作者痴，谁解其中味？"

京隐感言之二。学人生活方式与思维方式的统一，物质生活与精神生活的交融，品味书香，津津有味，诗意治学，乐在其中，此人类文明交往之自觉状态也。法国诗人拉马丁说过："在一生中连一次诗人都没有做过的人是悲哀的！"有些性急的人会因此而放言："为了不悲哀，也立即做一回诗人吧！"其实，一个人可以不是诗人，也没有写过诗，但只要活得有乐趣，都会有劳作而诗意地栖息于大地之感觉，诗的滋味多多少少、有意无意地伴随着一生。

抄完扇面上的这两段感言，突然想起两个多世纪以前的英国诗人华兹华斯的话："目前有许多在过去时代并不存在的因素，正在向人类的心灵的鉴别力合力进攻，使它趋于迟钝，不能自愿地进行努力，陷入一种近乎未开化的愚昧状态。"这是人类文明进入新时期面临的挑战，是人类文明交往从人与自然、人与人之间的关系，深入到人的自我身心方面的表现。心灵鉴别力的迟钝或麻木，是交往文明化道路上最大的绊脚石。人为物所役其根本是心灵中缺乏对真善美的追求而陷入思想愚昧和精神贫穷境地。资本主义上升时代，此种文明倒退因素已经露出端倪，被华兹华斯敏锐地发现了。当代人的环境、文化、精神严重危机，人与人、人与自然、人的自我身心之间和谐关系被破坏，根源在工业文明负面因素的恶性泛滥，特别是人对自然和物质的强烈占有欲。马克思认为，人是按照美的规律来创造的，诗意之美是真善美为一体之美。诗意之"韵味"是在增加人的心灵对这种大美的感受力，促使人类的交往文明化而避免愚昧贫困状态。追求美好生活，品味人生价值，在读好人生这本味外旨趣和诗意境界的大书中，应时时回答以下四个问题：我是谁？我为何而生？为何而活？人如何成为真正的人？

三 诗意境界即美雅境界

文雅是美的表现，它是文明的美德。所谓"诗意境界"的核心，正是这种美雅之道德的文化内涵。

美雅是文化的真性情，也是文化的艺术表现。文化无美雅，算不上美德文化。文人无雅致，难上文人名家之榜。文明无包容海量，难登人类共处的大雅美好之堂。

美雅之德在于人类的善良德行，也体现了真实诚信本色。诗意人生、诗意治学，是以良知之心、诚实之性、美丽之境组成的人类文明追求的自觉理想境界。美雅也体现着美韵的智慧内涵。

莎士比亚有句名言："只有表现美智的诗才会不朽。"按照南朝钟嵘上中下三品论诗人的品第，其基准也是美雅之德艺。真善美在人类文明交往的历史观念中，本来就是有内在联系的共同统一体。

苏格拉底、柏拉图声言要把诗人逐出城邦和理想国，亚里士多德却说："打开大门，让诗歌进来！"孔子很重视诗教诗德之美，把《诗经》作为"思无邪"的美行经典。诗是艺术，它是自由的，激情的，奔放的和富于想象的艺术美，在这些方面不同于文、史、哲等学科。但它的美智诗意却通向哲学社会科学和自然技术科学。套用莱布尼茨的话，唯有文明交往，互鉴互学，方能共同点燃人类"智慧之灯"。其中的中轴大流是人文精神所包括的美雅诗意和人性良知。正是在这种美德美智的洪流交汇中，形成着和发展着人类文明史。

四 《人应当是一朵花》续说

我在《老学日历》第一编第14目，写有《人应当是一朵花》一题。其中提到诗人冰心的一句名言："人应当是一朵花。"花，象征着美丽、美好。风花雪月，花是诗人笔下离不开的景物。诗人让花随情移，学者的心也与花共鸣。人生路旁有花，心中有花。我在《人应当是一朵花》一文中，提到学者是"思考和创造与写作的人，是创造性劳动的人。他在路上停下来，便感到难受"。此文还有"人生有喜怒哀乐，然而创造之美是文明自觉之花……要使人生之花盛开不衰，就应结出丰硕之果"。有盛开的鲜花，又有繁多之果，那就是人类文明的花果山。"充实而有光彩"，大美的花朵与果实啊！

冰心喜欢养花，老舍也喜欢养花。老舍把养花看作陶冶性情、诗意栖息于人世的人生乐趣。他称赞这种乐趣蕴含着丰富的、充实而闪光的"大美"，因为这种乐趣"有喜有忧，有笑有泪，有花有果，有香有色，既须劳动，又长见识"。没有长期写作实践，说不出这样的美言。

美国有位养花诗人——罗斯·盖伊（Ross Gay）。他有一本描述自己在果园里劳动养育花果的人生体验的诗集——《落落大方的感恩》，2015年获得了美国国家书评人协会奖，此奖为美国文学三大奖之一。得奖当然是对他成果的肯定，但这并不是创作最高的目的。诗集洋溢着他在劳动生活中所享受的人生大美之乐。他把这种快乐当作原则，当作人生态度。他认为，只要人还活着，就应当泰然地面对人生的喜怒哀乐。例如在《安葬》诗中，他把父亲的骨灰埋在李子树下，让果树的果实甜而多汁，使人死后也要为大自然添一些贡献和纪念；而在《开口》诗中，则描述了他所收获的一个人生体验：平凡劳动中的快乐。那是他在果园中修葺枝叶时，通过观察树冠间的空隙中，从人和自然之间互动交往中得来的。他还在果园劳动中，与大自然亲密交往中学会了仁慈大爱，这种大爱产生了人的大德生命之大美。《落落大方的感恩》是诗集的书名，也是一首诗的题目，是一首人类文明交往过程中的淳朴、真实而又可贵的"感恩"诗作。他感谢果园的一切，感谢身边的所有人和读者。这是人之为人的品质，一个知道感恩的人才真正是心灵大美之人。他认为，现代都市文明的许多问题，都可以从自己种植花果作物中接近自然的劳动，得到破解启发。他的体悟是，人生快乐需要通过自己的劳动创造文明成果，这也是他对人类与自然、人与人的文明化交往的实际反思。

在实际交往中，人类的生产劳动都会产生出各种各样的美丽的花和美好的果。20世纪后半期，我国有位女作家叫陈学昭，她写了一部小说，书名就叫作《工作着是美丽的》。这是一部歌颂人类劳动的作品，书的题目也和罗斯·盖伊诗集《落落大方的感恩》一样，给人一种把贡献定位于人类文明创造基点上的大美大德的感悟。工作着和果园劳动的人，如果不去思考，并不会提供人生感恩道理，也不会结出什么思想果实，自然也不会有诗意栖息哲思。这一切，都需在劳动中发挥人类"文而化之"和"文而明之"的文化和文明的真谛——人文精神自觉。哲学家帕斯卡尔说过，人是"一根能思想的芦苇"。人与芦苇同为生物，然而人与芦苇本质的区别在于人有思想。这种思想也使人类超越了其他动物而能创造文化和文明。恩格斯很重视人的思想，特别是理论思维，认为这决定着一个民族、一个国家的文明程度。他把人的思维誉为"地球上最美丽的花朵"。思维可以使人类有文化、有文明，这里的文化之"化"和文明的"文"，实质上就是人类的人文精神。这就是人类思想之花、思想之果。

走笔至此，在续说《人生应当是一朵花》的结束之际，我想起了无花果。无花果不是"无花"，而是把淡红色的花隐藏于花托内。它叶大而粗，味甜无核。它的花要细观方能察出，它的果要细品方能知其味。李时珍《本草纲目》认为，无花果出自扬州和云南。实际上它和佛教北传中国的文明交往有关联。无花果又名昙华，是梵语"优昙钵华"的简称，意为瑞应，又译为祥瑞花。《南史·竟陵文宣王子良传》："子良启进沙门，于殿前诵经，武帝为感，梦见优昙钵华。"明代李昌祺《剪灯余话·听经猿记》有"坐稳蒲团忘出定，满身香雪坠昙华"之句，即指此而言。总之，无花果是文明交往的结果，这与我后半生思考的人类文明交往自觉间有直接联系。谈起无花果，我很欣赏它的花藏隐不露，我欣赏它的果实甘甜，而且是一味中药。它作为人类文明交往的产物，由印度传播至中国，有了"无花之果实"的雅称，使人顿生联想。人应当是一朵花，更应该是一朵有果实之花。为学当如无花果，以对人类文明成果做贡献、创造出文明成果为目标，保持低调和实干，才是人文精神的正道。

据清代学者段玉裁、恽敬考证，"花"字起于北朝，此前书中出现的"花"字，为后人所加。此前以"华"字为"花"。花是泛指以开花供观赏的植物。虽然，有花有实最完美，但百花争艳才是春。花也是有其精神之美的。中国古代诗歌中颂"花魂"即花之美艳气魄常有颂言。元代郑元祐《花蝶谣》中，即有"花魂迷春招不归，梦随蝴蝶江南飞"之句。《红楼梦》中也有"昨宵庭外悲歌发，知是花魂与鸟魂"的"花"似有"鸟"之魂的诗句。在中华文明中，将农历二月十五日定为百花生日，称为"花朝节"。此外，还有司花的天神。画花要画出"花的精神"，见之于宋代李廌《画品菡萏图》："徐熙画花传花神，赵昌画花写花形，然比之徐熙则差劣。"总之，花是美好的象征，中华文明中花的位置是很高的。百花齐放，百家争鸣是学坛理想境界。"花好月圆"是对美好生活幸福美满的祝词。让我们在《人应当是一朵花》续说结束时，回味一下宋代晁次膺（端礼）的《行香子·别恨词》：

　　莫思身外，
　　且斗尊前。
　　愿花长好，
　　人长健，
　　月长圆。

五　迎春花的遐思

在北京客居 15 年，年年春天经过武圣路东侧，最先看见迎春花时，我总是想起郭沫若的《迎春花》：

　　春天来了，
　　我们的花开得比较早，
　　金黄色的小喇叭，

压满了枝条

　　……

　　我也想起了其他许多文学家描写迎春花的盛况。例如作家冯德英的小说《迎春花》，是继《苦菜花》之后的以花为书名的三部曲之一。杨朔的散文集将迎春花誉为"东风第一枝"，并作为书名。

　　春天，是四季首季，四时之初时。《管子·形势》中有养生延寿的九字箴言："起居时，饮食节，寒暑避，则身利而寿命益。"这里所说的"起居时"的"时"，就是春夏秋冬四时。唐代大诗人白居易在《赠友》诗中，也有顺应自然时令的名句："时令一反常，生灵受其病。"

　　起居时，首先要以迎春花那样的"东风第一枝"的"压满了枝条"姿态，敞开胸怀，迎接春天。"迎春"之名，据说来源于一个古老的传说：很久很久以前，在冬去春来之际，花神问百花：谁愿在寒冷冬季为人类送去春天的消息？一位穿着黄色小裙子的花姑娘，挺身而出。于是，花神赠送了她一个美好的名字：迎春。如此说来，给人类报春的花是梅花，而迎接春天的是迎春花了。

　　迎春花和梅花一样，有迎寒风、斗雪霜的高贵风骨。她把春天迎来了，告诉给人类了，但并不去和百花争春，不久归而去，让众花百般红艳斗芳菲。她的金黄色的小小喇叭花凋谢了，又用茂密的绿叶，回归大地生态本色。

　　迎春花，是金黄色之花，她有金子般闪耀着黄色的各种美丽的名字：满条金、金钟花、金腰带、金号角。她同梅花、水仙、山茶花一起，称为"花中四友"。

　　历代诗人词家歌咏迎春花者甚众。例如白居易用情景交融之笔法写道："金英翠萼带春寒，黄色花中有几般？恁君志向游人道，莫作蔓菁花眼看！"诗人提醒人们：细心点！金子般的黄，仔细观，别看走了眼，当作一般的黄色！词人晏殊则用了"浅艳侔莺羽，纤条结兔丝。偏凌早春发，应消众芳迟"，这40字诗写出迎春花的莺羽花黄、兔丝花条、凌春花早三大特色。宋人刘敞在《阁前迎春花》中用久困冬日而突见迎春花的狂喜心态写道:"沉沉华省锁红尘,忽地花枝觉岁新。为问名园最深处,不知迎得多少春?"另一位宋人韩琦,为相十年,素有"临大事、决大议,虽处危疑之际,知无不为"之誉,他用百花齐放的大胸怀大气象,写下了:"覆栏纤弱绿条长,带雪冲寒折嫩黄。迎得春来非自足,百花千卉共芬芳。"(《中书东厅迎春》)

在植物学的意义上说,迎春花属于小灌木,高二三尺,叶子似小椒叶而无齿,农历正月初开小黄花。迎春花为花中小品,由于其迎春嫩绿鲜黄,特别吸引人,虽为小花,却在冬去春来之际,成为诗人笔下、文人眼中的大景物。迎春花的最大缺点是不结果实,有花无果,花落后再未引起人们注意。因为人们这时已经和她迎来的百花盛开的春天欢聚在一起,似乎忘记了她的存在。迎春花也只管自己沉默生长,蓄芳待来年了。

令人们注意到的迎春花还有同名的姊妹花。这种迎春花又名望春花,高二三丈,是一种香木。其叶如柿叶而长,花似莲而小如盏,香气馥郁。初生时,苞长半寸,尖如笔头,因而称为"木笔"。其花白者,又称为"白玉兰",此花即为屈原所说的"结桂旗"的辛夷。辛夷花在正月和二月分别开花于南方和北方。韩愈的《感春》诗,把"迎春"的第一枝的美名给了辛夷花:"辛夷高花最先开"。辛夷花芳香味浓,尤其紫色辛夷花,香味更为浓郁。无论是迎春,或是望春,都是名实相符的。

花的世界是多彩、多姿、多样化的。所谓"花花世界",见之于《华严经》:"佛土生五色茎,一花一世界,一叶一如来。"春日"望花"的意念见于宋代吴自牧《梦粱录·二月望》:"仲春十五日花朝节,百花争望之时,最堪游赏。"唐代司空图《早春》有"伤怀同客处,病眼即花朝"之句,说的是当时农历2月25日为百花生日,又称"花朝(zhao)节"。此节日直到宋明时代,仍以花朝游乐赏百花为乐事。花是文学诗词的永远话题之一,特别是春日咏怀,花是不能缺席的。唐代李商隐是善于以"花蕊"(或"花须")表达诗意的诗人。他在《春日》诗中有"蝶衔花蕊蜂衔粉,共助青楼一日忙"的大自然动植二物之间的微妙交往之描绘。他在《二月三日》又有

"花须柳眼各无赖,紫蝶黄蜂俱有情"之句,以抒发情思。花,在文学家眼中笔下,是一种花的精神和魂魄,是一种大自然的气象。元代郑元祐有《花蝶谣》,其中有"花魂迷春招不归,梦随蝴蝶江南飞"把"花魂"与"梦飞"写入诗境;而《红楼梦》则用"昨宵庭外悲歌发,知是花魂与鸟魂"的诗句,表达了人间悲剧的意蕴。

人总是以花自喻遭遇和表达心境。迎春花也令我想起当今女作家亢彩屏。她毕业于中国人民大学党史系,被错划为"右派",又身患瘫痪症,但笔耕不辍。不幸中之大幸的是,她与在宁夏同被错划为"右派"的汤宜庄结为伉俪,共度人生历程。她的第一部小说《牵牛花》,述说她被作为"牛鬼蛇神"引蛇出洞和思想改造的故事。"牵牛花"很形象生动,一头被牵出和牵着的"花"。之后,她又写了第二部长篇小说《马兰花》,在这部自传体作品中,她由"牵牛花"变成了"马兰花"。再后来,她还写了描绘河南灾民在抗日战争期间定居西安的长篇小说《落叶满长安》,而她就是这些移民中的一员。她的毅力、才华,我从汤宜庄(他毕业于西北大学历史系,是我的学生)处听到后,深受感动。人有心、花有蕊,二位一起跃动的心,再次创造文明成果。

冰心说得对:人生应当像一朵花。作家如此喜爱以花命名自己的作品,诗人也以美好诗句赞美花。原来全人类就应当共同和谐地生活在纯真的、善良的,尤其是美丽的百花园林之中。

六　松榆茂矣,于彼朝阳

又一个春天到了。这是2003年我客居北京第15个春天。"梧桐生矣,于彼朝阳",《诗经·大雅》中这句诗也泛浮脑际。梧桐虽为"柔木",但实为美材,古人以此喻杰出人物。宋曾巩有"云裘数曲秀兰蕙,凤盖相摩擢梧榎"诗句即指此而言。松榆坚韧,也是良材,可与梧榎相类。仿此古韵,我改之为"松榆茂矣,于彼朝阳"来咏吟北京朝阳区松榆南路美景东方小区的书斋——松榆斋。

15年来,松榆南路难见榆树,松树也不多。当初为何命名为松榆路，不得而知。我居住的美景东方小区，设计者倒是颇具匠心，在北门和西小门附近，都有松榆并立的景色。北门西南侧有 4 株榆树和松树相伴，静静地看着来往的路人。西小门南侧，有一株茂盛高大的榆树，拉着小弟弟般的松树，为小区执勤站岗。美景东方小区的小凉亭和人造瀑布旁，还有松榆两树，相依相向，成为小区一景，在同北门和西小门松榆相呼应，枝繁叶茂，清晨伴着朝阳，喜鹊欢鸣，斑鸠低叫，麻雀伴唱，我的心情顿然随着朝阳而明亮起来。

"梧桐生矣，于彼朝阳"，它和"松榆茂矣，于彼朝阳"思路相接，令人倍感《诗经》这部先秦时代古人心灵记录的亲近和感应。《诗经》用中华文明固有的人文精神，书写着人与自然、人与人、人的自我身心的史诗。品味"昔我往矣，杨柳依依；今我来思，雨雪霏霏"和"荏苒柔木，言缗之丝；温温恭人，维德之基"的诗句，一种穿透人与自然交往的抽丝般思维油然而生，而那种"乐而不淫、哀而不伤"之情和"维德之基"之本性则道出了诗美之心和人的心灵美本质。言诗之美，必先言德。美德于内，是为素质之美；文饰于外，可使质美而增华，二者结合，充实而光华，乃为诗之大美。咀嚼"在水一方"的"伊人"，"溯洄从之，道阻且长；溯游从之，宛在水中央"的诗句，令人顿悟人生道路曲折，如水中进行，水逆流而上或旋流湍急，从水而迂回溯游，寻觅真善美的人间交往文明化，真是不易。清代学者赵翼的"少小学书未成圆，只道功夫半未全。到老方知非力取，三分人事七分天"的慨叹。人生的如意不如意、幸与不幸，各人情况不一，不能一律三七开、二八开或对半开。到老来回溯过去，涉水而来，滩多路曲，或溯洄从之，或溯游从之，总有一个信念，坚持自己的天职使命，尽职尽力尽心而奉献，无愧于只有一次的生命，就知足了。

松树有自己的风骨。诸葛亮在《论交》中对松树风格的著名点赞之句是："温不增华，寒不改叶。"此种专一精神在李白诗中有"讵知凌寒松，千载长守一"之句。榆树也有自己的风格。被人们贬义为拙笨不开窍而仍坚守硬劲的形容词是："榆木疙瘩"。如果从褒义上理解，也不妨从"大智若愚"处看榆树，它的坚韧有用的木质，与松树比，一点也不差。榆树还和桑树一起，在诗中把老年有为的人称为"桑榆犹未晚，为霞尚满天"的"夕阳红"。我在西安的书斋称"悠得斋"，到北京之后，美景东方之书斋称为"松榆斋"，更加表明暮年志未泯。"松榆茂矣，于彼朝阳"，既有清晨"朝阳之灿烂"，又双关着北京朝阳区之美名，而且寓以暮年夕阳之红，想望昔年之朝阳艳丽。

由《诗经》的"梧桐生矣，于彼朝阳"，到"松榆茂矣，于彼朝阳"，我再一次想起"所谓伊人，在水一方"的前两句："蒹葭苍苍，白露为霜"的诗句。"初生为葭，长大为芦，成则曰苇。未秀曰芦，已秀曰苇。"《蒹葭》这首《诗经·秦风》之诗，是以芦苇为象物而抒发对人生美好生活的追求。这使人再次想起《帕斯卡尔思想录》中的话："人不过是一根苇草，是自然界最脆弱的东西，但他是一根能思想的苇草。用不着整个宇宙都合力拿起武器来消灭他；一口气、一滴水就足以致于死命了。然而，纵使宇宙毁灭了他，人仍然要比致他于死命的东西更高贵得多，因为他知道自己要死亡，以及宇宙对他的优势，而宇宙则对此一无所知，因而我们的全部尊严在于思想。"他的话耐人寻味：人是为思想而存在。人有知物、知人、自知之明的思想，即使弱为草、柔如木，也会因有"三知"能力而变得更强劲、更结实。

七 张载诗意治学之新、心美

张载是理学导师之一，关学学派创始人，是一位富于人类文明交往自觉感的哲学家，也是位极具诗学治学美的诗人。他虽称不上大诗人，但称之为诗意治学的大学者、大思想家，那是当之无愧的。说他称不上大诗人，因为他留下的诗不多。《张子全书》第12卷收录《鞠歌行》《君子行》《送苏修撰赴阙》《别馆中诸公》《圣心》《老大》《有春》《土床》《芭蕉》《贝母》《题解诗后》《诗上尧夫先生兼寄伯游正叔》共12首。他还有《诗说》一卷，著录于《宋史·艺文志》，现已佚，这虽造成深入了解他关于诗歌见解的遗憾，但有了上述传世的诗篇，尤其是有了《芭蕉》一首代表作，使后人看到他的哲理诗意艺术，从而理解他的心学诗意治学的心、新之美。

"诗可以兴"。朱熹把孔子这句话解读为"感发志意"。这个"意"字用得确切，使人联想起陶渊明"此中有真意，欲辨已忘言"感而忘言的诗意美境界。当物欲、人心浮躁之潮流不断袭来，对学人来说，如果有一首诗能令我们的心态从庸俗生活中蓦然醒悟而迈向人生新境界，这首诗当仁不让地就应当是张载的《芭蕉》诗。让我们仔细品味这首洋溢着深刻诗意治学美的诗篇吧：

> 芭蕉心尽展新枝，
> 新卷新心暗已随。
> 愿学新心养新德，
> 长（旋）随新叶起新知。

（一）新枝源于蕉心，新卷伴随新心

蕉心尽而新枝展，学人的新作新卷应运而生，而新作新卷之中的新心，也暗暗伴随着芭蕉成长而显现出了学术生命力。新枝、新卷，都是尽心、新心努力的结果。

学人治学贵在勤奋严谨求实而后的"自得"，而"自得"的价值和实质精神在于创新。张载此诗咏出的诗意治学之美，其实质也正在于这种学人主体性和原创性所表现出的创新精神。《芭蕉诗》全诗通篇28个字，其中就有7个"新"字！全诗还有3个"心"字，它是芭蕉"新枝"之源头，起始成卷的芭蕉心，成卷而尽，才展开宽长的个个新枝；它的成长，伴随着学者"新卷"著作之"新心"意念而共生同长；它又使学者决心立下养"新德"的志愿，逐渐随新叶生长而获得"新知"。"新""心"二字互相依存，既"养新德"，又"起新知"，体现了学者治学的生意盎然的创新精神。

张载本人治学并无直接师承，他所创立的"张子心学"，如王夫子所说，是"上承孔孟之志，下救来兹之失，如皎日丽天，无幽不烛"；也如全祖望所言，是"勇于造道"的哲人。他独创的学说，是

艰苦探索、努力创新而创造创新的自得之见。正因为"横渠之学，是苦心得之"（朱熹），而且是"六经之未载，圣人之所不言"（范育《正蒙序》）的创新精神所致，所以，他才在《芭蕉诗》中，对"新""心"二字那样特别偏爱而反复吟诵。

创新，这是张载的治学方向和旨趣。他主张治学应当"濯去旧见，以来新意"，应当"多求新意以开昏蒙"。他把用心治学的自觉责任担当意识，如"芭蕉心尽展新枝"那样贯穿于探索心学的创新的全过程，从而创立了"长（旋）随新叶起新知"的心学。他的"心"不是陆九渊的"本心化"，而是"大心体物"的心学。他在《正蒙·大心篇》明确指出："大其心则能体天下之物，物有未体，则心为有外。世人之心，止于闻见之狭。圣人尽性，不以见闻梏其心，其视天下无一物非我，孟子谓尽心则知性知天以此。天大无外，故有外之心不足以合天心。见闻之知，乃物交而知，非德性所知；德性所知，不萌于见闻。"《芭蕉诗》中芭蕉之"心"是"心卷"之"新心""新德"和"新知"都体现着这种体察万物、承载万物、关爱万物而"视天下无一物非我"和"天大无外"的宏大心境。大爱关爱万物，大爱产生大公，大公之"新心"是最美至善纯真的创新。这是超越了个体私心而与天地之心性合一的广阔人文情怀，正如他在《正蒙·诚明篇》中所论述的那样关怀万物"立必俱立，知必周知，爱必兼爱，成不独成"的"崇礼贵得"而视万物为一体的天人合一境界。

这与张载"天人合一"这一文明交往理念直接相关联。他把人与自然看成一个整体，追求人与自然交往的和谐，把人的主体意识、能动作用之"心"与天地合一，使大自然造福于人类。研究古诗有"唐诗重情，宋诗重理"之说，是有道理的。《芭蕉诗》是一首为学的哲理诗，"大心体物""心能尽性""变化气质"，是理解这首哲理治学诗中"新"字的创造性关键所在。这种"大心"也是"赤子之心"，其"体物未尝遗"，他要为"天地立心"正是这种心，这是爱自然，为人类之心。体味《芭蕉诗》中学人与自然之物的芭蕉共生共荣，芭蕉之"心尽"而后"展新枝"，学人的"新卷新心"相伴随而"暗已随";然后,学人的"学新心""养心德"宏愿益坚,逐渐随着"新叶起新知"。学人治学与芭蕉新叶一起成长,这是一幅人与自然之间交往的和谐诗意画卷!大史学家司马光在《又哀横渠诗》中说:"当今洙泗风,郁郁满秦川。先生倘有知,无憾归黄泉。"大哲学家邵雍在奉和张载的诗中也说:"秦甸山河半域中,精英孕育古今同。古来圣贤知多少,何代无人振素风。"地灵人杰,人杰地灵,一方水土养一方人,人与自然的良性互动交往,有赖于认识并践行其中规律性的文明化"大心体物"之人。

这里的"大心体物"是人的"知物之明"的理念,它化为诗便是《芭蕉诗》,那是诗言哲语。它化为名言,便是传世的"四句教":"为天地立心,为生民立命,为往圣继绝学,为万世开太平。"① 这个"四句教"也可称为"四为"散文诗,它同《芭蕉诗》连读,可以从心学的核心处得到深刻领悟:天人合一、民胞物与、乾坤父母、尊礼贵德的学人社会使命和学术宗旨、为万世开太平的博大人类文明交往的自觉情怀。从"四句教"去理解《芭蕉诗》,可以更准确、更深刻地认识天地万物与人类之心相通、自然界与社会人生以及宇宙天道与人间人道互通互化而生存于统一体之中。人的生存、生产、生活需求,都要依赖大自然的供给。大自然对人类有实在价值意义,而人又对大自然有爱护的义务和责任。

这里的"大心体物"的大心,即"为天地立心"之"心",也是《芭蕉诗》中创新精神的核心。何谓"为天地立心"?张载在《横渠易说·上经》中说:"大抵言'天地之心'者,天地之大德曰生,则以生物为本者,乃天地之心也。"此心即天地仁爱之德,即天道的宇宙与人道的价值相贯通。他"天人合一"的主张,源于"因明致诚",而"明"源于"致学"从而知物、知人和自我身心的"良知"。他在《近思录拾遗》中就指出"只将尊德性而道学问为心",他强调"尊德"而"诚"与"道学问"而"明",方能形成"立天

---

① "四句教"也可称"四为",见《宋元学案》卷十七《横渠学案》中黄百家按语所引。

理"之心。知"天地之心"即人的知真善乐美的道德本心。"芭蕉心尽展新枝"之心即"自然之心""大德曰生"之心；而"新卷新心暗已随""愿学新心养新德"即人类文明交往中以道存德之心，即关爱的道德本心。《芭蕉诗》虽然只有一个"德"字，因为是人类创新精神中的"新心养新"之德，其价值分量之重，超过了学人个体诗意治学范围，而进入人类生存诗意栖息的大美境界①。

　　在张载的为数不多的诗中，言"心"处却不少。如"事机爽忽秋毫上，聊验天心语默间"（《贺苏寀以集贤殿修撰知凤翔事》）；如"圣心虽用浅心求，圣学须用礼法修"（《圣心》）；"藜藿野心虽万里"（《别馆中诸公》），"时欲低柔警寸心"（《贝母》）；如"置心平易始通《诗》，逆志从容自解颐"（《题解诗后》）；"老大心思久消退"（《老大》）；如"切思不见我心悲"（《有丧》），等等。其中值得注意的是"置心平易始通《诗》"一句，是对《诗经》的独到见解，颇有新意。他对《周易》有深入研究，认为该书"幽微而昭著，繁复而简明"，其中所论天地人之道中，人道是中心。人无德不立的立德树人之理，在该书中"德"与"业"并重，进德修业、崇德广业、盛德大业，又是"日日新、苟日新、又日新"为人之道这个中心的核心。此种思想直接通向《芭蕉诗》中的"愿学新心养新德"治学路径，那是一种如《周易》《诗经》的学"新心"、养"新德"，随自然界芭蕉成长的生生不息过程。同时，《周易》的"知几得一"与"诗言志"的"知幽"、探微与兴感相结合，把"心"与"新"有机统一起来。

（二）新心以养新德为贵，新叶伴随着新知

　　道法自然。人类因学习自然而受益。人是有思想的。人学习自然关键之处在于以新心修养自身的新道德，以提高对真善美的认知水

---

① 张载认为"天无心，心都在人之心"，"天本无心，及其生成万物，则归功于天"。人只要"大其心"，就能"体天下之物"，把人与大自然天地万物统一为整体。此种"皎日丽天"实际是"为天地立心"的仁民爱物的"爱自然、为人类"的知物知人的文明自觉。

平。只有这样,才能长随"新叶起新知"。清代学者钱大昕深明此理,把自己治学的代表作命名为《十驾斋养新录》,用"养新"让学术水平和道德水平共生于养新过程之中。

张载很重视治学中的创新精神。他多次谈道"学者观书,每见每知新意,则学进矣","义理有碍,则濯去旧见以来新意"。他48岁时,在《贺苏寀以集贤殿修撰知凤翔事》诗中,即有"事机爽忽秋毫上,聊验天心语默间"之句。从中可以窥见《周易》"幽微而昭著,繁复而简明"的影响,也可窥"为天地立心"的思考。他56岁时,还写出了"老大心思久退消,倒巾终日面岩峣。六年无限诗书乐,一种难忘是本朝"。"岩峣",高峻,高耸,大诗人曹植在《承露盘铭》中有"岩岩承露,峻极太清"之句;在《九愁赋》中又有"践蹊隧之危阻,登岩峣之高岑。"他晚年虽心思衰退,但仍志怀高远,以诗书为乐,念念不忘国事。就在56岁时,他的一首《北村诗》中,仍有"四十二年居陕右,老年生计似初年"诗句,表现出他不改本初、诗意治学的美感乐趣。

(三)《芭蕉诗》:组诗"五趣"之"诗心"

兴趣是学术研究的不竭动力之源,是发现、发明、创造之根。创新的意识,表现于治学上就有浓厚的兴趣、深深的趣味和纯粹的兴致。

我在27年前的"坐五望六"之年写作《东方民族主义思潮》时,有感于清代大学者钱大昕《十驾斋养新录·序》中引用张载《芭蕉诗》以明诗意治学的"养新"之志,也在《卷首叙意:东方民族主义思潮与政治文化》结尾处,引用此诗以自勉。后来,在16年前,又有《诗意治学·芭蕉篇三趣》之作。它以张载此诗开篇,题为《心趣·横渠之"心新"咏》;次引郑燮《咏芭蕉》而题为《情趣·板桥之"相思"吟》;末段以我的《乐趣·松榆之"互动"歌》结束。这是一则对王国维"治学三境"的个人体悟之作。我以自然之物芭蕉的生长过程,比喻学人诗意治学的心路历程。兴趣、情趣、乐趣此"三趣"是一种治学趣味美。张载的"新枝""新卷""新心""新德""新叶""新知"这"六新"把创新之"心"讲透彻了，而且加上"新心"重复强调共七次言新，其"新心"之德，表达得十分突出。唯新生者才有未来。从张载这首仅28字的七言绝句中，所展示的自然界和人类社会中新的创造力、生命力，值得创新者从人类文明交往的基点上细细品味。我正是从这个哲理诗意角度上，用芭蕉叶凋谢后仍与人类生活相通、去尘消暑、栖而不息、手脑互动方面，叙说了人生治学的乐趣[①]。

在芭蕉篇三趣中，板桥之"相思"吟强调了"情趣"，那是郑板桥诗中对绿叶生生不息的颂歌，是多情趣味的赞曲。绿叶不断抽展，如相思长生长有，引来秋风秋雨抱怨秋声的复杂情感。治学中也不尽是一种趣味，那是五味杂陈的交织。后来在2016年，即三年前我又几经思考，先是沿着板桥之"相思吟"，增补了李商隐的"自愁叹"，并把它放于"芭蕉篇五趣"之首。此自愁叹是从"楼上黄昏欲望休"的登楼高望开始，所走的治学之路不是月圆风顺、一帆风顺的，而是"玉梯横断月入钩"的曲径暗景。蕉叶展开如同丁香有结，治学进展万事开头难，所以是"愁"字开头，"同向春风各自愁"。愁也是趣，后来又增补了"藏趣"，是治学的问题意识，因而有了钱珝的"何事问"的"一缄书札藏何事"之问。本质常常隐藏在现象背后，芭蕉叶由心而层层卷开，如少女"芳心犹卷怯春寒"那样隐藏着，学人探索似春风化雨，窥探着事物发展的规律性东西。有了"愁趣"和"藏趣"而合成原来的"心趣""情趣""乐趣"，这样终于形成了《诗意治学·芭蕉篇五趣》这一组诗作[②]。

朱熹与吕祖谦合编的《近思录》中，有一段张载治学的生动记载：作为一位孜孜不倦的学人，"张载终日危坐一室，有得则记之，或中夜起来，取烛以书，其志精深，未始须臾忘也。学者有问，多告以知礼

---

① 芭蕉最易引起人们的诗情。在唐代，就有三位文人对芭蕉动情。张说《戏草树》诗："戏问芭蕉叶，何愁心不开。"张希复《赠上人联句》："乘兴书芭叶，闲来入豆房。"书法家怀素故居"绿天庵"，以芭蕉为"绿天"。宋代陶谷《清异录·草》中云："怀素居零陵，庵东郊植芭蕉，亘带数亩，取叶代纸而书，号其曰绿天。"

② 原诗见《京隐述作集》书前叙诗，此处不再全部引用。

性、变化气质之道,学必如圣人而已。闻者莫不动心有进,……先生气质刚毅,德盛貌严,与人久居日亲"。这里所呈现的是一位大学者诗意治学的专一气象。他的芭蕉诗则是一位穷神知化和美心达德的趣味诗篇。

叶适在《水心集·跋刘克逊诗》中说:"怪伟伏平易之中,趣味在语言之外。"这种情中出理、理中含情的情况,在张载身上表现得更有胸怀、学识和更具诗意、品位。作为《诗意治学·芭蕉篇五趣》的联诗诗心,张载的芭蕉诗,更显示其诗力的哲理韵味。

学术的生命在创新精神。《芭蕉诗》虽短,它所表达的却是心里的千言万语。学术、艺术、技术,一切科学,都离不开创新精神这一基本素质。

八 朱熹诗意治学的日新之功

宋代大儒朱熹写有《观书有感》:

半亩方塘一鉴开,
天光云影共徘徊。
问渠那得清如许?
为有源头活水来!

这又是一首诗意治学的富于哲理和趣味的美好华章,是一种兴感抒怀诗。朱熹认为:"兴者,先言他物,以引起所咏之词也。"治学如水,人生如歌。学者型诗人在治学的人生之路上,学理与诗意长期积累,灵感看似在"观书有感"中迸发出"天光之影"的火花,却有着人类文明创新的深厚功底。朱熹此诗是表达他读书学习之心境,如思路中"半亩方塘一鉴开",在与大自然天光云影共交中,悟出了治学人生的生命力在于有"源头活水"之涌动。

"一鉴开"的"鉴",繁体字为"鑒""鑑",意为"镜",引申为前车之覆,后车之鉴,引为教训警诫。也有照明之意,如光可鉴人。还有观看、审视、觉察、辨别真伪之意。"鉴"的多种含义，和朱熹的《观书有感》都有广义上的关联。此诗既鉴于视野开阔，思路洞开，也鉴于方塘止水之治学需清静的要旨；既鉴于流动活水污浊自去，不会腐朽之动态交往；又鉴于治学的问题意识要义，从而自问"问渠那得清如许"？和自答"为有源头活水来"！人常说，唐诗重情，宋诗重理，此诗可以说是情理并茂，新意迭出，其诗心被后人评为"日新之功"，确有令人无限联想的"苟日新，日日新，又日新"诗意治学境界。

"一鉴开"之"鉴"在本诗中还有诗人所处的时代印记。"鉴"，为盛行于东周时期的一种青铜器。上古人无镜，盛水于"鉴"中，用以照影。战国以后，制铜器之风大兴，但以"鉴"为镜的称谓，仍然沿袭下来。《庄子·则阳》中就有："生而美者，人与之鉴；不告则不知其美于人也。"不过称镜还是日渐流行，不但有铜镜，而且有照镜子、借鉴、镜于人的"镜"。唐太宗即以魏征为"人镜"。到了宋代，"镜"的名称，已变为"鉴"。那是因为宋人因避讳赵匡胤（宋太祖）祖父赵敬之名，将"镜"改为"鉴"。朱熹此诗中，没有用"一镜开"，而用了"一鉴开"，是宋代留下的烙印。然而，以后这个忌讳就不存在了。著名的举重运动员陈镜开的"镜开"，也就无须用"鉴开"为皇帝避讳了！

"一鉴开"是晋代郭璞《江赋》中的"豁若天开"，是晋代陶渊明《桃花源记》中的"豁然开朗"那样"茅塞顿开"、拨云雾而见青天之顿悟。宋代大文学家欧阳修谈"为文之术"时，有一句经验之谈："无它术，惟读书而多为之，自工。"勤读、多为、自工而有原创性的"自得之见"，如方塘水镜映照出天空云影的明丽境界。这是一个人类与自然相融合的诗意盎然的崭新境界。《观书有感》诗通篇虽无一个"新"字，但学人的创新意识渗透于字里行间。古人治学时，有"读书得间"之说，意思是真道理要深入字里行间，探索未明言而深藏于其中的问题。这就是创新必须以问题意识为先导，发现问题、分析问题、解决问题。创新意识始于问题意识，这也就是创新的"源头活水"。不断有清醒的问题意识，不断有解决问题的创新意识，这就是："源流清洁，本盛末荣。"反过来说，问题意识和创新意识，如果淡漠消失，那学术生命就萎缩或死亡了。有感于《观书有感》而为此文，作为对宋代另一大儒张载《芭蕉》治学诗感想的补充。

九　刘禹锡长恨歌之味

（一）小面积，集中大思想

人们都熟知唐代诗人白居易的《长恨歌》。实际上，唐代另一位诗人刘禹锡也有一首诗短意深的"长恨歌"。这就是他的《竹枝词》九首之七的《瞿塘诗》，其歌曰：

> 瞿塘嘈嘈十二滩，
> 人言道路古来难。
> 长恨人心不如水，
> 等闲平地起波澜。

瞿塘峡，又名溪夔峡，有"瞿塘天下险"之称。它位于今重庆奉节县东，为长江三峡之首。长江流经此处，礁石险滩尤多，"十二滩"就是对它重岩叠嶂、诸多石滩的形容。此间行路之艰难，自古如此。《水经注》中即有"行者常苦之"的记载。"嘈嘈"，水急浪大，遇石滩冲激而发出的震耳欲聋的嘈杂声。"长恨"为此诗的"诗眼"。千古遗恨、遗憾之谓"长恨"。如白居易《长恨歌》末句的点题之句所说："天长地久有尽时，此恨绵绵无绝期。"然而，刘禹锡的"长恨"比白居易更深，他深深体味了人生道路之艰苦，人心之险恶，人性弱点之可畏。尤其是以瞿塘之天险，行路之艰难，以水喻人心，水因遇重重险滩之阻才嘈嘈杂杂，而人心却能在平地处掀起波澜，人心这种险，凶狠于水。这种由"人言"到"人心"的自然过渡，极具诗情韵味而富于艺术美感。

"长恨人心不如水，等闲平地起波澜"，这是刘禹锡从自身仕途经历与宦海沉浮中提炼出的、发自内心的感慨和愤世嫉俗之言。回顾历史,唐朝在德宗去世、顺宗即位的贞元二十一年,改元永贞(805),在宰相韦执谊主持下,发动了一场政治革新运动。王叔文、柳宗元、刘禹锡等人积极参加改革。然而,顺宗只做了八个月的皇帝即因病传位给宪宗后,这场革新运动即被扼杀。刘禹锡、柳宗元等八位改革家被贬到南方荒远各州,降为司马,史称"八司马"。刘禹锡被贬朗州(今湖南常德)。后又因写玄都观桃花诗而得罪权贵,再度被贬,他活到"坐七望八"之年,其苦难遭遇长达二十三年。他常恨官场水深,人心险恶,实质上是人性中之恶性。善良的人性,遇见了恶性之人,不要说无防人之心,就是处处设防,也是防不胜防。以"人心"与水性相比,诗人看到了"人心"中与良性对抗的叵测不良之性。观瞿塘路险,思自己仕途艰难,短短四句长恨诗,已经把自己内心长期备受折磨和压抑的无比愤恨,都倾泻在其中了。这首长恨诗虽短,但诗短情长,令人品味无穷。如法国大作家巴尔扎克所说:"艺术作品,就是用最小的面积,惊人地集中了最大的思想。"

(二)乐于观水,深识水性

细读刘禹锡的诗作,可以发现他是一位乐于观水、深识水性的诗人。唐代诗人杜荀鹤有"只怕马当山下水,不知平地有风波"之句。宋代苏辙也有"儿言世情恶,平地起风波"之说。《孟子·尽心》:"观水有术,必观其澜。"他所说的"平地起波澜",就是一首观澜诗。晋陆机《君子行》中说的:"休咎相乘蹑,翻覆若波澜。"水之兴波起澜,必追水性之源,世情之恶,系于人性之复杂,不是简单的非善即恶、非悲即喜,而是在波澜不惊的潜流之下,又不易察觉、一触即发的突然迸发。因此,刘禹锡用多角度观察水性与人性的关系。他从历史感观察湍流奔腾、沉静殊难的人世:"世道剧颓波,我心如砥柱。"(《咏史》)人应当如黄河三门峡的中流砥柱那样,面对世道艰险,巍然屹立于凶波怒涛之中,力挺颓局,坚强不屈、坚定信心而不移不屈。他又从历史感观察人性中的德性和人的决定作用,提出国之存亡"在人德不在地险",强调"兴废由人事,山川空地形"(《金陵怀古》)。他在和挚友柳宗元的赠别诗中,有关水流与山相连的人性思想的"桂江东过连山下,相望长吟有所思"的名句,使人想起杜甫《秋兴八首》之六的"瞿塘峡口曲江头,万里风烟接素秋"那种山水相连、相望相思的相似艺术表现手法。他在《堤上行》中把夔州民间夜晚对歌用"水流无限明月多"的艺术手法表现出来,又使人想起李白"观心同水月"(《赠宣州灵源寺仲濬公》)中展现的同样心水相交的意境。

刘禹锡不仅善于观水之波澜,也仔细观察静止不流之水。他在《和仆射牛相公寓言》之二中写道:"心如止水鉴常明,见尽人间万物情。"这是源于《庄子·德充符》:"人莫鉴于流水,而鉴于止水。"疏中说:"止水所以留鉴者,为其澄清故也。"这就是刘禹锡所说的"心如止水",是比喻心境宁静,胸怀纯洁,静观世界,常明于人间万物之情理。白居易在这一点上与刘禹锡相通,也在《归登右常侍制》中写道:"朴中沈厚,心无诡诈,介圭不饰,止水无波。"波澜止于止水,知止不殆,人类文明交往中的知人、知物、知自我身心的自觉,于此可见端倪。这使我想起"一生志业在天心"的南怀瑾先生。他题赠给陈佐洱的"水唯能下方成海,山不矜高自极天"和"海水有门分上下。江山无界限华夷",这些诗句,在我脑海中徐徐流动,不由得会心一乐。

刘禹锡关于以水为题的诸多诗篇中,有上述从波澜观水的,也有以水喻心情变化的。其中《竹枝词》九首之二用"水流"表现"变心"之愁就写得很有特色:"山桃红花满上头,蜀江春水拍山流。花红易衰似郎意,水流无限似侬愁。"在这里,刘禹锡描绘一位初恋少女既高兴、又怕恋人变心的诗句中,比中有兴,表现得十分真挚传神。用流动之水描绘变化之情愁,使人想起后世"问君能有几多愁,恰似一江春水向东流"的诗句。此民歌体的《竹枝词》用山桃的红色繁花起首,已是不俗之笔,接着又是"蜀江春水拍山流",一个"拍"字,把动态的春水恋山生动地拟人化了。这也使人想起现代诗人袁水拍用了"水拍"这个诗意化的名字。

值得注意的是,刘禹锡诗歌中涉及"水平"特性的思考。例如《插田歌》中关于农民插秧完毕后的农田图景:"水平苗漠漠,烟火生墟落。"水田平如面，秧苗广漠无际，农村炊烟晚起，尤其是"水平"一词，道出水的一个本性特征。水的这个本性，在刘禹锡笔下，有多种反映。如《竹枝词》二首其一："杨柳青青江水平，闻郎江上唱歌声。"再如《踏歌词》四首其四："春江月出大堤平。"这里"平"字就是涨水与江岸相平齐、堤岸宽平的双重意义，而后面三句："堤上女郎连袂行，唱尽新词欢不见，红霞映树鹧鸪鸣"，则用民歌体爱情诗表现了似愁似怨的"不平"复杂感情。他的抒情诗有景有情，音调婉谐，形象鲜明，充满了乡土味道和生活气息，而且见微知著、小中见大。例如他的《望洞庭》就是这一类型的歌颂"水平"静谧中和之诗："湖光秋月两相和，潭面无风镜未磨。遥望洞庭山水色，白银盘里一青螺。"这里呈现于人们面前的湖水平面，经月光照射，相融相和，一如未磨之镜；而洞庭湖的水光天色，远眺宛如人爱人喜的玲珑银盘，一派人与自然的平静和谐美景。

（三）以水平、水长的哲诗明志

刘禹锡被称为"有宰相之器"的改革家，也是倡导"天与人交相胜"的人与自然互动交往的哲学家。读他的《天论》，便可以了解其哲学思想。他更是一位诗人，他的咏水诗篇中言水而明志，特别是关于人性与水性关系自然成为集中发挥的主题思想。

水在中华文明传统中，占有重要位置[①]。《书·洪范》："五行：一曰水，二曰火，三曰木，四曰金，五曰土。"可见水在中国古代构成物质的五种元素中居于首位。同时，水又与人心相关："古者大事必乘其产，生其水土而知人心，安其教训，以服其道。"（《左传·僖公十五年》）水是诸家学说中都关注的话题。首先是道家，虚静柔弱、谦下不争的哲学观念，使得老子以水喻"道"："上善若水，水善利万物而不争，处众人之所恶，故几于道。"水有利物、柔弱、不争、居下等特性，所以老子认为它最近乎"道"的。儒家也以水喻其学说："孔子观于东流之水。子贡问于孔子曰：'君子之所以见大

[①] 古西方文明中，首先提出纷繁万物的本原是水的人，是古希腊哲学家泰勒斯。

水必观焉者是何?'孔子曰:'夫水,大遍与诸生,而无为也,似德;其流也,埤下裾拘,必循其理,似义;其洸洸乎不淈尽,似道。若有决行之,其应佚若声响,其赴百仞之谷不惧,似勇;主量必平,似法;盈不求概,似正;淖约微达,似察;以出以入,以就鲜洁,似善化;其万折必东,似志。是故君子见大水必观焉。'"(《荀子·宥坐》)《淮南子·原道训》也有完整的水论:"天下之物,莫柔于水,然而大不可及,深不可测,修极于无穷,远沦于无涯,息耗减益,通于不訾。上天则为雨露,下地则为润泽,万物不得不生,百事不得不成,大包群生而无所私,泽及蛟蟜而不求报,当赡天下而不既,德施百姓而不费。"

刘禹锡生活于中华文明传统之中,他以此种哲思入诗。关于水的特性多集中于"水平"观念,其中以水为上善的观点与老子、淮南子思想相当,而关于平和特性与孔子"主量必平"相近,其"平准"之其理又与古代工匠施工用"水平"之法衡量地之高下相通。《周礼·考工记》:"匠人建国,水地以县。"注中说:"于四角立而县以水,望其高下,高既定为住而平地。"疏中说:"欲置国城,先当以水平地,于同下四方皆平,乃造城郭也。"这种"水平",有其科技之理,水平仪的原理在此。由水性之平联想到人心之不平,作"不平则鸣"诗成为刘禹锡诗歌中经常表现的思想,而"长恨"人心不如水的感受,也由此而产生。

水,《说文》解释为:"准也。"现代汉语中,也有把"水准"与"水平"通用。执中准平,是古代帝王诫警之器所昭示的"水衡"。观水论政在中国古代文明中早就存在。近读清华简,就有彭祖答殷高宗武丁的"何谓长"之问时所说:"吾闻夫长莫长于水。"武丁当时观洹水而思"长治久安",所以,有彭祖"长莫长于水"的回答。水的确有"长"的品质。"尔曹身与各俱裂,不废江河万古流",杜甫这句诗形象地反映了水的"长"度。刘禹锡也接触到"水长"的特点。诗人是离不开山水乃至自由的。他在《石头城》诗中以孙权筑石头城后200年的历史变化,用凄凉潮水和淮河掩映明月来描绘诸多"故国"的消失:"山围故国周遭在,潮打空城寂寞回。淮水东边旧时月,夜深不过女墙来。""周遭",周围,四周。昔日秦淮河两岸曾经是六朝王公们醉生梦死的"享乐场",而今却变成夜深月下的颓墙荒丘。故国城已空,淮水照旧流,诗人望水之"长"流,思潮也如水涌流。他在国运衰落时,关心政治,饱含人生深沉伤感,进一步理解,这首《石头城》诗又是一曲把"恨"埋在心中,而文字中无"恨"的"长恨"之歌!作为《金陵五题》之首,白居易读后称赞该诗隐恨于含蓄意境美时说:"我知后之诗人无复措词矣。"

  刘禹锡的诗歌中,写"水长"的特点也是和"怨恨"之情联系在一起的。他在《堤上行》其二中以水为题写道:"江南江北望烟波,入夜行人相应歌。《桃叶》传情《竹枝》怨,水流无限月明多。"江南江北,烟波笼罩夜空,水的景色烘托着《桃叶》《竹枝》传情舒怨的民间对歌之声。此情此景此歌,自然引起了遭受贬谪和打击的诗人共鸣。情中有怨,怨中含恨,用什么来比喻怨恨之情呢?诗人用了"水流无限"来喻怨恨之"长",用月光普照来喻怨恨之"多"。尤其是"水流无限"一句,说明其长度"无限",因而怨恨就只能是"长恨"了。这种用"水长"借喻怨恨,含思委婉,意味深长,可以说也是一首长恨之歌。

(四) 刘禹锡与白居易、柳宗元唱和的诗意交往

  在刘禹锡诗歌中,水虽与其本性关系密切,为他关注的事物,但这不过是观水抒发情感而已。其实,他诗中言水之处是随感而发,表现是多种多样的。他不是处处都写水之平、水之长的。例如,他在《咏史》中就有"世道剧颓波,我心如砥柱"。他不是谈长江三峡,而谈黄河三门峡的"中流砥柱",巍然屹立于凶波怒涛之中的坚定、坚强。再如他在《竹枝词》九首其九:"山上层层桃李花,云间烟火是人家。银钏金钗来负水,长刀短笠去烧畲。"在这幅巴东人民社会生活风俗的美丽画卷中,水是生活中必不可少的物质。"半边天"的妇女担水做饭、负水对歌,和男子烧草为灰肥、准备播种的生产一起,共同构成了劳动创造世界的文明之美。诗人被贬,其社会地位从中心沦于边缘,接近下层人民,关注劳动者,用诗歌表现了对劳动生

活的赞赏。这里反映了一个历史真理：能传世的好诗，往往出于官场失意的诗人之手笔。刘禹锡、白居易、柳宗元等人的诗歌中，逆境之作充满人文关怀，往往超越了命运顺畅之时的诗作。

这里有三首刘禹锡与白居易、柳宗元的唱和酬答诗值得一谈，因为这是难友知交之间互诉怨恨衷肠的文明交往上乘诗作。

第一首是刘禹锡的《杨柳枝词》（其一）："塞北梅花羌笛吹，淮南桂树小山词。请君莫奏前朝曲，听唱新翻杨柳枝。"这是刘禹锡生活在民间，开掘创新精神而提出的文学创新原则，也是与白居易的唱和之作。白居易有《杨柳枝》组诗八首，其第一首是："《六么》《水调》家家唱，《白雪》《梅花》处处吹。古歌旧曲君莫吹，听歌新翻《杨柳枝》。"二诗的构思、用典、风格都很接近，可以说在主题创新一致前提下，各有千秋。比较起来，"请君莫奏前朝曲"一句，在语言上更警悟感人、内涵丰富，因而更能启发一代又一代的创新者。

第二首是刘禹锡的《酬乐天扬州初逢席上见赠》："巴山楚水凄凉地，二十三年弃置身。怀旧空吟闻笛赋，到乡翻似烂柯人。沉舟侧畔千帆过，病树前头万木春。今日听君歌一曲，暂凭杯酒长精神。"刘禹锡这首诗是对白居易筵席上赠诗的酬答："为我引杯添酒饮，与君把箸击盘歌。诗称国手徒为尔，命压人头不奈何。举眼风光长寂寞，满朝官职独蹉跎。亦知合被才名折，二十三年折太多。"刘诗回应道："巴山楚水凄凉地，二十三年弃置身。"白诗说："举眼风光长寂寞，满朝官职独蹉跎。"刘诗说："沉舟侧畔千帆过，病树前头万木春。"自喻为"沉舟""病树"，惆怅之中，包含着对宦海沉浮和世事变动的豁达乐观。白诗说："诗称国手徒为尔，命压人头不奈何。"刘诗以振奋精神气概说："今日听君歌一曲，暂凭杯酒长精神。"二诗对应性极强，二人交往互动深广，巴山楚水的凄凉为豪放振作所代替，水在这里不再是消极低沉的东西了。

第三首是刘禹锡的《再授连州至衡阳酬柳柳州赠别》。刘禹锡与柳宗元早在元和九年（814）就有互相赠别的诗，柳宗元在《重别梦得》中就有归隐的"晚岁当为邻舍翁"之不言"愁"、更不提"恨"的诗作。次年，二人再次被贬别离，在衡阳分手，柳宗元写有《衡阳与梦得分路相赠》一诗,刘禹锡于是写有赠别诗,对他的难友作了深情回答。原诗为七律:"去国十年同赴召,渡湘千里又分岐。重临事异黄丞相,三黜名惭柳士师。归目并随回雁尽,愁肠正遇断猿时。桂江东过连山下,相望长吟有所思。"这是一首寄情于山水,心情哀怨之离别诗。尤其是"桂江东过连山下,相望长吟有所思"一句,显示了二人志同道合、再次长别,相若山水相连而心怀生死不渝的刘柳情谊。"相望长吟"与"有所思"词在诗句中,而哀怨长恨却意在言外,深藏其中的绵长情缘,耐人寻味。

刘禹锡上述三首唱和诗中,第一首同柳宗元一起同唱创新曲;第二首共诉哀愁怨恨,第三首相望互思,所言都是政治交往中对波澜起伏的感悟问题,都是"长恨人心不如水"之平、之长的诗意表达。刘禹锡对水的体悟不仅有水之平、之长,还有"心如止水鉴常明,见尽人间万物情"(《和仆射牛相公寓言之二九》)的洞察水之静、之明、之清的特征描写。"止水",静止不流之水。《庄子·德充符》:"人莫鉴于流水,而鉴于止水。""止水所以留鉴者,为其澄清故也。"后一句是对前句的"疏"解,也是对老子"知足不辱,知止不殆"不求名利的阐发。刘禹锡关于"心如止水鉴常明,见尽人间万物情"的知人之明思想,可能来源于老庄,也可能受佛教的"止观"思想影响。天台宗创始人隋代智𫖮在《修习止观坐禅法要》中说:"若夫泥洹之法,论其急要,不出止、观二法……观是断惑之正要,止则养心之善资;观则策发神解之妙术,止是禅之胜因,观是智慧之由藉。"刘禹锡止水人间之诗,也与诗友白居易"枕中浓厚,心无诡诈,介圭不饰,止水无波"(《归登右常侍制》)的见解相通。白居易《偶吟》中,还有"无情水任方圆器,不系舟随去住风",把水性讲得比刘禹锡更多一层适应能力。当然也与仕途有联系,即此诗开头所说:"人生变改故无穷,昔是朝官今野翁。久寄形于朱紫内,渐抽身入蕙荷中。"仕途坎坷,对比鲜明,感慨发自内心。

水既要流动,也有止水。止水清静,可以鉴,可以观。《吕氏春秋·本生》说:"夫水之性清,土者抇(hū)之,故不得清;人之性寿,物者抇之,故不得寿。"注:"抇,乱也,乱使之夭折矣。"将土扬于水，故而水混浊不清；物欲横流，所以使人不得长寿。这里都是人惹的祸，所以，《诗·鄘风·相鼠》有名言："相鼠有齿，人而无止；人而无止，不死何俟！"刘禹锡的"心中止水鉴常明，见尽人间万物情"，绝对是诗意人生的箴言警语，是有知人、知物和自知这"三知"之明的意蕴内涵的，是人类文明交往中的止、观之道。

（五）人生不失意，焉能慕知己

刘禹锡是我敬仰的诗人。早在 1982 年 6 月 30 日，我在《无政府主义之父巴枯宁》一书的后记中，记录下我一段切身感受，现抄录如下：

> 本书是我在患病的情况下写成的。当时刚刚动完较大的手术不久。日食量仅二三两、健忘到写封便函也要查几次《新华小字典》的程度，加上失眠、眩晕经常伴随而来。党的十一届三中全会的精神鼓舞着我，许多师友鼓励、支持和帮助了我，使我意识到社会科学工作者在四化建设中的责任重大，因而对本书的写作不愿有所懈怠。每值疲倦困扰之际，刘禹锡"马思边草拳毛动，雕盼青云睡眼开"的诗句在脑中浮现，"水滴石穿，绳锯木断"的自我铭言，促使我日日完成定额。这使我深深享受到科学工作上韧性与耐力的追求者的激动和欢乐。①

回忆当时情景，刘禹锡这首《始闻秋风》与我心灵相伴、形影不离：

> 昔看黄花与君别，今听玄蝉我却回。
> 午夜飕飗枕前觉，一年颜状镜中来。
> 马思边草拳毛动，雕盼青云睡眼开。
> 天地肃清堪四望，为君扶病上高台。

---

① 彭树智：《无政府主义之父巴枯宁》，陕西人民出版社 1988 年版，第 497 页。

这不是一般文人的悲秋之诗，而是"秋容一洗，不受凡尘涴。许大乾坤这回大"（陈亮《洞仙歌》）的豪气秋歌。歌中体现的自强不息精神感人，诗中表现的独特美学观点和艺术创新气魄尤其深深动人。秋之美是独特的清新美、天高云淡的高洁美，如刘禹锡在《秋词》二首之一中所颂扬的："自古逢秋悲寂寥，我言秋日胜春朝。晴空一鹤排云上，便引诗情到碧霄。"作为《始闻秋风》诗心的"马思边草拳毛动，雕盼青云睡眼开"中的这一"思"一"动"、一"盼"一"开"，显示出即将爆发的潜在强力，并赋予万物以活生生的魅力和神韵。"扶病"的老人虽年迈，但豪志不减，犹上高台，表现对秋的爱、对事业的专一和心志坚如砥石的精神。

的确，《始闻秋风》这首诗，对病中的我，是良师益友。我在写《无政府主义之父巴枯宁》过程中，且思且写，同时又且行且吟着它。甚至在夜晚睡时，睡眼蒙眬地望着天花板，脑海中不由得浮现出那昂首抖毛、驰骋草原塞上的骏马，浮现出盼望万里青云的鸷雕，睁开睡眼准备腾空翱翔蓝天。现在重读这篇后记，仍然心存刘禹锡诗中"草树含远思，襟怀有余情"（《秋江早发》）的诗意在心头。我特别发现"水滴石穿，绳锯木断"的自我铭言和刘禹锡"马思边草拳毛动，雕盼青云睡眼开"名句联结在一起，不禁想起在本文中谈论的关于水的话题。

水的风格不但柔弱而坚韧、居下而坚强，以及平、长、清、明等特质，而且处逆境，也使人想起"学如逆水行舟，不进则退"的有志者奋进精神。人是要点主动、能动、积极、进取精神的。刘禹锡处于困境和病中，他不是消极地顺流而下，而是如骏马、若鸷雕，"为君扶病上高台"。他的诗作、他的为人，对我病中的学习和写作，是很大的鼓舞和鞭策。我在病中完成了近四十万字的《无政府主义之父巴枯宁》，又翻译了十几万字的巴枯宁《忏悔录》，都与它直接有关。刘禹锡是善于从人生不幸和挫折中学习的诗人。他在《学阮公体三首》中写道："百胜难虑敌，三折乃良医。人生不失意，焉能慕知己。"从挫折中方能自知自己之无知和知道自己最需要什么，这正是在交往中由失意走向如意的路径。

（六）心田性海中的文明交往自觉

人心如田，人性似海。刘禹锡的诗文给人的启发，尤其是"长恨人心不如水"这句使他"长恨"之深处，蕴藏着人生哲学的诗以载道的内容。诗为有韵之文，所以诗以载道实际也是文以载道。

记得有几位学生由学界进入仕途来家告别时，我对一位有"如莲"的提醒和希望，取意于莲之"出淤泥而不染"的清正廉洁。对另一位则有"似石"的赠言，意在似石之坚、坚定、坚持、坚守，尽责履职。还对一位则用了与本文主题相关的"若水"的题词。"若水"一定是智者的心态，智者乐水，因为智者达于事理而周流无滞，有若水之刚而寓于柔之本体。莲需要流水之清、石需要水浪冲击以考验其坚，莲、石、水实为以水为心的一体互动。刘禹锡说得对，"长恨人心不如水"，此语换一个说法，是人心应"若水"，那就是"长乐"而不再是"长恨"了。关键之处在"人心"，刘禹锡思考的"心平""心长"，实质是人心戒"贪"，贪则人性变，良知变。我过去有"懒、馋、贪、占、变"的人心"五化"变坏的形象说法，现在仍有一定道理，体现了一些规律性东西。《吕氏春秋·观表》中有一段值得思考的话："事随心，心随欲。欲无度者，其心无度。心无度者，则其所为不可知也。人之心，隐匿难见，渊深莫测，故圣人于事志焉。"欲，是人的一种本性，但欲变为贪欲，就是"欲无度""心无度"。过度欲望和失去良知的算计，是人的理性脱离了道德性的变异。在市场经济利益最大化的驱使下，最应警惕的事是戒贪。隐匿难见、渊深莫测的人心，贪欲是人性最大的弱点。文明交往自觉之人，应该是："志"于"事"的，谨记公私分明、要有远大志向、清廉情趣的"志士仁人"。

水流动者，为活水，否则为死水。人类文明交往自觉如流动之水而不腐，而有生命活力，而行以致远。人类文明交往总是伴随着知识的不断增长，但人类只有意识到自觉摆脱动物性的觉悟，观照内心的德性、悟性、韧性、灵性，才可能在行进的道路上走得更远。我觉得德国哲学家和诗人尼采提出的下述问题应该是文明交往自觉加以回答的问题:"人是应该被超越的某种东西,你们为了超越自己干了些什么呢?"他这里所说的"超越",应该是人性对动物性的超越。人类必须不断地、自觉地实现这种超越,以克服自身存在的动物性。这是文明史发展进程所体现的文明化大势,是人类从动物界进化为人以来的必然趋势。人类文明交往自觉归根结底是依靠人对自然和人类历史的思考、研究和实践。我有五十字的"题史"词:爱自然,为人类,自然育人,人化自然,科学双轮驱动,在文明交往的大道上,共同追求真善美。

有恨有爱,有怨有愁,这是人类感情的自然表露。刘禹锡虽有"长恨"诗句,他的人生是丰富的人生。他咏秋不愁不悲,"我言秋日胜春朝"。他人老而志不衰,"莫道桑榆晚,为霞尚满天"。他有长恨之诗,更多是去恨之句,也有"不应有恨事,娇甚却成愁"(《三阁词》)的认识。人生总是各种感情交织的过程,诗人总是以他的笔写他的所思,并且带有浓郁的诗意人生的韵味。在本文结束之际,让我再一次回味一下白居易和刘禹锡的长恨韵味:

白居易《大林寺桃花》诗:

人间四月芳菲尽,山寺桃花始盛开。
长恨春归无觅处,不知转入此中来。

刘禹锡《杨柳枝》诗:

春江一曲柳千条,二十年前旧板桥。
曾与美人桥上别,恨无消息到今朝。

白居易主张"文章合为时而著,歌诗合为事而作",他在诗中直抒他的"长恨",刘禹锡在诗中也抒发自己的"长恨"。然而在欣赏二位大诗人的"长恨"时,需注意到刘禹锡的《柳枝词》是节改诗友白居易的《板桥路》的诗作。

白居易的原诗《板桥路》是这样写的:

梁苑城西二十里，一渠春水柳千条。
若为此路今重过，十五年前旧板桥。
曾共玉颜桥上别，不知消息到今朝。

  对照此首原作，与刘禹锡节改诗《杨柳枝》相比，相同之处是两诗都有"恨无消息到今朝"的长恨短歌。二人都接近普通民众，诗风与民歌风格也相同。不同之处是刘禹锡删削二句，保留了"春江"之渠水与长恨的原意，并且把它变为绝句体，更加精练，可谓独具匠心。刘诗突出"春江"之水与心中之恨，恰与他"长恨人心不如水"的思想相呼应，诗简约而意味深长。

  在中国诗史上，写长恨诗的诗人当推白居易和刘禹锡。白、刘都是写"长恨""情感"的艺术巨匠。白居易《长恨歌》自是大气的上乘之作，而刘禹锡《瞿塘诗》所引起诗人心灵荡漾的波澜，也使人们思考社会历史所包含的丰富文化信息和想象的广大空间。这种写恨之长犹如南唐后主李煜的"问君能有几多愁，恰似一江春水向东流"那样以东流江水喻愁的"观水"察情一样，留书写"长愁"之心于人间。也许还会令人联想到革命烈士秋瑾就义时的一声"长愁"之怒吼："秋风秋雨愁煞人！"这就是从文学艺术中领悟到许多历史规律性的哲理。历史感、哲学感，对文学，特别是诗的表达深度，有决定意义。文以载道的诗道，其要旨在此。"称名也小，取类也大"，"观水"而生的内心波澜，就是在被遮蔽道理后面寻觅文明交往自觉的澄明秘密。时代精神和历史意识是人类文明交往诗意栖息的关键问题所在。用白居易《狂吟七言十四韵》诗中的名句来表述，那就是"性海澄渟平少浪，心田洒扫净无尘"。

十　黄庭坚仕途的水性之缘

  我在《刘禹锡的〈长恨歌〉》一文中，附了一张黄庭坚关于刘禹锡《竹枝词》题写的草书字。此题写"长恨人心不如水"草书，表示黄庭坚在"长恨人心不如水"方面与刘禹锡是相通的。因此，此题字有内在寓意焉。①

  黄庭坚为人"疏通乐易,而其中坚守,毅然不可夺"。他既有通达、爽朗一面,又有坚韧刚强、不屈于人一面。后者遭"文吏共深恨之"。赵挺之因此一再弹劾他,特别是在元祐党人事件中,利用职权把黄庭坚羁管宜州,最后死于贬所,时年60岁(1045—1105)。被贬死于贬所,与刘禹锡命运经历相近,同心相通。他的书法长于楷行草,苏(轼)、黄、米(芾)、蔡(襄),苏黄并称。观他的草书刘禹锡《竹枝词》,知他楷书第一,然而草书在其根基上,有"青出于蓝胜于蓝"的气势。性格、感受,见于草书、意境悠远。尤其是在草书《竹枝词》时,"人"字大写,"心"字三点,心灵显于笔下。"心"下又是四点之"不","如水"与"等闲"二处相连,也显露出他笔与"心"、与"水"相连,寓意跃然纸上,意味深长于纸外。

  提起"水",可以说也与黄庭坚这位"江西诗派"之祖心态有密切关系,有以下三首词可证:

1. 《望江东》:

  江水西头隔烟树。望不见、江东路。思量只有梦来去。更不怕、江阑住。
  灯前写了书无数。算没个、人传与。直饶寻得雁分付。又还是、秋将暮。

  一向对黄庭坚的词作低评价的陈廷焯也认为此词"笔力奇横无匹,中有一片深情,往复不置,故佳"。此句中,四见"江","江东""江水""江东路""江阑住",烟树相隔挡遮不住人的思绪,因而不怕江水阻隔,反映了他的孤傲骨气、凡事求新求异、不与人同的性格。下阕词突出"人",一如他在为刘禹锡竹枝词"大写"人字那样,灯下秉笔坚持写作,虽传书无人,还是不停歇,秋雁传书还是

---

① 彭树智:《刘禹锡的〈长恨歌〉》,《三秦智库》2017年春夏季合刊,第87页。

"望江东",无奈又到暮秋,一片凄楚心情。"一片深情",正如《竹枝词》其草书最后"波澜"二字连书,绵延不绝的情思。

2.《定风波》二首:

自断此生休问天。白头波上泛孤船。老去文章无气味。憔悴。不堪驱使菊花前。

闻道使君携将吏。高会。参军吹帽晚风颠。千骑插花秋色暮。归去。翠娥扶入醉时肩。

万里黔中一漏天,屋居终日似乘船。及至重阳天也霁,催醉,鬼门关外蜀江前。

莫笑老翁犹气岸,君看,几人黄菊上华颠。戏马台前追两谢。驰射。风流犹拍古人肩。

此二首为黄庭坚晚年被贬谪时期之作,是以"愁苦之情,出以风流",如"拍古人肩"等表现手笔,确系"一片深情,往复不置"的"奇横无匹"笔力。二首完全是老年心态,"老去文章无气味""憔悴",但仍表现出思致高远、与人不同的"求与人远"的奇崛风格。如两次说到"颠":"参军吹帽晚风颠","莫笑老翁犹气岸,君看,几人黄菊上华颠。"颠,后作"癫",癫狂。癫与疯相连,是一种病态。但"癫"作为形容文人性格,有自由不受约束的放纵气势,不少大文学家、哲学家、书法家、艺术家都有"癫气"在。"夫人之相与俯仰一世,或取诸怀抱,悟言一室之内;或因寄所托,放浪形骸之外"(王羲之),那是"趣舍不同"。有学者以韩愈、黄庭坚并称"韩黄宗旨"。欧阳修《六一诗话》中转述梅尧臣的话:"前史言退之为人木强。若宽韵可自足,而辄傍出;窄韵难独用,而反不出:岂非其拗强而然与?"悟言与放浪,韩黄二人均有此性格,而黄庭坚尤甚。官场水流之深渊与薄冰,黄、韩、刘同涉而学,其行路之艰难,有相同体验。

十一　吉卜林的《如果》

英国文学大家吉卜林（Rudyard Kipling）在名诗《如果》中，吟咏着下面的诗句：

> 如果周围的人毫无理性地向你发难，你仍能镇定自若、保持冷静；如果众人对你心存猜忌，你仍能自信如常，并认为他们的猜忌情有可原……你的修为就会如天地般博大，并拥有了属于自己的世界。

这和俄国文学大家普希金的"如果生活欺骗了你"的"如果"相对照，不难发现二者有共同广阔的胸怀和坚定的自信，而且宽容之心、坦荡之志，令人难以忘怀。这是知人之明，更是自知之明的文明交往自觉。

吉卜林还有《东西谣》（Ballad of East and West，1890）既讲"啊，东方是东方，西方是西方，二者永远不会相遇，／直到天和地都跪在上帝面前，接受审判"；又讲"没有东方，没有西方，没有世界、种族和出生的差异，／只有来自天各一方的两个强者对峙，面对面站立"。这是他在讲了印度土匪盗抢英国殖民者军营，而下一代却互为朋友的故事时得出的结论。"自我"作为长期在印度生活的"他者"。具有"我们"与"他们"、"自我"与"他者"的"文化优劣"论者的东西联系的另一种对立的思考。这令人想起英国17世纪玄学派诗人约翰·多恩的《没有人是一座孤岛》："因为我是人类的一员，因此不要问我的钟丧为谁而鸣，它就为你而鸣。"他以"因为"的缘由和"因此"的依据，提出了这个警语，从而为"人类"每一成员提出了值得深思的问题：必须真正地、清醒地"知道"自己。"自知之明"是人类文明交往自觉中最重要之点，是交往自觉的基本功课。

然而，约翰·多恩在世时，他的作品并未引起人们的"共鸣"。

只是过了近三百年之后，诺贝尔文学奖获得者 T. S. 艾略特成了他的知音而与他共鸣。艾略特高度评价他的作品，终于使之"再鸣"而从历史尘埃中焕发新貌。

因此，一个人要有自知之明，要坚信自己的价值，哪怕不被当世的人所理解，都要坚定地走完自己的路。不被理解也许恰如约翰·多恩那样，你走到了时代的前面。

回到吉卜林和普希金的"如果"，这是人们交往中常见之事，又是难以自觉对待之事。我的中学英语老师田克恭先生告诉我说，"记住 to read, to question, to create"，学习中去阅读、问题、思考，然后才会有创造。人在创造中生活、成长、发展。

十二　大仲马与基督山岛

基督山岛是大仲马《基督山伯爵》一书灵感之源，而基督山岛是同希腊爱与美之神——阿弗洛狄特（Aphrodite）有关。在希腊神话中，美神阿弗洛狄特的一串珍珠项链散落在第勒尼安海中，于是在意大利海岸和科西嘉之间，形成了托斯卡纳诸岛，其中就有"地中海珠玑"厄尔巴岛，而基督山岛就浮出在该岛东南。可见，爱与美神的阿弗洛狄特是启发大仲马写作《基督山伯爵》的灵感明珠！

我在《老学日历》一书的第八编《古今中外》第 202 页《大仲马的人我观》一节中，谈到在北京大学研究生学习期间，曾接触到《基督山伯爵》。作家写作是需要灵感的，而灵感的火花迸发在生活的体悟之中。大仲马在《漫谈录》（1854）中回忆他 1842 年陪热罗姆亲王（拿破仑一世之侄约瑟夫-查理-保罗·波拿巴）时，要求登此岛参观，被向导拒绝后，便绕岛一圈。他是这样记录当时的印象的：

> 我们沿途向前行驶，基督山岛仿佛从大海中浮出，犹若一个巨人。太阳升起，给他的双肩披上一袭碧蓝的大氅，美丽无比，为我毕生所鲜见……我们绕岛转了一圈，测出岩岛地形，以便回

去为此写一部小说。热罗姆亲王对我说:"咱们乘船绕基督山岛察看一番吧。等您的小说出版,就把印出的第一本送我来读。"

就这样,"基督山岛"成了小说主人公发迹的宝地和完成复仇使命后带着希腊美女海黛在地中海的最后归宿。当然,这本小说和《三个火枪手》等小说一样,都有马盖的出版功劳。1844 年《基督山伯爵》在报上连载后,1847 年大仲马以该书丰厚的稿酬按小说里的场景建造了"基督山古堡"。真正的基督山岛在 1971 年被意大利列为自然保护区,1977 年被欧盟理事会列为"生物遗传保护区"。大仲马的"人人为我,我为人人"的人我观,也和《基督山伯爵》、基督山岛一起,为人类文明交往成果而长存。

十三　俄罗斯丘特切夫的哲理抒情诗

以丘特切夫为代表的俄罗斯"哲理抒情诗派",影响了 19 世纪中后期和 20 世纪初期。兹抄丘特切夫两首诗于后,以便品味。

1. 《沉默吧》

　　沉默吧,隐匿并深藏
　　自己的情感和梦想——
　　一任它们在灵魂的深空
　　仿若夜空中的星星,
　　默默升起,
　　又悄悄降落,——
　　欣赏它们吧,——只是请沉默!

　　你如何表述自己的心声?
　　别人又怎能理解你的心灵?
　　他怎能知道你深心的期盼?
　　说出来的思想已经是谎言。

掘开泉水，它已经变浑浊，
尽情地喝吧，——只是请沉默！

要学会只生活在自己的内心里——
那里隐秘又魔幻的思绪
组成一个完整的大千世界，
外界的喧嚣只会把它震裂，
白昼的光只会使它散若飞沫，
细听它的歌吧，——只是请沉默！

此小诗中所标志的思想是"沉默是金"，尤其是"说出来的思想已经是谎言"一句，为诗人的哲理名言。思想越深刻，与语言的距离越大；人与人之间沟通、交流难在彼此心事的理解与语言的表达不能真正认识。请看距离感："言不尽意"（《周易》）。"道可道，非常道"（《老子》）。"意之所随者，不可以言传也""可以言论者，物之粗也"（《庄子》）。"此中有真意，欲辨已忘言"（陶渊明）。

言与意之间的距离，不仅言浅意深，而且不易表达，甚至"说出的思想已经是谎言"。但这是绝对化的语言。人与人之间不是无法沟通与交流，只是有各种有待打开的障碍。丘特切夫在诗中三次呼吁："只是请沉默"，这里是让人们"欣赏""尽情唱吧"和"细听它的歌吧"，从品味、聆听其中味后之味、味外之味，然后得其味中之味。此中真味不能从言传中获得，只能从自己洞察中理解。沉默是不可少的思考状态和思维方式。沉默是诗人的生活态度，文学家也是不追求热闹而随波逐流，从而让热闹场合纷扰自己的头脑。

2.《海驹》

哦，骏马啊，哦，海驹，
你身披浅绿色的鬃毛，
时而柔顺、温和、驯服，
时而狂怒地飞蹦乱跳！

在神灵辽阔的原野上，
是狂烈的风暴抚育你成长，
它教会你如何嬉戏、跳荡，
自由自在地飞驰向远方。

我多么喜欢你飞速奔跑，
展示你的高傲，你的神勇，
飞扬起浓密的鬃毛，
大汗淋漓，热气腾腾，
暴风雨般扑向岸边，
发出一阵阵欢快的嘶鸣，
蹄子一碰到响亮的海岸，
就变成水花，四散飞迸！

　　此诗为一首意象丰富的抒情诗。从表层看，是写一匹有形体、有动作、有性格的"绿鬃烈马"，而结尾两句却是深层的海浪。这样的深思诗篇引人惊奇，然仔细一想，又是由写实转入写意，其写实语言与象征意味两种境界的互相依存、互相转化，使自然现象与人的心灵融为一个整体。它的味外之味、味后之本味是在描绘一个"海驹"般的热烈情怀、执着追求、勇往直前、实现理想的大写的人！诗人不愧为俄国象征派祖师，使人想到了高尔基的散文诗《海燕》的渊源。

　　以上两首诗都有俄罗斯文学的优美艺术和哲学宗教传统特点：深沉、悲郁、凝重、自然而又关注人类前途与命运。俄罗斯地处欧亚大陆，并有东西方文明交往相融的特点。俄罗斯文学中的"忧郁"是"明亮的"，丘特切夫富有哲学感的抒情诗要人们既沉默冷静，又深情思考自然永恒、人生短暂之悲之乐。

十四　张元济手题对联的"积德之论"

　　商务印书馆总经理于殿利在《阅读是一种责任》（《光明日报》

2015年4月21日）上说：

> 著名学者、出版家、商务印书馆的创始人之一张元济先生的名言"数百年旧家，无非积德；第一件好事，还是读书"，把读书和积德相提并论，个人读书对整个社会来说，就是某种意义上的积德，积德就是一件愉快的事。

此论完全正确、颇有深度。不过议论此言意义尚可发挥。说此言为张元济名言，尚可讨论。

按，此言据说是清代嘉庆年间礼部尚书姚文田的书房自题对联。姚文田（1758—1827），浙江归安人，研究《说文解字》的学者。他有《说文声韵》《说文存议》《说文解字考异》诸著作，另有《邃雅堂文集》。本人清嘉庆进士，官至礼部尚书，谥文僖，治学无门户之见。

读有价值之书，可塑造人格和精神以抗人的物化。这是因为有价值的书是人类文明结晶。人类繁衍生息、社会文明发展之大责在此！道德滑坡，诚信下沉，理想信仰失落，都有赖于阅读这个大观念的赎救！

人类永恒不变的主题：生存与竞争两大压力。人为万物之灵，其灵在后天学习培养练就本领不仅是个人，而且是群居生活，才能赢得生存机会，才能与自然灾害斗争、与动物争取生存空间，才能在人类共同体与其他民族竞争中，占据有利位置。人类生存、竞争压力无数，其威胁大都是从读书获取知识中破解。作家阿尔维托·曼古埃尔在《阅读史》的卷首语警示人们：阅读是为了活着！

十五　郭沫若论"把人当成人"

1. 郭沫若在1941年为《新华日报·中国青年反法西斯特刊》的题词中说："任何人都应该参加反法西斯蒂的斗争，但并不是说人人去参加作战，是要从去理解法西斯蒂是兽性的发扬，人人应当克服自己的兽性，体验民主精神，争取理性胜利。"

2. 郭沫若在抗战期间，针对日本法西斯开人类文明倒车的兽行，尤其是对其文化侵略，写了六部历史剧，捍卫文明，尊重人的精神生命。如在《虎符》中，郭沫若通过魏主宠妃如姬之口说："你，暴戾者呀！你不肯把人当成人，你把一切都当成了你的马儿，你的工具。"

3. 郭沫若对他抗战精神的主题，是"把人当成人"，他说："把人当成人，这是句很平常的话，然而也是所谓仁道。我们的先人达到了这样的一个思想，是费了很长远的苦斗的。"

4. 郭沫若研究先秦诸子，写《十批判书》，如对墨子的批判，认为墨子看重财产私有权，"人民，在他的观念中，依然是旧时代的奴隶，所有物，也就是一种财产。故他劝人爱人，实等于人爱牛马"，是"王公本位"，而儒家"仁道"是顺定奴隶解放潮流的。

5. 郭沫若也把困窘中的文人学者"当人看"。1942年，28岁的复旦大学教师鲁石先写《史记会注考证》，驳日本学者泷川龟太郎。郭即赋辞《满江红》"国族将兴，有多少奇才万异质"称其"文华"。后鲁石先制订出《汉鸿嘉以来气朔表》，他即赋长诗盛赞其"在天南天北弥漫硝烟"情况下，"博览群书明缀术，追踪司马学通天。景烁巧思入神化，厥美难可专于前"的科学精神。

十六　郭沫若论天才类型

郭沫若在1920年论天才类型时写道："我常想天才发展有两种Typus（按德文，类型）：一种是直线形发展，一种是球形发展。直线形的发展，是以他一种特殊的天才为原点，深益求深，精益求精，向着一个方向渐渐延展，展到他可以展及的地方为止：如纯粹的哲学家，纯粹的科学家，纯粹的教育家，艺术家，文学家……都归此类。球形的发展是将他的所有天才，同时向四面八方，立体地发展了去。"（《三叶集》）

郑振铎应归郭氏所说的球形发展的科学家。历史学家周予同认为，郑振铎的"学术范围包括着文学、史学和考古学……但他的精力异常充沛，好像溢出来似的，学术部门实在圈不住他。"郑振铎为中国社会科学院文学研究所所长（创始所长），可称之为献身中国文艺复兴的卓越先驱。

其实许多杂家就是球形发展的天才人物，而且是和直线形交织着的，如我的老师季羡林先生。他自称"杂家"，是才华横溢的。

十七　钱锺书和杨绛的"隐身衣"

钱锺书和杨绛夫妇都想有一件"仙家法宝"，这就是两人都希望披一身"隐身衣"。到处游历以摆脱束缚而矢志治学。这个希望与中国传统文化中的隐士文化有关。这个"隐"是隐身于书斋、潜心学术，而不求其他。

"隐身衣"与"隐士"有关。唐代成芳隐居麦林山，剥苎织布，为短襕宽袖之衣，着以酤酒，自称"隐士衫"。"隐身衣"也与"隐身术"有关，因为它都是脱尘去俗而专志于学术的一种想念，是儒释道相合而契于一人的仙人意境。古代方士即传为有隐蔽自己而使人不见之术，即所谓"隐身之术"。《五灯会元十四兖州石门清凉法真禅师》："尘中虽有隐身术，争似全身入帝乡。"《史记·老子传》："老子，隐君子也。"钱锺书与杨绛夫妇所要的"仙家法宝"——"隐身衣"，说来也是一种"京隐"风格、"仙隐"气象，如《古诗十九首之十五》的"仙人王子乔，难可与等期"那样的飘然学界仙人。

杨绛译英国诗人兰德暮年的《终曲》云："我和谁都不争，和谁争我都不屑。我爱大自然，其次就是艺术。我双手烤着生命之火取暖。火萎了，我也准备走了。"死亡是人生的终结。1997年，二人的爱女阿瑗去世。1998年钱锺书逝世。2016年杨绛逝世。其中杨绛享年105岁，是学人中的长寿者。超过她的，是语言学家周有光，他享有111岁高龄。杨绛在90—104岁的暮年期推动出版了钱锺书大量遗著，用她自己的话说，甘愿做一个"零"，不露声色地身着"隐身衣"的学者。但她绝非一般人所说的"贤妻良母"，而是勤而不怨、忧而不困、思而不惧地为中华文明做了诸多贡献的大学者。

钱、杨二位大学者骨子里似有一股仙气，是一对穿上隐身精神之衣的学者。我本俗人，常思《红楼梦》中有"春蚕到死丝方尽"的言情诗句。其实，有隐逸之心的学人确如欧阳修《镇阳读书》诗所言："有似蚕作茧，缩身思自藏"的想法；也如陆游《书叹》诗中所说："人生如春蚕，作茧自缠裹。"我的《京隐述作集》也是春蚕作茧自藏于书到死丝方尽之述作，是献于人类文明交往的"大丝绸之路"的些许心愿。

十八 《学王笔记》① 之二：有感于《兰亭序》中的死生观

学王有诸多学法。学王羲之的书帖碑字，当然是基本的。但这还不够，读其为文、了解其为人也不可少。柳公权初学王书法，遍阅各种笔法，体势劲媚，自成一家。后世学王者多，虽同师之业，各人触类旁通而长，知其人，思其文，观其字，更为章句，旨在别为一家之学。知人、思文、观字之后，有思想在，有精神存，不可不注意。

我读王羲之《兰亭序》，是从读其结语中领悟到他的为文为人之思想和精神的：

> 每览昔人兴感之由，若合一契，未尝不临文嗟悼，不能喻之于怀。固知一死生为虚诞，齐彭殇为妄作，后之视今，亦犹今之视昔，悲夫！故列叙时人，录其所述，虽世殊事异，所以兴怀，其致一也。后之览者，亦将有感于斯文。

我曾多次读《兰亭序》之文，每读此处，都情不自禁地产生一种对过去、现在和未来生命的遐思和心灵上的震撼。掩卷而思，这段结语，实为王羲之死生观画龙点睛之笔，耐人仔细品味。这大概就是"有感于斯文"的魅力和吸引力所在吧。

---

① 《学王笔记》是我学习王羲之书法的心得集（手稿）。

第三编　文以载诗道

从全文看，文中既有"修短随化，终期于尽"地感悟人生生死变化，又有俯仰天地的自然情怀，还有发自内心深处"死生亦大矣"的古往今来、感同身受的死生伤悲大事的慨叹。"后之视今，亦犹今之视昔"，这句意味深长、引人深思的语句，首先使后代人在多年之后，读王文、习王书，仔细体会古人"兴感之由"；同时也启发今人思考多年之后，后代人如何看待今人。这是一种通古今、望未来的人类文明交往过程中的历史感。"有感"之"感"，也正是这种历史感。这是对人类史和自然史俯仰观察体悟的历史感。

《兰亭序》是一篇美文，是用王体书法艺术集中表现的美文。美文生于真实生活的情感，这种情感生于长期亲历、目睹、耳闻和脑思的社会经验，同时也需要长时间反复思考和上升、提炼为思想观念，方可以产生真知灼见。王羲之写《兰亭序》时，已经是大书法家和有社会政治丰富经历的社会活动家，又有王谢大家族背景的朋友诗文圈。正因为如此，他将此种人生优势，用此种历史感，融化于文章与书法之中，在兰亭修禊之日爆发出灵感，产生了《兰亭序》这样"千古一序"的美文。

《兰亭序》之所以长期影响后世，它所迸发的文明之火花，不仅仅是书法老练秀丽、文字简约精美，更重要的在于序中蕴含的哲思，这就是他的独特的人生观。细心的读者在读其文、习其字的时候，便会发现在《兰亭序》中，王羲之不是一般人谈人生观，不是把人生观从"人生"谈起，而把"人死"放在"人生"之前谈论人生观的。他不泛泛谈"人生"，而是讨论人的"死生"问题，可称之为"死生观"。

王羲之生于晋太和二年（303），写《兰亭序》时，正值353年（晋永和九年）。当时正好是五十岁，古人到此时，已经是"知天命"之年的老龄阶段了。人步入老年，身体日趋衰退，过着倒计时的生活，自然免不了常常想到死亡，容易从死亡观点看人生，这就是"倒看"人生的观察问题的视角。人生为偶然中的必然，人死为必然中的偶然。死是必然的，何时死亡，只看时间和条件了。一个人在书写人生的这个"人"字的时候，其最后一笔，必然是一个"死"字。王羲之是一位富有情怀感而又具思维理性的人，当他"知命"之年与亲友聚会于兰亭，此情此景，自然感悟到人生"兴怀"的"终期于尽"于"死"这个规律性大事，岂能不悲叹感叹于笔端！

　　通览《兰亭序》全文，可以清晰地看到王羲之的思想感情变化轨迹。开始在写"乐"：同四十多位老少亲友，咸集于会稽山阴之兰亭，修禊流觞咏歌抒怀，共赏自然之美，如文中开始所言："仰观宇宙之大，俯察品类之盛"，"游目骋怀，足以极视听之娱，信可乐也"。接着写"悲"，由游乐进而思考这种"快然自足、不知老之将至"的不自觉状态。须知"人老"是不知不觉、从光阴逝去中穿过的，如李白所写："不知明镜里，何处生秋霜。"很快，情绪转变为"及其所之既倦，情随事迁，感慨系之"，历史上古人已言的"死生亦大矣"遂涌上心头，"岂不痛哉"而"临文嗟嗟悼，不能喻之于怀"。写到这里，王羲之提出一生"死生"观最后一笔："后之视今，亦犹今之视昔，悲夫！"这样就把人死之"悲"提升到历史感高度，把"后"与"今"、"今"与"昔"贯通起来，从而走向《兰亭序》的结束警语："后之览者，亦将有感于斯文。"（注意："斯文"的"文"字写得特别粗重而有力，似乎是在强调"文以载道"，用以载"文化"的"文明"之道。）

　　"歹"是"死"字的首旁，意为"坏"，与"好"相对，因是"坏"事，所以人们多讳言"死"，而乐于谈"生"，所以连孔子这样的大圣人，也说"未知生，焉知死"（《论语·先进》）。当然，孔子也不是绝对不谈"死"的。在《荀子·大略》中，有一段孔子和子贡关于死亡的谈话，反映了老年时期"甚矣吾衰矣"的心态：子贡提出，人一生太辛苦，希望休息调整一下繁忙的生活方式。对此问题，孔子回答说："望其圹，皋如也，宰如也，坟如也，鬲如也，此知其所息矣。"圹，即坟墓，看到如同高、巅、形如三足而立的鬲那样的墓堆，就知道是他"死而后已"的"安息"处的地位高低。以墓堆大小，论生前的贡献；以埋葬的死亡，看君子的"息"与小人的"休"，以区别死亡。子贡听到老师的这一番见解，佩服地说："大哉，死乎！君子息焉，小人休焉。"这可能是王羲之《兰亭序》

中所说的"古人云,死生亦大矣"的来源之一。

"死"又与"亡"而连用,"死亡"一词又同"道"相关。孔子就有"朝闻道,夕死可矣"的话。人是"道"的载体,可以说,人与"道"共存亡。《汉书·贾山传·至言》:"昔者夏商之季世,虽关龙逄、箕子、比干之贤,身亡而道不用。"这是把人身和"道"连在一起。这是古人把"道"的重要性强调的表现。把"死"放在"生"之前,有史多见。如《论语·颜渊》就有"子夏曰:商闻之,'死生有命,富贵在天'"。那时就有把"死"放在"生"前的,虽然人们盼长生不老,但老而死、病而亡这个残酷事实,是人人都绕不过的坎儿。正确的认识是面对现实,如《吕氏春秋·知分》所讲:"达士者,达乎死生之分。"这一点《兰亭序》讲得很清楚:"固知一死生为虚诞,齐彭殇为妄作。"宋代学者沈遘在致友人的信中说:"孔子称'仁者寿'云尔,不以年也。谓圣人达死生之理而若有常存云尔。明哲于是庶可不伤乎性也。"他借用孔子的"仁寿"阐述自己不以年计寿,而以"仁道"来计寿的死生之理,也是人以载道、人为文以载道,并且把死放在生之前的"倒看人生的"死生观。

人生不仅仅是以游乐山水、娱耳悦目、美食、骋怀的活动与大自然交往,而且要经历生产劳动、阅历世事、感性理性思维活动,进行人与人、人的自我身心之间的社会交往实践活动。从每个个体的人的生命活动而言,其最终归宿是"死亡"。"人生自古谁无死"。只是如中国大史学家司马迁所说:"或重于泰山,或轻于鸿毛"的价值观不同;也如印度大文学家泰戈尔所言:人生应如"春花之灿烂";人死应如"秋叶之静美"的生死观不同。王羲之的视角独特之处在于:

第一,他注重人的死生观。《兰亭序》全文只有324字(标点符号不计),按我用现代文体分段,再加上标点,也大约为420字。在如此精粹的短序中,就有两处谈死生问题,而且都是把"死"放在生之前。他这种"从死看生"的"倒看人生"的思维方式,与他的老龄段生活生存方式是一致的。暮年的他,确有"常恐死亡无日"。却官退隐以后,游乐人山、寻求道家养生、探求服药石之方,养生延年。他常常叹息说:"我卒以乐死!"他赠好友谢安说:"年在桑榆,自然至此，顷正赖丝竹陶写，恒恐儿辈觉，损其欢乐之趣。"可见他考虑之周到。

第二，他既从人的社会交往的特殊性思考问题，又同相同结果的普遍性结果观察其变化，还从"兴怀"这一情感心态共同性方面探索其重复演化特点。他对人类与自然界、人类之间、人的自我身心之间交往作了如下概括："人之相与，俯仰一世，或取诸怀抱，悟言一室之内，或因寄所托，放浪形骸之外，虽趣舍万殊，静躁不同。当其欣于所遇，暂得于己，快然自足，不知老之将至，及其所之既倦，情随事迁，感慨系之矣！向之所欣，俯仰之间，已为陈迹，犹不能不以之兴怀。"他由此直接引出了人的"死生观"这个痛苦命题，而且进一步发现了规律性的问题："每览昔人兴感之由，若合一契，未尝不临文嗟悼，不能喻之于怀。"这里说此种交往活动，有千差万别的区别的暂时所得的满足感，又有都以为"陈迹"，但仍重演反复的兴怀。古人俯仰一世其各种交往活动，若往返循环之圆周，而环绕"兴怀"之中的所行、所怀、所悟、所托、所感，其缘由"若合一契"。这种重演的历史现象，其背后隐藏着一与多、同与异、常与变的历史规律性。正因为"世殊事异，所以兴怀，其致一也"，才使得千年后的我们读者，从他秀劲书法艺术表现的阅览中，"亦将有感于斯文"。这样，这篇文短意长的《兰亭序》，给后人留下了许多哲理思考空间，"死生观"即为其中重大问题。

死亡本身由生命自然运动的本质所决定，这不是人的主观意志所能改变的客观事实。恩格斯在《自然辩证法》中，从科学的意义上谈到了"生就意味着死"的哲学命题。他指出："今日，不把死亡看作生命的本质因素……不了解生命的否定本质包含在生命本身之中的生理学，已经不被认为是科学的了，因此，生命总是和它的必然结局，即总是以萌芽状态存在于生命之中的死亡联系起来加以考虑的。辩证的生命观无非就是如此。"① 人类文明交往自觉中的"自知之

---

① 恩格斯：《自然辩证法》，《马克思恩格斯选集》第 4 卷，人民出版社 1995 年版，第 370 页。

明",首先是思考自身的生存和死亡的关系。一个人无论为何而活,如何生活、生存,死亡都始终如影随形地伴随于生命的全过程之中,直至生命的结束。从生看死的顺看人生和从死看生的倒看人生,是两种不同方式的生命观。二者都包含着"自知之明"的自觉因素,都有其积极方面。"倒看"人生,从死亡看到生活最大的优点是从"死亡"这个人生的终点,逆向审视仅仅只有一次生命的生存时间,从积极方面思考,就会强化自觉珍惜有限的光阴而努力学习和工作,做出更多更好更大、更有益于社会的业绩,而不至于到老年时留下无限的、难于弥补的终生遗憾悔恨①。当然,把顺看和倒看二者紧密结合起来,使二者分阶段、有计划、有步骤地统一于人生全过程,那就是更全面、更自觉地为人类文明进步事业奉献的文明交往更高境界——"知物之明、知人之明",尤其是自知之明的"文明化"了。

王羲之是在写《兰亭序》八年之后,即361年(晋升平五年)去世的,享年58岁。此序是兰亭聚会诗集的序言,《世说新语》称为《兰亭集序》。此序又称《临河叙》,因临河环水,置酒杯于流水前取饮,即序中所说的"流觞曲水"而命名。严格地说,它应称为《兰亭诗集序》。王羲之本人也有诗作收入此集中,其中有三首值得一提:

(一)仰眺望天际,俯盘渌水滨。
　　　寥朗无崖观,寓物理自陈。
(二)大矣造化切,万殊莫不均。
　　　群籁虽参差,逼我无非新。
(三)代谢鳞次,忽焉以周。
　　　欣此暮春,和气载柔。

---

① 用苏联作家奥斯特洛夫斯基在《钢铁是怎样炼成的》中主人公保尔·柯察金的话说:"人类最宝贵的是生命。生命对每个人只有一次。人的一生应当这样度过:当回忆往事的时候,他不会因为虚度年华而痛悔,也不会因为碌碌无为而羞愧;在临死的时候,他能够说:我的整个生命和全部精力,都已经献给了世界上最壮丽的事业——为人类的解放而斗争。"(参看《两斋文明自觉论随笔》第一卷第四编《人死观》第十:"十论人死观:钢铁炼成的生命哲言"和"十一论人死观:钢铁炼成的生命哲言续",中国社会科学出版社2012年版,第216—221页。)

咏彼舞雩，异代同流。
乃携齐好，散怀一丘。

前两首有俯仰于天际水滨的诗意曲水、诗意人生境界，观察寥朗广阔的自然界，从而思考人类寓物道理，悟出大造化的变动和万殊不均，以一驭多的哲思。最后一首可以将他的修禊活动与孔子晚年同弟子的暮春"舞雩"的咏而归相比较。确如大美学家宗白华所说："孔子这种超然的、蔼然的、爱美的、爱自然的生活态度，我们在晋人王羲之《兰亭序》和陶渊明的田园诗里见到的遥遥嗣响的人。"宗白华认为，这不仅是传统的继承，而且是时代的自觉，而且是魏晋名士越名教而任自然的主体情怀与艺术诗情画意的人生自觉。王羲之的死生观既有孔子的"志于道、据于德、依于仁、游于艺"的艺术生活原则，又有《庄子·渔父》中说的"孔子游乎缁帷之林，休坐乎杏坛上，弟子读书，孔子弦歌鼓琴"的描绘意象，进一步说明了他儒道互补的诗意人生。

唐代大文学家柳宗元在《邕州马退山茅亭记》中说："夫美不自美，因人而彰。兰亭也，不遭右军，则清湍修竹，芜芜没于空山矣。"美文、美字、美情、美诗、美思，使得唐太宗李世民也有"勤勉始终、垂范将来，当使后之视今，亦犹今之视古"之句，来评价《兰亭序》结语之句。虽然该序真迹不见，但诸多临摹本存在，给后人留下了艺术上的遗憾美和无限遐思。据说，王羲之因《兰亭序》有许多改动，遂生重写之念，但多次书写，均赶不上原创的妙趣天成，不能达到"曲水流觞"雅集时的美境。改写的作者，尚不能"入美之境"，何况别人之摹本？宋代大文学家王安石在《祭欧阳文忠公》一文中说："无问识与不识，而读其文，则其人可知。"《兰亭序》王羲之文如其人、诗如其人、书法如其人，其美文可称为"千古一序"。

十九 学王续录

（一）感

《兰亭序》是王羲之于晋穆帝永和九年三月三日，同谢安等41（一说为42）人，聚会于会稽山阴之兰亭，行修禊之礼俗，共赋诗咏志成集而作的序言。严格地说，《兰亭序》应正名为《兰亭诗集序》。传说此序用蚕茧纸、鼠须笔写成。原序文28行，324字，凡有重字者，字体悉异，最有名的是"之"字，凡19处，每字各有不同写法。

我读《兰亭序》，重在"以文载道"，从书法艺术之车中，寻觅作者文内文外所言之道。我已谈了死生观，此处沿"字体悉异"的重复字词，探求其所言之意味。第一个就是在序言中324字中的三处"感"字：

1. "及其所之既倦，情随事迁，感慨系之矣。"
2. "每览昔人兴感之由，若合一契。"
3. "后之览者，亦将有感于斯文。"

感，是因外界事物刺激而引起的喜怒哀乐等心理反应，集中表现为感情。晋代张梦阳《七哀诗》中的"哀人易感伤，触物增悲心"与王羲之此时的心情相似。"情随事迁"，由乐生悲，《兰亭序》正是有感于心而"心于悒而感怀"（汉王粲《吊夷齐文》）。此处的"兴感"，正如文中所提"兴怀"一样，也是人与物在情感上的反应互动交织关系，即借物以起兴的艺术表现手法。抒情的诗文，为有感而作，如李白《岘山怀古》诗中的"感叹发秋兴，长松鸣夜风"一样。王羲之在《兰亭序》结语的"后之览者，亦将有感于斯文"，是一句分量很重的有所感思而感悟自觉之语，使后人在欣赏书法艺术的同时，领悟到人生理性的思考，此思考空间是感性与理性的纠缠，令人遐思不已。

《兰亭序》三处用"感"字，从书法艺术上看，同一个字，写法同中有异。各种临摹本中，有各家笔法的融入。书法有书法的韵味，线条描绘手法上，仔细察视，可以窥见"感"字表现感情的笔法。王羲之的真迹不见，是件憾事，但诸家摹体式样众多，又是意外之幸事。一石击起千层浪，浪波延续而汇流。在诸家摹帖中，虞世南以内含刚柔，远不如其门生褚遂良的左一笔竖钩以及其多变。虽然临摹有自己不同风格，仍可见王羲之的飘逸本色。古人称，钟繇书法为自由"神品"，而王羲之书则可称为"逸品"，"逸少"体均体现于诸临摹本的字里行间。

（二）俯仰

"俯仰"二字也在《兰亭序》中有三次使用：

1. "仰观宇宙之大，俯察品类之盛。"
2. "夫人之相与，俯仰一世，或取诸怀抱，悟言一室之内；或因寄所托，放浪形骸之外。"
3. "向之所欣，俯仰之间，已为陈迹，犹不能不以之兴怀。"

俯，屈身，低头；仰，脸向上，抬头。俯仰，或为前俯后仰，为人头部最常见观察事物的动作。《易·系词》："仰以观于天文，俯以察于地理。"也是人思考问题时的动作，《墨子·鲁问》："大王俯仰而思之曰：'我受其不祥。'"汉代扬雄《太玄》之九《玄文》："仰天而不倦，俯地而不息。"这是人要顶天而立地，自强而不息。俯仰，王羲之《兰亭序》有"仰"在前，"俯"在后，但多用"俯仰"。"俯"字与其他字连用者，有"俯拾"（比喻易得）、"俯就"（屈从、迁就）、"俯擗"（低头捶胸）。"仰"字与其他字连用者，有"高山仰止，景行行止"的仰望、向往之意。还有一个专心著书的"仰屋著书"的成语，说的是仰卧床上，看屋梁而获灵感引发做学问的思路。

周旋即交往，应对人生，观察自然社会的兴怀，是《兰亭序》"俯仰"的主题。周旋，即环绕旋转，辗转于自然和社会之中，追求人生理想的轨迹，终生难忘，到了暮年，尤其时常反思。《韩非子·解老》："夫道以与世周旋者，其建生也长，持禄也久。"是讲周旋需要以"道"应对生活。《左传·定公十五年》："将左右周旋，进退、俯仰，于是乎取之。"《史记·范雎传》："观秦王之俯仰。"《汉书·司马迁传》："故且从俗浮沉，与时俯仰，以通其狂惑。"曹植更有"俯仰岁将暮，荣耀难持久"之句，都反映了反复思考人类文明交往中面对外界变化的周旋问题。

《兰亭序》三谈"俯仰"，第一谈是面对大自然交往的"宇宙"和"品类"，第二谈面对社会交往中的"悟言一室"或"放浪形骸"

两种行为，第三谈过去俯仰经历仍不忘兴怀，时起波澜。这里谈的俯仰三个境界：一是大自然之"大"、品类之"盛"，可以使人"游目骋怀，足以极视听之娱，信可乐也"，即始于"乐"的境界。二是叹人世间俯仰一生，或"取诸怀抱"，"或寄所托"，虽"趣舍万殊，静躁不同"，但都要进入"情随事迁，感慨系之"的由"乐"到"悲"的境界。三是对已过的陈迹往事，回顾昔日俯仰之事，还是"不能不以之兴怀"，面对人生"修短随化，终期于尽"，由衰老期而步入死亡，这就是"岂不痛哉"的"哀"的境界。

《兰亭序》是王羲之一气呵成的人生沧桑历程的情理交融之歌，是无韵之诗。它因情而发，寓景而作，因事循理，言简意赅，令人在体会其人其情其思中，更美其书法艺术之精髓。美文与美书，长久传播，文明精品的定位，理所当然。

《兰亭序》之所以成为优秀的人类文明成果，还在于它的寓理于情怀（"兴怀""怀抱"）之中。从"文以载道"角度看，它载的道有三个层次。第一层次是"一与多"的关系。该文虽短，有7处谈"一"："一觞一咏""俯仰一世""悟言一室""一死生""其致一也"。第二层次，在讲"一与多"的关系时，又与"同与异"关系相联系，如讲人生"趣舍万殊，静躁不同"，"世殊事异，所以兴怀，其致一也"。这是讲同中有异的关系。第三层次，文以载道还"载"有今、昔、后三种关系，如"后之视今，亦犹今之视昔""后之览者，亦将有感于斯文"。文中还提出了"修短随化，终期于尽"的命题，颇有人的自我身心交往关系意味。这是寄情于自然山水和人世沧桑的外部和内心交往的心灵反应，具有人生哲学的内涵。

（三）事、文、书

我学王羲之《兰亭序》的三部曲是：事、文、书。

《兰亭序》就是这样完整的书法艺术品，它是这三者紧密的结合体，而中心就是处事、为文、作书写中的人。事为修禊诗会而起，四十余老少诗友，聚会因事而以诗会友而有序文之发，而有就文而书的兴感、兴怀。序为一诗集之总枢要义，它是因文字的内容而发，而文又因当时作者灵感迸发的思想感情所引领,因此才有情景交融、书文并茂的传世艺术品发生。因为它是书写自己的文字,所以才能情真意切而使人容易受到感染。这就是文中让后人"有感于斯文"的"感"字意蕴。

王羲之的书法艺术在于变中求新,在于文字内在篇章结构的丰富生动,在于表达真感受,在于追求多样性。思想是他人生的底色。他认为:"若平直相似,状如算字,上下方整,前后齐平,此不是书。"《兰亭序》中,他反对"一死生、齐彭殇"的观点,用于书法,用于为文,也是适用的。印刷体整齐方正齐平,那不是书法艺术,而是呆板无生气的符号,是实用体。中国书法艺术之所以成为艺术,自汉以后才进入佳境,而王羲之是应时而兴,形成了以字为表达中心的经典模式。其主要取向是追求字中的生动美和动态美。

书法史上有"永"字八法,即概括了汉字楷书运笔八条基本法则。值得注意的是,《兰亭序》第一个字就是"永"字:"永和九年"。永字"八法,有元代盛熙明《法书考·八法》和明代"潘之淙《书法离钩·八法》。具体内容如下图:

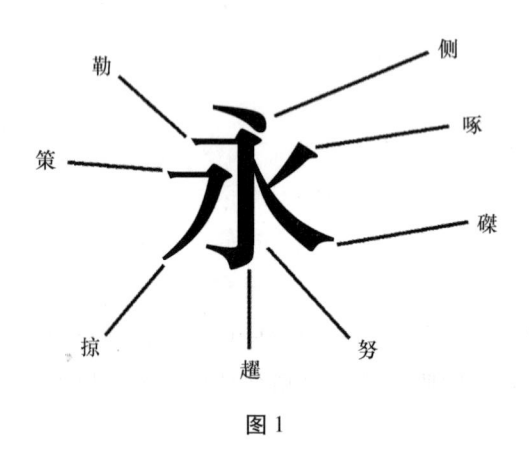

图 1

八法:一曰侧,即点;二曰勒,即横画;三曰努,即直画;四曰趯,即钩;五曰策,即斜画向上者,六曰掠,即撇;七曰啄,即右之短撇;八曰磔,即捺。

此项总结，有其道理，它标志传统用笔法的确立。但把它公式化则限制创新思维。书法中讲用字的章法，是用字的结构排列、行列布局。用字表达思想感情，章法是协助字的表达，整体篇章才是全局性的。思想感情是复杂的、多变的，随情而发，因情而出，这是全篇谋立意的自由用笔妙境。

书法中的审美习惯曾因"永字八法"而固化为一种审美习惯，模式化束缚人们的思维自由。艺术品的价值在于它的不可重复的独特唯一性。能重复、能复制的不是真正的艺术，模仿而不创造者，是没有出息的。"书为心画""笔写所思"，由王羲之为代表的大书法家的优良传统应当在用自己的诗文的书写中加以发扬光大，最好有了好作品之后，再用手中的笔总结创作的感受。让别人分享心得。"我笔写我思"，人类文明交往的自觉就是"自觉而觉人"，以己之自觉，唤起他人的自觉。

从"永和九年"到"永字八法"，直到现在，学王羲之书法路径有四：一为主流的书法艺术；二为"兰亭序"的真伪；三为王羲之其人其文其思想；四为正在中央广播电台广播的长篇政治小说《兰亭序》。从晋代王谢家族兰亭修禊，到今天可以说是余音绕梁，从未中断。这是值得研究的文化现象。

二十　学习书法抄录集锦

1. 书写汉字的意义：中华汉字书法所依托的是中华文明的根和魂，是内在传承文明交往和外在传播文明交往的载体。

2. 中国人书写汉字是一种中华民族文化情感和心灵调节活动。它通过手写脑思、呼吸运动，聚精会神地运笔，以促进身心健美、安谧浩然正气。书写汉字是一种诗意人生的思维训练、生活方式和养生之道。书写活动是人文精神的培养方式。楷书的横平竖直、运笔的粗长短细，以及工整规范、统筹布局，皆为草、行书的基本功力。此功夫不限于技艺层面，而且有益于求真、向善、爱美品质提高的韧性锻炼。

3. 书法大家语录

①苏轼:"作字之法,识浅、见狭、学不足,三者终不能尽妙,我则心目手俱得矣!"

②黄庭坚:"余学草书三十余年。初以周越为师,故二十年抖擞俗不脱。晚得苏才翁子美书观之,乃得古人笔意。其后又得张长史、僧怀素、高闲墨迹,乃窥笔法之妙。于燹道舟中,观长年荡桨,群丁拨棹,乃觉少进,喜之所得,辄得用笔。"

③米芾:"蔡京不得笔,苏轼画字,蔡襄勒字。上复问:'卿书如何?'对曰:'臣书刷字。'"(以上为米芾对皇帝问书家特点之回答,我自己硬笔书法是"力、气、意相融的'刻字'"。——京隐注)①

④徐渭在《玄抄类摘序说》中说:"自执笔至书功,手也;自书致至书丹法,心也;书原,目也;书评,口也。心为上,手次之,目口末矣。"

⑤王铎:"书未入晋,终入野道。"又说:"学不参透古碑,书法终不古,为俗笔也。"

⑥《书后品》评王献之(子敬)书法:"子敬草书,逸气过父。如丹穴凤舞,清泉龙跃,倏忽变化,莫知所目,或蹴海移山,翻涛簸岳。"(狂草滥觞于王献之。——京隐注)

⑦吕金光:"碑帖书法融合,如吴昌硕、于右任。"(书法家需有理论修养、艺术感悟力、科学态度和自我把握,开书法新宇。——京隐注)

小结:下笔成字,汇字成文。文者,文化文明之符号也。王羲之《兰亭诗集序》不但为"天下第一行书",其字飘若浮云,矫若惊龙,

---

① "刻字",这是中东史学者王铁铮对我硬笔书法的定位。写字是要用笔的。现在的"笔"字,是"筆"字的简体。我每次写这个"笔"字,总觉得它表现了传统软毛笔的特点;而繁体"筆"字,倒有"刻字"的刚劲气韵。"筆"字竹字头下的"聿"字,多直、多么挺拔!于此字中,可见甲骨文中刀刻功力。《说文》:"聿,所以书也,楚谓之聿,吴谓之不律,燕谓之弗,秦谓之筆。"现代秦中学界,有把"笔"称"生活"之说。我的私塾老师安谧中,常叫我:把我的"生活"拿来!"生活"原来是秦中文人称"笔"的口头语,表明了学人以笔为生活。"刻字",是秦中文人的生活倔硬风骨和笔风。"刻字",是以硬笔书写,"力透纸背",把生活刻在心灵中。

秀丽妍美，融入文章，与哲理妙句相融为一，可谓百看千得之作，不可不学。王献之之笔意，传承于米芾，超妙入神，可谓学王的佼佼者。此人有洁癖，行为多违世俗，人称"米癫""米狂"。文天祥有"三生石上结因缘，袍笏横斜学米颠"之句，金代元好问有"米狂雄笔照万古，北宗草书才九人"之句。二王都应学，其字各有千秋。

二十一　书法之德馨艺美

苏轼有言："人言，人貌有好丑，而君子小人之态不可掩也；言有辩讷，而君子小人之气不可欺也；书有工拙，而君子小人之心不可乱也。笔性墨情，皆以其性情为本，是则理性情者，书之首务也。"

态明、气正、心平，必见之于"笔性墨情"，练书法艺术者，必先修养品性，明于人性良知与笔墨性情之间内在联系。治书如治学，作书如做人。徐干《中论·治学》："学也者，所以疏神达思，怡情理性，圣人之务也。"苏轼讲的"书之首务"在"理性情"，讲的就是这个道理。

书法的价值核心是书艺，而书艺的灵魂则是书德。崇人之德为立艺之本，心正则笔正。书法家苏士澍有"爱国、为民、崇德、尚艺"的书法艺术核心价值观。此八字中，把"尚艺"放在治书"终点"，而"爱国""为民""崇德"放在三个前提的位置上，而"崇德"则实为人品、艺品根本。书法艺术是书法家精神境界之外化，其内在因素为人的心灵良知。苏轼说得在理："书有工拙，而君子小人之心不可乱也。"心正则笔正，这和心正则业正的道理是统一的。书法艺术中有爱国为民崇德尚艺之志，方可称书法艺术的德艺双馨。书法中有文明、书法中有文明交往之道、书法中有道德，其意在此。

人类文明交往在于交往活动互动中的交而通。良性交往则正变，正变则顺通，此理也体现在书法艺术中。张怀瑾在《文学论》中说："深识书者，惟观神采，不见字形。若精意玄鉴，则物无遗照，何有不通？"书法由点线、间架、布白、章法四处感悟其神采、风韵和意境。至于提按顿挫、轻重缓急、圆转方折、布黑分白等布局，融入书者思想、情感学识,须经历精神物质化而"力透纸背",使人的生命感悟贯彻腕底,流露于字里行间。

书法艺术活动是审美领域内的自然化人和人化自然的劳动创造活动。《淮南子·本经训》:"昔日仓颉作书而天雨粟、鬼夜哭。""穷天地之变,仰望奎星圆曲之势,俯察鱼文鸟羽,山川指掌而创文字。"书法艺术是人与自然之间交往的"天人合一"的结晶。仓颉是集群众创造成果,俯仰大自然而表现大美的英雄形象。如果烦躁不安,请静握笔练字作文字吧!就在练字作文字中涵养性情,提高理性,让人心之美在纸笔中涌流,"万象之美",尽在其中矣!

二十二　写作的乐趣

写作是文明传承和创新的功夫,写作是述而又作的生活。思考起来!拿起笔来!

写作是快乐的。一有所思,拿起笔来,思路沿笔端,如云似烟散落纸上,所感所思,凝为成果,其全过程都体现了作者勤奋辛劳的写作观念。

这种写作观念是整体性的。它是理解作者笔下各类作品内在思维逻辑的中心线索。写作者是勤奋的、朴实的劳动者,如农民一样、如工人一般的耕耘者、工作者。

写作是一种精神劳动、脑力劳动,确切地说,是脑手互动交往的劳动,又是个人手工劳动、是不假外术和疏离功利而安身立命的生活方式。写作既体现了作者的劳动产品,也是一种生存状态、生命自强不息的生长状态。它是有"自知之明"的真正成为自己、有充实生活内容的文明交往自觉者。

写作者的生活是朴素的、简约的,所需人生成本也不是太高,然而它是快乐的。作家茨威格在告别人世的时候,留下了一句遗言:"脑力劳动是最纯粹的快乐,个人自由是这个世界上最崇高的财富。"劳动、创造,是人生之乐;劳动创造的财富、成果是可贵的。在人类文明交往自觉的大道上,把写作理解为劳动创造的内涵,是写作之乐趣所在。

以八十岁高龄获得诺贝尔文学奖的加拿大女作家门罗把文学创作视为带给人类以欢乐的方式,视为人生的旨趣。她意识到,写作、充实人生就知足了,至于自足之外的一切东西,如附着于什么奖励、光环都是额外之物。卡夫卡的一句话也许对门罗的乐趣是一个很好的补充:"毫不讳言,因为写作,我觉得我有一个'深广的心灵世界'。"

写作也不全是乐,有时也有苦。宋代陆游一生著文作诗丰产,却在《客愁》中咏出"苍颜白发入衰境,黄卷青灯空苦心"之句。那是无奈叹息。

写作这种劳动是需三种品质:①坚定性;②坚持性;③坚守性。从反面讲,应该是:①不动摇;②不犹豫;③不折腾。三者之中,应贯彻宁静以致远的耐得寂寞的朴实品质。这是劳动者的本色。里尔克在给一位青年诗人的信中说:"我们需要的只是寂寞。"默默不息的手脑互动,不分神,倾听内心呼声,在勤奋劳动中捕捉灵感、理清思绪、凝结心血。劳动,创造文明成果,生命会因此而有乐趣。

二十三 读书是生活

阿根廷裔加拿大作家阿尔维托·曼古埃尔在《阅读史》中用一整页篇幅,以"最后一页"的名义,只抄了福楼拜的一句话:"阅读是为了活着。"这"最后一页"却置于卷首位置。

法国哲学家笛卡儿谈学校学习体会时说:"遍读好书,有如走访著名前贤,同他们促膝交谈,而且是一次精湛的交谈,古人向我们谈的只是他们最精粹的思想。""同古人交谈,有如旅行异域。"

德国存在主义大师海德格尔认为,语言的本质是对话(与万物),认识、了解万物而结友:"在我们思想的道路上,我们开始时所获悉的在词语上的诗意经验将伴随着我们。我们已经与这种诗意一起进入一种对话之中。"

文明交往追求和谐。在全球化时代的"统一整体"运动中，需要为人类创造比以往历史阶段更多的"和谐"。读书增智力、思想、文化高度，可培养世界上有竞争力的生产力。但这要有文明交往的自觉性，才能为人类文明发展做出自己为之骄傲的贡献。

读一思一想，人类互教互学，共创智慧，世代积累，提高文明程度。

读书利人之处有三：①让人保持思想活力；②让人得到智慧启发；③让人滋养浩然之气。读书为人间第一好事。

二十四　冬至思乡

2015年12月22日冬至，岁在辛未，我本命羊年，85岁。客居北京，各地学生接连来电问候，来电以故乡西安最多。

故乡西安，古长安地，文化历史底蕴深厚。电话年年从长安来，多是以下话题：①一年中这一天白天最短，过后太阳直射点逐渐北移，北半球白天渐长，夜间变短。所谓"过一冬至，长一枣刺"，也有吃了冬至面，"一天长一线"的民谚，即指此而言。②"数九"从冬至开始数起，严寒冬天已经到来。从此每九天算一个"九"，数到九个"九"，共八十一天，春天就要来了。与此相关的许多民间歌谣谚语如"头九暖；二九冻破脸；三九三，冻破砖，四九半冻了锅里饭，五九半，冰消散，六九河上看柳；七九六十三，皮袄教驴穿"，以及"七八九雁来，耕牛遍地走；九九八十一，穷汉顺墙立，倒是不冻了，还是肚子饥"。③清代学者严仁虎有《消寒图》："亭前垂柳待春风，珍重亲涂一画红。九九图成春已至，宸居真可亮天工。"后来，在"柳"字后加了"珍重"二字，变为九字诗句。按繁体字每字九画，计八十一画，每天写一画，写完九个字，"数九"就结束了。于是《九九消寒图》就完成了。④据说，"亭前垂柳珍重待春风"这句九字诗与康熙皇帝废立太子胤礽有渊源。老年的他，心态复杂多疑，便在当年冬至日，赴乾清宫铺纸一张，每日作画写字，写完九九八十一天的"亭前垂柳珍重待春风"这句诗之后，春天来了，便宣告太子复位。按王朝皇帝传位于太子的规则，康熙借数九《消寒图》，艰难度过八十一天才做出最后决定。

我并无过冬至的习惯，但节日的致候电话引发了思乡念头。自从离乡迁居北京，日子充实而有序，不过有时还是有"西望长安不见家"的叹息。那里的一草一木，往事历历在目。"不畏浮云遮望眼，长安不见使人愁"的诗句，泛浮脑海。我由此想起古人的三首冬至诗。①南朝诗人鲍照的《冬至》："舟迁庄甚笑，水流孔急叹。景移风度改，日至晷回换。眇眇负霜鹤，皎皎带云雁。长河结阑干，层冰如玉岸。哀哀古老容，惨颜愁岁晏。催促时节过，逼迫聚离散。美人还未央，鸣筝谁与弹？"②杜甫的《冬至》："年年至日长为客，忽忽穷愁泥杀人。江上形容吾独老，天边风俗自相亲。杖藜雪后临丹壑，鸣玉朝来散紫宸。心折此时无一寸，路迷何处见三秦。"③白居易的《邯郸冬至夜思家》："邯郸驿里逢冬至，抱膝灯前影伴身。想得家中夜深坐，还应说着远行人。"

三首冬至诗，首先是鲍照，其诗文赡逸清丽，杜甫称之为"俊逸鲍参军"，指鲍照随临海王刘子顼参军，江陵乱，死于军中。鲍照《冬至》抒发时节易逝、人生离合悲情。杜甫冬至日"路迷何处望三秦"，与我望长安相类。白居易客居河北邯郸，冬至日也与我客居北京相近似。冬至日，怎一个"思"字了得！"冬至"如"大年"，教人如何不思乡！"古老容""吾独老""远行人"，三诗字字写相思！三位诗人伴我冬至梦乡归！杜甫《梦李白》有："故人入我梦，明我长相思"诗句，我还多了一个"故乡"入梦归。

二十五 尽己之力，完成自己之天职使命

在第一编第二节谈"知天命之道"中，我提出以"运动"之力而制"生命"之长度与厚度，在人类文明的基点上，做出自己力所能及的创新和创造成果。

关于"天命"与"人力"之间的关系，是交往互动、互相作用

的交往关系。"天命"是天职使命,是一个人在他一生中对人类文明所应做出的贡献。对于此种天职使命个人首先应当尽力、尽职,但这还不够,必须尽心去做,尽力、尽职、尽心地做好应当做的每一件事。

这使我想起了我在《大学的乐趣》的回忆文章中谈起清代学者赵翼的诗:"少小学书未能圆,只道功夫半未全。到老方知非力取,三分人事七分天。"他用"三七开"来总结自己治学中的"天命"与"人力"之间的关系。我读此诗时,是年轻气盛的大学生,不以为然地写下了"水滴石穿,绳锯木断。持之以恒,功效乃见"的"经术貂蝉续狗尾"般的诗句。今天看来,正如宋人黄庭坚所说,只不过是"文章瓦釜作雷鸣"的幼稚续诗。实际上,赵翼并不否认"人力",他在论诗的著作中曾提出"才智人,不肯自弃暴,力欲争上游,性灵乃其要"的"力争上游"的主张;他又在论陆游诗时说:"意在笔先,力透纸背"地强调要有深厚功力。他只是说,人力有一定限度,有些事并非个人力量所能取得的。至于"三七"开,还是"四六"开,那不过是一个比方而已。知其不能为而为之,那是责任;知其能为而不为,那是骨气。

在政治交往中,力量即实力是重要的。《商君书·开塞》:"汤武致强而征诸侯,服其力也。"国既要有"富"的经济基础,又要有"强"的军事实力,这是交往之道。对个人来说,《易·系辞》讲得有理:"德薄而位尊,知小而谋大,力小而任重,鲜不及矣。"人的能力有大小,只能从自己实际出发,尽己之力,这也是"自知之明"。治学也是如此,曹丕在《典论·论文》中有这样的体会:"文以气为主,气之清浊有体,不可以力强而致。"他把"力"和"气"联系。为"气力"这样一个"有气有力"的整体,不能只有"力强"而有"力"无"气",做勉强的"力不从心"的事。我常说"尽人力,听天命",这不是消极的无所作为,而是首先一定要尽人力,要勉力而行。人自己能掌握自己命运的"运动",就是这种积极主观能动的创造性。勉力而行的"力行"实践精神,是一种人类文明交往自觉的大智慧。《礼记·中庸》即有"好学近乎知,力行近乎仁"的古训。量力而行，尽力而为，克服一切困难和不幸，一心做自己应做的事，无愧于自己的天职使命，这就是人生也有涯，而知也无涯；人力有限、天职使命重大的历史辩证法。

俄国两位文学大家的下列誓言，既作为结语，也作为书前语如下：

莱蒙托夫："时光在流逝，那是最好的时光。"

契诃夫："随着年龄的增长，生命的脉搏在我身上跳动得愈加有力。"

"不管狗怎么折腾，夏天过后还有冬天，青春过后还有衰老，幸福后面跟着不幸或是相反；人不可能一辈子都健康和欢乐。总会有什么不幸的事在等待着他，他不可能逃脱死亡。"

我的结论："根据自己的力量，完成自己的使命。"

第四编　文以载述道

一　答《历史教学问题》特约记者韩志斌问

（一）学术书路的缘起

韩志斌：彭先生，您曾经即兴赋诗"东坡无缘见海市，西人有幸执教鞭"。我认为作为"西人"的您与苏东坡确实有相似之处。您的著作与文章读起来飘逸不群、纵横奔放，具有诗、文、词的突出特点，您具有如此深厚的文字造诣与文学功底，却为什么步入史学这一领域，这与您的家庭背景有关系吗？

彭树智：我在高中时，国文学得较好，而且喜欢小说诗词，所以报考西北大学时，第一志愿报的是中文系。我之所以最终选择历史专业有以下原因：一是参加高考时，我的历史成绩优秀，考了100分。于是，西北大学历史系优先录取了我。西北大学学风朴实优良，为我进入历史的学术殿堂创造了条件。二是我青少年时代，中华大地内忧外患不断。我不止一次地问老师："为什么有着那么悠久文明的中国，到今天却一直打败仗，受人欺侮？"老师的回答并不能消除我心中的困惑。这个问题促使我不断思考，这就是我以后学习和研究历史的深层动因。三是家庭环境的影响。1931年10月，我出生在号称关中"白菜心"的陕西泾阳。作为石匠的祖父从河南淅川逃荒于陕西，由商县流转到咸阳，最后定居在泾阳。这种地域环境和移民传统养成了我平实谦和的性格和勤奋努力的气质，促使我有恒心与毅力进行历史研究。

韩志斌：20世纪50年代初的西北大学是与北京大学等高等学府齐名的教育部直属的全国十大综合院校之一，名师云集，由著名的历史学家侯外庐担任校长。在这种浓厚的学术氛围里，您的大学生涯一定充满很多乐趣吧。

彭树智：大学确实是人生非常重要的阶段，我曾经写过《大学乐》与《大学忆》，以追忆我大学时的乐趣。

《大学乐》

人生乐，
最乐是大学。
人文殿堂养人格，
科学宫觅生长点，
金色年华火红歌，
岁月莫蹉跎！

《大学忆》

往事多情趣。
求是楼中吟"三境"，
西树林下议"力取"，
周末常游古书肆，
学生大食堂开饭时，
乐奏骑兵曲！

上面两首诗蕴含着的三个典故，使我一生受益匪浅。

一是选准科研生长点。大学是科学之宫、学术之殿，有幸步入它，必须选好科研生长点。我记得当时的西北大学校长，马克思主义史学家和教育家侯外庐先生在谈到治学经验时，特别强调在大学时就要选好科研生长点。这对我影响很大，我把印度史确定为自己的生长点。我的大学毕业论文是《印度现代民族解放运动》，长达20万字，被评为优秀。经过半个多世纪以后，再回顾这段学史经历，我更加体会到：选择科研生长点是治史的关键一环，也是科学工作者的安身立命之地。有一个具有时代性和富于开拓性的科研生长点，有利于青年人勤奋而有目标地在这块基地上耕耘，使科学的种子生根、开花、结果。

二是以秦汉史见长的陈直教授曾告诉我关于王国维的"治学三境"。治学一境是"昨夜西风凋碧树，独上高楼，望尽天涯路"；治学二境是"衣带渐宽终不悔，为伊消得人憔悴"；治学三境是"众里寻他千百度，蓦然回首，那人却在灯火阑珊处"。这"三境"使我受用终身，愈老愈体味到它们给我治学带来的科学和艺术上美的享受。

三是坚持"力取"。有一次读赵翼的诗："少小学书未能圆，只道功夫半未全。到老方知非力取，三分人事七分天。"我觉得赵翼太轻视人的主观力量，于是在读书笔记上写下了"水滴石穿，绳锯木断，持之以恒，功效乃见"的话。后来，在治学中我才慢慢体验到主观与客观的辩证关系。

韩志斌：北京大学历史系的老师们大都是中国极负盛名的史学大家，我想他们对您的治学影响一定很大。请彭先生谈一下您在北京大学读研究生期间的学术心得与体会。

彭树智：北京大学的老师确实对我的影响很大。周一良老师为我打下了亚洲史、中国与亚洲各国关系史的深厚基础，季羡林老师和陈翰笙老师耳提面命，使我对印度近现代史的学习深入了一大步。这种教诲尤其体现在治学态度和方法上。例如周一良先生在看到我的大学毕业论文时，只是随意地扫了一眼题目，然后直翻最后一页！他说："这是要你学得扎实！我先要看你写论文究竟查了多少资料，谁的资料。资料要是不够的话，论文你写得再好我也不看！"老师的关爱和希望化为我不断努力的动力。我认为，师生情谊是人生最美好的情谊。我在研究生学习期间，我的亚洲史专业老师苏联援华专家瓦·巴·柯切托夫是一个治学严谨的人。他在看了我的第一篇专业论文《1857年印度反英大起义前夜的社会经济与阶级关系》俄文稿后，很是欣赏，鼓励我进一步修改。他用俄罗斯谚语说："奶酪好吃，但烤一下更好吃。"在研究生论文写作过程中，我得到了我的老师周一良、季羡林、陈翰笙诸先生的精心指导，受益良多。此后，我相继探讨了1857年印度起义、1905—1908年的印度独立运动、印度民族主义革命家提拉克、印度大资产阶级的形成，一直到甘地的独特思想体系，在这个有开拓性的生长点上，我完成了一系列的论文和著作，其中一些论文先后在《人民日报》《北京大学学报》《历史研究》《西北大学学报》等报刊上发表。

韩志斌：1957年您研究生毕业，回到西北大学任教，开始了五十多年的执教生涯。那时正值一个政治运动持续不断的年代，特别是"文革"期间，您是如何进行科学研究的？

彭树智：十年"文革"对我真是一段不寻常的经历。"文革"开始后，我这样考虑：业务虽然不能研究，但马列原著还是被鼓励学习的，何不从这些智慧之书中寻找一个新的科研生长点呢？于是自己着手拟定了一个开拓性的课题——研究10个国际共运史上有争议的人物。从此，即使是在开批判会或大游行时，在阵阵"万岁""打倒"声中我也不忘在怀里揣上一卷《马克思恩格斯全集》或《列宁全集》。在"文革"中，我系统地读完了60多本马列全集，写了大量的读书笔记。而"文革"后期和结束不久，我就连续出版了《叛徒考茨基》（1978）、《修正主义的鼻祖——伯恩斯坦》（1982）和《无政府主义之父巴枯宁》（1985）3本专著，共计100余万字。这几本书从恢复历史人物的本来面目出发，通过系统研究经典作家的直接论述，以及对时代性、创造性、复杂性和阶段性的探讨，锻炼了我寻找科学研究生长点的毅力。

虽然繁忙的政治运动、教学任务和家庭负担给自己带来了重重困难，但我并没有放弃科学研究，而是把教学同研究结合起来，在教学中寻找结合点。亚非拉民族主义思潮是民族解放运动的思想和理论表现，要深入下去，必须从民族觉醒追溯到民族自觉思想。这样，我形成了又一个学术研究生长点——民族解放运动史。20世纪80年代以来我先后完成了两部有关民族主义问题的专著，即《现代民族主义运动史》（1987）、《东方民族主义思潮》（1992）以及合著《第三世界的历史进程》（1999）。《东方民族主义思潮》是我比较满意的一本著作，它在1995年荣获教育部人文社会科学优秀成果二等奖，我认为这是对我研究工作的肯定。

（二）学问人生的智慧

韩志斌： 彭先生，十一届三中全会后，科学的春天降临祖国大地。您在继续研究印度史的同时，又开拓了民族主义运动思潮及中东史等新领域，您的科研进入创造和收获的高峰期。请您谈一下"现代民族主义运动史的理论体系"。

彭树智： 这主要体现在《现代民族主义运动史》（西北大学出版社1987年版）和《东方民族主义思潮》（西北大学出版社1992年版）两书中。前一部著作摆脱了"民族解放运动史"的模式，创立了民族主义思想体系、政治运动与改革运动三大部分相互联系的新体系。我用类型分析法归纳出民族主义运动的五种领导形态，即除以往肯定的无产阶级外，还有民族资产阶级、小资产阶级、爱国封建王公和部落酋长；并用大量篇幅论述了亚非拉各国的现代化改革运动，拓宽了民族主义运动史的研究领域。该书因方法论较新颖、内容和理论思维较深刻，受到国内学术界的好评。

我在《东方民族主义思潮》一书中，从东方政治文化的角度，集中探讨了东亚、南亚、东南亚及中东地区的民族主义思潮。我认为，从1905年开始，东方像西方一样也走向建立民族国家的历史趋势，最终在20世纪60年代建立了东方民族主义的国家体系。因此，东方民族主义的兴起是具有世界历史意义的现象。该书较为系统深入研究了东方民族主义思想体系的来源、内容和特点及其实践中的经验教训，我对一系列重大问题提出了自己的看法。

韩志斌： 彭先生，您取得的显著成就同您所主张的学风是分不开的。您曾经说："从求学治学的角度来看，勤奋是基础，严谨是要求，求实是原则，创新是方向。这种学风贯穿着三种基本精神：献身、科学和进取精神。"您能讲一下它的具体内涵吗？

彭树智： 首先，重视理论思维。我觉得从事历史科学的任何一个专业，都必须有历史哲学的理论修养。只有这样才能具备广博和深远的历史洞察力和判断力。这种洞察力表现在选择课题方面，即为科学的鉴赏力，也就是选择值得深入研究、具有发展前途的研究方向，对课题要具有严谨的选择力和冷静分析与辨别能力。

其次，注重整体分析。我认为历史研究的整体观既可反映古今事件和人物历史密不可分的实际状况，又可避免孤立、片面的错误。我在《从伊斯兰改革主义到阿拉伯民族主义》（《历史研究》1991年第3期）中，从全局纵览了伊斯兰改革主义与阿拉伯民族主义的关系。阿拉伯民族主义作为一种地区政治文化，在思想渊源上同伊斯兰改革主义相交融而生，在政治背景上应阿拉伯统一运动而发，在经济基础上伴随民族经济的成长而成长，在文化上随着现代化与传统的矛盾的发展而发展。近代伊斯兰改革主义构成阿拉伯民族主义的重要源头和出发点。整体的综合分析方法可以使研究全面、系统、立论深远。

再次，强调中外历史的结合。在《现代民族主义运动史》等书中，我用大量篇幅论述了中国民族主义与其他东方国家民族主义代表人物的相互联系和影响。我主编的《20世纪中东史》和《阿富汗史》都有专门章节论述与中国的关系。《孙中山与亚洲民族主义思潮》（《西北大学学报》1987年第2期）则把孙中山的民族主义在亚洲这一大环境中予以考察。认为孙中山作为三民主义思想体系的创立者，比之于同一时期亚洲其他民族主义思想家，具有更广阔的视野、更深刻的历史洞察力和"与时俱进"地追求真理和服从真理的进取精神。这一结论是在比较研究的基础上做出的，因而更具说服力。

最后，学习一切有用的理论和方法，包括西方的理论和方法。我在自己的研究工作中多次运用新方法。我用类型分析法按地域特征将两次大战之间的亚非拉改革运动分为中东地域型、北非地域型、拉美墨西哥型三种类型；将亚非拉民族主义思潮分为革命民主型、宗教道德哲学型、世俗改革型、综合型等类型进行了分析。我还用比较研究法分析东方各种民族主义思潮的不同特点；用层次分析法揭示了纳赛尔从埃及民族主义到阿拉伯民族主义再到阿拉伯社会主义层层深化的思想历程。在《20世纪中东史》等书中，我借鉴西方社会史的研究方法，增添了社会生活史等新内容。

韩志斌：20世纪90年代初，伴随世界整体化过程的加强和我国新时期改革开放政策的深入发展，您开始综合古代世界文明的发展来思考和研究人类社会的"历史交往"问题。1994年，您先后发表了三篇具有代表性的研究成果：《一个游牧民族的兴亡——古代塞人在中亚和南亚的历史交往》《阿富汗与古代东西方文化交往》和《伊朗和中国古代物质文明的西传》。请您谈谈对历史交往的理解。

彭树智：这些研究成果根据马克思主义的唯物史观，对"历史交往"的内涵、类型、形式、分期及其作用进行新的探索与归纳。我认为，"交往"是一个专门的历史哲学观念。所谓"交往"是人类主体之间的相互沟通、相互理解、相互交流和相互作用，它是人类存在的基本方式和发展的基本活动。它同人们对客体的物质生产活动共同组成了人类历史不可缺少的两个方面。同时，应把"交往"作为世界史横向发展的联系线索，把交往活动和生产活动的发展结合起来，把交往和文明综合观察，就会更全面地反映人类社会发展的客观面貌。交往本质上是文明交往，它既包括物质文明交往，也包括精神文明交往。物质文明交往，首先是人们在生产过程中的交往，这是精神文明交往的基础。从某种程度上说，人类历史就是一部不断打开闭塞状态，走向世界普遍联系的文明交往史。

《古代塞人在中亚和南亚的历史交往》一文，通过远古游牧民族塞人的兴亡过程，分析了人类历史交往的第一时期，即原始交往和自然经济农耕文明的传统交往时期，并进而引申出人类历史交往的五个发展时期。塞人的历史交往使它扮演了双重的历史角色：它既是早期游牧民族对农耕世界的侵袭者和劫掠者；又是这两个世界文化交流的使者和早期东西方交通的开拓者。塞人的活动是古代世界历史交往的一个缩影。

《阿富汗与古代东西方文化交往》《伊朗和中国古代物质文明的西传》二文，则以阿富汗和伊朗作为具体类型，从微观上进一步开掘了"历史交往"活动的形式和内容。例如后一篇文章中认为古代历史交往中，商业交往重于战争交往，并分析了中国传统医学是以自己的文化与特点在历史交往过程中走向世界的。

韩志斌：中东在政治地缘史上历来就是较为开放的地区。在人类社会由闭塞、分散走向开放、联系的文明化过程中，中东是变化最快的地区之一。中东地区是 20 世纪以来，特别是第二次世界大战以来国际关系中的一个持续性特征最突出的"热点"。您是如何从南亚研究转入中东研究领域的？请介绍一下您在中东研究方面所取得的代表性成果。

彭树智：早在 1958 年 7 月，伊拉克革命后，我仅用了三天时间，就写成一篇 12000 余字的激情文章——《略论阿拉伯民族解放斗争的新阶段》，发表在《人文杂志》上。1979 年，苏联军队入侵阿富汗震惊了世界。作为阿富汗邻邦的中国学者应当对此做出反应，而我过去在印度近现代史方面的积累为此奠定了良好的基础。不久，我就在《百科知识》（1980 年第 3 期）上发表了《1841 年阿富汗人民反对英国侵略者的斗争》一文，由此，步入了中东史研究领域。

1964 年，西北大学成立的中东研究所是我国最早成立的国际问题研究所之一，集中了一批掌握多种外语的人才，积累了大量的外文资料。同时，从 1982 年开始，我就注意培养中东史的硕士研究生，为未来中国的中东研究补充新生力量。经过精心准备，1986 年，经国家学位委员会批准，西北大学设立了"世界地区史、国别史（南亚中东史）"博士点。这是我国第一个中东研究的博士点，对于中国的中东研究和人才培养具有开创意义。

1987 年，我以历史系主任的身份兼任中东研究所所长。我选择有开拓性的课题，组织集体攻关，加强国内外学术联系，取得了一些成果。二十年来，中东研究所先后出版了由我主编的一系列中东史著作：《阿富汗史》（1993）、《伊斯兰教与中东现代化进程》（1997）。《阿拉伯国家简史》（1991）（2002 年改名为《阿拉伯国家史》），作为教育部确定的全国研究生教学用书第三次修订再版，并于 2000 年获得了国家级优秀教学成果二等奖；在 1990 年海湾危机和海湾战争后，又完成了面对广大青年的《中东国家和中东问题》（1991）；1992 年出版了《二十世纪中东史》，该书于 2001 年同样被列为教育部确定的全国研究生教学用书修订再版。

2000—2007年,商务印书馆陆续出版了我主编的《中东国家通史》。这是一部包括13卷本的中东地区国别史,共400多万字,每卷由一个国家或国家群所组成,包括《阿富汗卷》《沙特阿拉伯卷》《以色列卷》《伊拉克卷》《也门卷》《伊朗卷》《叙利亚和黎巴嫩卷》《土耳其卷》《埃及卷》《约旦卷》《巴勒斯坦卷》《塞浦路斯卷》和《海湾五国卷》。《中东国家通史》依照通史体例来把握中东地区的整体面貌,各卷自成一体,但又互为联系。各卷采用历史叙述方式,由古及今地阐明各国历史变迁的过程、特征和规律。同时,注重历史与现实之间的双向考察与反思,从现实出发,追溯历史,再从历史高度审视现实,从而达到"观照现实"与"反思历史"的一致性。各卷对各国的社会、政治、军事、经济、教育、学术、艺术、科技、地缘环境等方面进行了全方位、多层次的扫描,并以专章探讨了相关国家与中国的关系。该书可以说是我应用文明交往史观分析中东史的深入探索,尤其是在"卷首叙意"和每卷的"后记"中,着重阐明了这一点。《中东国家通史》是西北大学"211"工程的标志性成果,也是第一部由中国学者撰写的中东国家和地区的通史性著作。

(三) 从文明交往到文明自觉

韩志斌: 20世纪90年代以来,您以一位史学家的睿智,敏锐地意识到交往理论的前沿性和交叉性,率先探索用文明的维度思考交往,用交往的视角研究文明,发表了一系列见解独到的论文与专著,创造性地提出了"文明交往"这一概念。您为什么从"历史交往"的思考转向"文明交往"的思考?

彭树智: 当代世界史学者吴于廑先生曾把生产力和社会交往称为"世界历史纵向发展和横向发展"的两大动力。我也是从那时起,较为系统地阅读了《德意志意识形态》《共产党宣言》和经典作家有关生产力和交往的其他论著。我想,从人类文明交往这个理论角度研究世界史,也许更能反映经典作家所说的历史转变为世界史的"世界历史性"。我之所以强调交往在文明史中的地位,是因为交往在人类文明生成和演进中起着决定性作用。此后，我在世界史、中东史、东西方文明关系史的探讨中，形成并检验了我的文明交往论，也结合当代世界各种文明交往关系，思考文明对话在交往互动规律中的作用问题。我也研究了一些文明、文化理论和文明史著作，感到许多作者对"文明交往"问题有不同程度的忽视。伊朗前总统哈塔米有"不同文明之间对话"的倡议并得到联合国的认同。这也说明了文明对话是消除对抗冲突、破除隔阂壁垒和走向国内和谐、国际和平的必由之路。在《中东国家通史·伊朗卷》编后记中，我用下面的话作为结语："对话浪潮是大势所趋。21世纪文明交往的新时代曙光已经出现了。"

韩志斌：文明交往是世界各民族之间最常见和影响最深远的历史交往形式，也是最早、最深层面的历史活动。您曾经写道："文明的生命在交往，交往的价值在文明。文明的真谛在于文明所包含的人文精神本质。"那么文明交往的具体内容是什么？

彭树智：人类文明交往的基础是生产实践活动，而生产实践活动的前提是人类的社会交往，这种人同自然的双重交往关系，是建立人类文明社会的根本；人类文明交往由低级向高级演进，由野蛮状态向文明化上升，使人类历史由地域的、民族的、国家的交往，走向世界性的普遍交往，使历史从分散逐步转变为整体的世界或全球历史；人类文明交往的基本内容是物质文明、精神文明、制度文明和生态文明，贯穿于四大文明交往的过程是人与人、人与自然之间的主体—客体—主体多向联系的本质统一；人类文明交往因社会历史状况错综复杂而表现为多种多样，大致而言，和平与暴力是两种基本的交往形式；人类文明交往有以下重要因素：主体和客观、交通和科技、民族和国家、利益和正义；人类文明交往的基本属性是：实践性、互动性、开放性、多样性、迁徙性；人类文明交往的链条为七对环节：挑战与应战、冲突与整合、有序与无序、外化与内化、现代与传统、全球与本土、人类与自然；人类文明交往发展的总特点是：由自发走向自觉，由自在走向自为，由情绪化走向理智化，由必然走向自由，由对立、对抗走向对话、合作；人类文明追求的目标是人与人、人与自然、国家与国家之间和睦、和谐、平等、互利，是对自己文明的自尊、欣赏和对异己文明的尊重、宽容，乃至欣赏，是抱着爱其所同、敬其所异的广阔胸怀和对人类共同美好理想的追求。

韩志斌： 彭先生，纵览您的学路人生，我发现您始终处于理论与学术的思考中，可以说您的学术生长点处于不断地扩大与延伸中，从印度民族主义—阿拉伯民族主义—东方民族主义—历史交往，以至文明交往。您最近又提出"文明自觉"的理念，后者提出的背景是什么，文明交往与文明自觉有什么联系？

彭树智： 我从文明交往深化为文明自觉是基于一种信念：我相信人类发展思维逻辑在实践与理论结合中可以自由、自觉地交流各自的文明创造。人类发展思维这一文明自觉理念可以理解为人类文明交往的互动规律。具体说，在《阿拉伯国家史》的修订过程中，我探讨了20世纪阿拉伯世界与外部文明在交往方面涌现的人文社会科学清新潮流。对文明交往的新现象有如下思考：这是一股和阿拉伯世界内部相辉映的、有深厚文史哲根基并汲取西方文明的侨民文化；它的代表人物是美籍巴勒斯坦裔文化学者爱德华·萨义德，他在《东方学》著作中澄清了欧美式的"东方主义"迷雾，以远见和客观视野评价了阿拉伯和中东问题；另外两位代表人物是美籍黎巴嫩裔历史学家菲利普·K. 希提和美籍黎巴嫩裔文学家纪伯伦，前者的名著《阿拉伯通史》和《叙利亚简史》反映了不同文明交往的深度，把史学的通识和通变建立在丰富资料的基础之上，堪称"侨民史学"的代表作；后者融东西方文学思想，并用阿拉伯语与英语写作诗文的"纪伯伦风格"而开创一代新风，其代表作《先知》被冰心赞誉为"满含东方气息的超妙哲理和美丽文辞"，可与泰戈尔的名作相媲美。萨义德关心伊斯兰文明的发展，然而他和印度诺贝尔文学奖得主奈保尔一样，对自己本民族文明的前途不持乐观态度。伊斯兰文明的复兴力量，从根本上说，是民族内部的经济发展程度，自然这后面还有更深远的历史道理。文明交往的自觉性，是古老文明复兴的精神力量。可见，一种文明的生命力最根本最关键在于内在生长"定力"和适应新生存环境变化而复兴和创造新文化的交往力。总之，阿拉伯国家史的修订使我从文明交往的思考进入了文明交往自觉的思考；这种思考也和《二十世纪中东史》《中东国家通史》编写过程结合在一起，使我从中东历史变动中深深感到，文明交往的真谛在于人类人文精神和人文理性的自觉。

在《中东国家通史·卷首叙意》中，我提出了"文明交往论是文明自觉论"的命题。人类文明的自觉，不仅在文明交往过程中提升，而且文明自觉实质上就是文明交往的自觉，是人类交往的文明化。这种自觉，是人类用自身的精神觉醒观察世界历史，是人类用自身的文明开启蒙昧和野蛮，是追寻人类文明交往中的盛衰与复兴，是人类在文明交往中不断摆脱新的枷锁而获得思想解放，是人类在实践中提高社会进步和文明程度的升华。

韩志斌：文明自觉论可称之为文明交往自觉论，文明自觉是以文化思想自觉为核心、以文明交往自觉活动为主线的人类创造历史的实践活动。您将其要点简略概括为九个方面，它们具体包括哪些内容？

彭树智：一个中轴律：人类文明交往互动规律。认识和把握交往互动律的自觉性表现为：在深刻的矛盾对立中把握文明交往互动，把对抗、冲突和共处、同进统一于历史选择的相融点上，使之在这个中轴律上自觉运转。

两类经纬线：人类文明交往互动的经线为相同文明之内的相互融合；纬线为不同文明之间的相互交流。人类文明交往互动的内外关系促使研究者在普遍联系中确立用以把握世界历史的理论体系，回答全球文明化的整体性、联系性、依存性与制约性问题，从而获得自觉。

三角形主题：人类文明交往互动围绕着人与自然、人与社会和人与自我身心这三大主题的三角形路线进行。三角形的底线为人与自然之间的交往互动，两个边线为人与社会和人与自我身心之间的交往互动。

四边形层面：人类文明交往包括物质文明、精神文明、制度文明和生态文明这四个主要层面。人类历史虽然像自然界一样运行，其实质都服从交往互动规律，只不过是人类有自觉的意识在起作用，而这正是文明自觉最关键之处。

五种社会文明交往形态：人类文明交往史上有五种社会交往形态：社会结构、社会制度、社会关系、社会意识和社会生活。对社会性考察越细致入微，也就可以从中全面认识文明交往的具体特征，从而取得史学本体的进步和获得学术的自觉。

六条交往力网络：人类文明交往的驱动力是与生产力相互伴随的交往力，二者又是历史传统的积累和现实驱动的创造力。交往力既见之于物质，也体现于精神。这六条交往力是：精神觉醒力、思想启蒙力、信仰穿透力、经贸沟通力、政治权制力、科技推进力。这六种交往力所互动的合力形成了人类文明交往自觉的壮丽风采和恢宏气象。

七对交往概念：即传承与传播、善择与择善、了解与理解、对话与对抗、冲突与和解、包容与排斥、适度与极端。了解与理解属不同的递进阶段，而尊重对方是关键；对话与对抗、冲突与和解、包容与排斥之间，都有对立与转化联系；适度是文明交往自觉性的尺度，而极端为文明交往所应预防的危险倾向。

八项变化：人类文明交往是变动化的实践活动。其要义有八：教化、涵化、内化、外化、同化、转化、异化、人化。所有这八项变化是因文明自觉程度而决定其深化程度。

九何而问：人类文明交往的自觉在于问题意识的引导，它引导人们自觉地发现、提出、分析、解决问题。这些问题可归纳为"九何"：何时？何地？何人？何事？何故？何果？何类？何向？何为？

韩志斌：彭先生，最后请您为我们学界同人提几点希望，作为我们访谈的结束语。谢谢您接受我的访谈。

彭树智：总之，全球化时代的文明交往和文明自觉，具有十分丰富的内容和宽广的研究空间，有待我们进一步探讨。面临这个新课题，引发我们思考全球交往文明化的新表象、全球化趋势与民族文化建构和交往文明化语境下的历史观等人类文明自觉论的问题。科学不是宗教信仰，它不但允许怀疑，允许质疑，而且认为以求真的科学精神所导引的质疑是任何科学理论成熟的必由之路。怀疑精神是科学理论长途跋涉中由一个驿站到另一个驿站的动力。科学理论不讳言问题，因为下一程起步是由新问题起步的。问题意识是学术研究的自觉意识，是开放的学术思维方式。

由文明交往论到文明自觉论，仅仅是从理论层面讨论的开始。我希望学界同行的更多参与，以提高学术的自觉性。

（原文题目为《从文明交往到文明自觉——访彭树智教授》，载《历史教学问题》2009年第2期，收录时有改动）

二 答《中东问题研究》编辑闫伟问

（一）书路崎岖觅机缘

闫 伟：彭先生，您在世界史领域成就卓越，同时您的文学造诣深厚，文笔达雅，常常喻文于诗。您是如何走上历史研究的道路？求学期间的经历如何影响了您后来的研究？您早年的家庭和社会环境对您的研究产生了什么影响？

彭树智：我于1931年出生在陕西泾阳。泾阳位于富饶的泾惠渠灌区，干渠与支渠纵横交错，因盛产棉粮，也被称为关中的"白菜心"。我们家早年很穷苦。祖父从河南淅川逃荒到陕西，再由商县（今商洛市商州区）到咸阳，最后定居泾阳；外祖父则是从湖北逃荒而来。也许这种地域环境和移民传统给我留下了平实谦和的性格和勤奋努力的气质。

我的青少年时代，祖国大地备受列强蹂躏。我不止一次问老师："为什么有着那么悠久文明的中华大国，到今天却一直打败仗，受外敌凌辱？"老师的回答并不能消除我心中的困惑。这个问题促使我不断思考，这就是我以后学习和研究历史的动因。我在高中时，国文学得特别好，而且喜欢诗词，所以报考西北大学时，第一志愿报的是中文系。但是，我的历史成绩得了满分。于是，西北大学历史系优先录取了我。

20世纪50年代的西北大学由马克思主义历史学家侯外庐先生担任校长，名师汇聚、学风浓郁。当时，西北大学是与北京大学等高校齐名的教育部直属的全国十大综合院校之一。学校条件艰苦，教室都是旧平房，冬天没有暖炉。更严峻的是，家境困难使我不得不在全国各种报刊上拼命发表文章，小说、报道、书评、影评……什么都写。起初还有些困难，到了后来，就是写一篇发一篇；再后来，就不断有编辑、记者专门到学校约稿。通过大量写稿，一则达到了练笔的效果，为后来著书作文打下了写作基础；二则解决了生活危机，最终得以完成学业。大学阶段有三点学习体会。

一是培养科研生长点。大学是科学之宫、学术之殿，有幸步入它，必须选好科研生长点。我记得侯外庐先生在谈到治学经验时，特别强调在大学时就要选好科研生长点。这对我影响很大。章太炎是一位中国近代文史学术的承前启后者，他用历史发展观、现代史和民族主义观，把古代与现代中国史学衔接起来。我读《民报》上章太炎同印度革命志士的交往史事，选择印度近现代史这个有开拓性的领域，作为本科毕业论文，具体着手处是印度民族独立运动史。做这个题目费去了我大学三、四年级的大部分时间，写成了20万字的一本厚厚的稿本。经过半个多世纪，再回顾这段求学经历，我更加体会到：选择科研生长点是为学治史的关键一环，是科学工作者的安身立命之地。有一个具有时代性和富于开拓性的科研生长点，有利于青年人勤奋而有目标地在这块基地上耕耘，从而使学术生命的种子生根、开花、结果。

二是以秦汉史见长的陈直老师曾告诉我关于王国维的"治学三境"说。治学一境是"昨夜西风凋碧树，独上高楼，望尽天涯路"；治学二境是"衣带渐宽终不悔，为伊消得人憔悴"；治学三境是"众里寻他千百度，蓦然回首，那人却在灯火阑珊处"。这"三境"使我受用终身，愈老愈体味到它们给我诗意治学道路带来的科学和艺术上真善美的享受。

三是追求学术自觉，迎艰克难。有一次读清代学者赵翼的诗："少小学书苦难圆，只道功夫半未全。到老方知非力取，三分人事七分天。"我觉得赵翼这种人事天道"三七开"的观点太轻视人的主观力量，于是在读书笔记上写下了"水滴石穿，绳锯木断，持之以恒，功效必见"的话。后来，在治学中我才慢慢体验到主观能动性与客观的辩证关系。

闫　伟：众所周知，您是国内著名的中东史专家，但您在南亚史、民族主义运动史和国际共运史领域同样有着重要的建树。您为何选取这些领域作为研究对象，并且最终将中东史作为学术研究的重点，这与当时的国内外环境具有哪些联系？

彭树智：1954年，我带着本科毕业论文见我的导师周一良先生。周先生同意我的研究方向，还把它介绍给了季羡林先生。在北大攻读研究生期间，我利用一切时间进行科学研究。当时3个人一屋，白天读书，想问题，可以边读边记。但是到了晚上，躺在床上，忽然想起了要记的问题，记吧，要拉开电灯，会影响同屋学兄的休息；不记吧，许多稍纵即逝的思想火花，第二天又想不起来，怅然若失。后来我想了个办法，用讲义夹夹上纸张，夹旁用线绑上铅笔，放在枕边。一想起要记的问题，就摸黑用铅笔记下要点，虽然第二天看那些歪扭甚至重叠的字，但仍能整理成笔记而不至于忘记。在北大求学期间，我没有回过一次家，也没有游览过北京的名胜。

后来，我们北京大学四位亚洲史研究生到东北师范大学随苏联专家柯切托夫学习远东和东南亚近现代史。当时正逢1857年印度起义一百周年纪念。柯切托夫老师看了我发表在《人民日报》5月10日的《1857年印度人民起义的历史意义》一文后，有所嘉许，指导我写作《1857年印度反英大起义前夜的社会经济与阶级关系》论文，并鼓励我多加修改。他说："奶酪好吃，但烤一下更好吃。"此后，我相继研究了1905—1908年的印度独立运动、1946年海军起义、印度民族主义革命家提拉克、印度大资产阶级的形成，一直到甘地的独特思想体系。在这个有开拓性的生长点上，我完成了一系列的论文和著作，一些论文先后在《历史教学》《历史研究》《北京大学学报》等刊物上发表。

1957年，我研究生毕业，回到西北大学任教，开始了近六十年的执教生涯。那是一个政治运动持续不断的年代。虽然频繁的政治运动、繁忙的教学任务和家庭负担给自己带来了重重困难，但我并没有放弃科学研究，而是把教学同研究结合起来，在教学中寻找结合点。

我坚信一个治学信念:"真理是需要在争辩中明朗和完善,在实践中检验和证实的,而不是靠权力压服的。"几年下来,我形成了又一个科研生长点——民族解放运动史。我针对"1924—1927年亚非民族解放运动低落"的传统说法,针锋相对地提出了这一时期民族运动"持续高涨"、东方并非世界革命配角的观点。改革开放以来,这一观点已被许多世界现代史教材所采纳。在这一研究基础上,20世纪80年代以来我先后完成了三部有关亚洲、非洲和拉丁美洲民族解放运动的专著:《现代民族主义运动史》(西北大学出版社1987年版)和《东方民族主义思潮》(西北大学出版社1992年版,人民出版社2013年再版),后来又与博士研究生合著《第三世界的历史进程》(中国青年出版社1999年版)。其中,《东方民族主义思潮》于1995年荣获教育部人文社会科学优秀成果二等奖。这也是对我研究工作的肯定。

十年"文革"对我而言,真是一段不寻常的人生经历。此前,虽然政治运动不断冲击业务,但学校还未停课"闹革命"。而在"文革"这场空前的大灾难中,学校不成其为学校,哪有可能从事研究。就个人而言,我在"文革"前已经受到了"关注"。1960年,我受到批判,被剥夺了反驳和讲课的权利。"文革"开始后,我在起初的一段时间,惊恐、茫然,后来也和大多数教师一样,无可奈何地顺乎自然。但是有一个念头总是时隐时现:难道就这样随波逐流让时光白白逝去?总得给人间留点文字成果吧!我当时有这样的考虑:业务虽然不能研究,但马列原著还是鼓励学习的,为何不从这些智慧之书中寻找一个新的科研生长点呢?于是,我拟定了一个开拓性的课题——研究十个国际共运史上有争议的人物。

迷惑状态向不惑状态转化了,怨悔之心变为决心而付诸行动。目的明确了,我针对研究课题开始一本本地读《马克思恩格斯全集》和《列宁全集》,一边读一边做笔记。从此,即便在开批判会或大游行时,在阵阵打倒声中我也不忘在怀里揣上一本马列著作。这"革命味"十足的行为甚至引起了红卫兵们的注意,他们夸道:"看,彭老师学马列多认真啊!"其实,他们不知道在最困难的时期,我在新的科研生长点上播种生根。有了新的生长点，兴趣油然而生、理念历久弥坚。在那惊恐慌乱而蹉跎的岁月，我竟然系统地读完了《马克思恩格斯全集》和《列宁全集》，并在"文革"后期出版了《叛徒考茨基》（陕西人民出版社1972年第一版，1975年再版）。接着又出版了《修正主义的鼻祖——伯恩施坦》（陕西人民出版社1982年版）和《无政府主义之父巴枯宁》（陕西人民出版社1988年版）两本专著。这几本书，共计一百余万字，从恢复历史人物的本来面目出发，通过研究经典作家的直接论述，以及对时代性、创造性、复杂性和阶段性的探讨，提出了较为客观的评价，但也留下了深深的时代印记。后来我曾经开玩笑说，自己当了几年国际共运史战线上的"游击兵"。这段独特的经历锻炼了我的理论思维能力和寻找科学研究生长点的毅力。

"文革"结束后，我开始转向中东史的研究。实际上，早在1958年7月，伊拉克革命爆发时，我就接触到了中东研究。当时血气方刚的我仅用了三天时间，就一气呵成一篇一万两千余字的文章——《略论阿拉伯民族解放斗争的新阶段》，在《人文杂志》上发表。但是，我真正转向中东研究，却是在21年后。

1979年，苏联军队入侵阿富汗的隆隆坦克声震惊了世界。作为阿富汗的邻国，中国的学者应当对此做出反应，而我过去在印度近现代史方面的积累也为此奠定了良好的基础。不久，我就在《百科知识》1980年第3期上发表了《1841年阿富汗人民反对英国侵略者的斗争》一文，由此步入了中东史研究领域。

我敏感地意识到，这是一个学术契机。我从中东现实乱局中发现，中东是一个有待开拓的新研究领域。于是，我当机立断：一定要啃下这块硬骨头！我从两个方面着手，一是展开对阿富汗近现代史的研究，二是结合当时世界现代史教学的需要，对土耳其民族解放运动的领导人凯末尔的思想深入挖掘，其结果是1980年提交给世界现代史研究会年会的论文《凯末尔和凯末尔主义》，后来发表于《历史研究》1981年第5期。西北大学有一个有利条件，就是1964年成立的中东研究所（原名伊斯兰教研究所）是我国最早成立的国际问题研究所之一，集中了一批掌握多种外语的人才，积累了大量的外文资料。同时，从1982年开始，我就注意培养中东史的研究生，为未来中国的中东研究补充新生力量。1986年，国家学位委员会批准在西北大学设立"世界地区史、国别史（南亚中东史）"博士点，这是我国第一个中东研究的博士点，对于中国的中东学科建设具有开创性意义。

（二）文明交往树新枝

闫　伟：您在世界民族民主运动研究领域做了大量开创性的工作。您如何评价您在这些领域研究中理论、观点和方法等方面的贡献。

彭树智：我认为，史学家研究历史，要在动荡激烈的社会中考察变革社会变革演进过程，在变革演进中探求社会发展的规律，在统一体中分析多样性，把世界史看成"和而不同"的整体。我在民族民主运动方面的思考结果有如下几方面：

其一，在世界现代史教学中，我把1924—1927年的亚非民族解放运动及其与中国大革命的联系作为重点。我的基本方法是历史比较，把欧美国家、日本的无产阶级革命运动与亚非拉民族解放运动发展的历史轨迹进行比较，结果发现：在1917—1924年，这两大运动是同步发展的，都处于高潮；但在1924—1927年，欧美和日本的无产阶级革命运动处于低潮，而亚非拉民族解放运动却持续高涨，并采取了武装斗争与国内革命战争的形式，社会主义政党在不少国家领导了运动，尤其是中国。

其二，20世纪80年代中期，我进一步通过类型分析的方法，探讨了两次世界大战之间亚非拉的民族民主运动，在《世界历史》上发表了论文《两次世界大战之间亚非拉民族民主运动的类型分析》（1987年第3期）。我在文中提出，自从20世纪初亚洲觉醒以来，实现民族、民主的双重任务是亚非拉国家共同的时代使命。因此，应当用"亚非拉民族民主运动"来代替在我国沿用苏联模式而叫了30余年的"民族解放运动"。1987年，我提出的"亚非拉民族民主运动"

提法为教育部所采纳，取代了原有学科目录中的"民族解放运动史"的提法。

其三，两次世界大战之间民族民主运动的领导力量，呈现为五种类型：以中国为代表的无产阶级领导的新民主主义革命，以土耳其为代表的民族资产阶级领导的凯末尔革命，以尼加拉瓜为代表的小资产阶级桑地诺领导的抗美独立战争，以阿富汗为代表的爱国封建主领导的独立战争，以摩洛哥为代表的里夫部落酋长领导的独立战争。我在1999年出版的《第三世界的历史进程》一书中增加了一个类型，即宗教人士领导的民族民主运动，如刚果的西蒙基班古领导的"黑人基督"王国运动。

其四，东方国家地域辽阔、民族众多，社会、政治、经济和文化都发展不平衡。同时，在进行历史的、具体的考察中，不同地区的特点又反映了许多同一性。这一时期亚非拉地区的现代化改革，可以从地域性特征的角度划分为三大类型，即土耳其、阿富汗、伊朗和沙特阿拉伯的中东类型，其中前三国的共同特征表现在现代化是以世俗化为中心的改革运动；埃及、摩洛哥和埃塞俄比亚的北非类型，这三国均在缺乏和平的国内外环境的情况下进行了巩固国家主权、推进社会政治发展的改革；墨西哥的拉丁美洲类型，具有深入性和民主性的特点。

其五，亚非拉民族主义思潮是一种反对殖民主义，反对帝国主义，争取建立独立的民族国家和发展民族经济的进步思潮。两次世界大战之间亚非拉的民族主义思潮可以区分为三大类型，即孙中山的革命民主型、甘地的宗教道德型和凯末尔的世俗改革型。《第三世界的历史进程》一书将其他重要的民族主义思潮如苏加诺的平衡综合型民族主义、胡斯里的阿拉伯民族型民族主义、杜波依斯的泛非型民族主义和拉丁美洲的大陆民族型民族主义列入其中，共包括了七个类型。总之，两次世界大战之间亚洲、非洲和拉丁美洲这些复杂性和整体性的发展，集中表现了承上启下的转折阶段的历史性特征。

我在《东方民族主义思潮》一书中，以地域为框架，以代表人物为线索，从政治文化的角度对东方民族主义思潮进行探讨。该书的主要特点是：从民族主义与东方政治文化的交会点上考察思潮，指出民族主义思潮也是盛行的政治信仰、情感、思维方式和价值观，是 20 世纪东方政治文化的重要组成部分；在世界历史范围中考察东方民族主义思潮的意义，指出东方民族主义及其构建的东方民族国家体系构成 20 世纪世界三大思潮和国家体系之一；从传统和现代化的关系上探讨东方各种民族主义在理论与实践上的得失；从分析思潮矛盾入手，发掘深层的理论内涵；在方法论上除继续运用整体研究之外，大量使用了比较方法。该书于 2005 年获得教育部颁发的人文社会科学优秀成果二等奖。

闫　伟：您在中东史研究方面的成果已成为该领域的奠基之作，请您介绍代表性成果的主要观点、研究特色以及研究心得。

彭树智：回顾书路旅途，呈现在眼前的首先是有关中东地区一长串系列书文目录。这不同类型的书文，象征着个体学术生命和群体学术生命一路远行的路标。其中，主要的成果就是两本全国研究生教学用书，即《阿拉伯国家史》（高等教育出版社 2002 年版）和《二十世纪中东史》（高等教育出版社 2002 年版），以及十三卷《中东国家通史》（商务印书馆 2000—2007 年版）和《中东史》（人民出版社 2010 年版）。这些成果前后相继，基本上体现了我对中东史研究的学术路径。

《阿拉伯国家史》是一本中东阿拉伯地区通史，它在史学观上是以文明交往论为核心理论，通过研究阿拉伯民族从古到今的历史进程，反映阿拉伯世界的形成，并从中探讨其发展轨迹、特点和规律性。具体来说，书中贯穿了三种观点：第一，全局与局部结合，即从阿拉伯世界的全局考察该地区各国的社会历史进程，同时又以各国的特殊运动风貌丰富阿拉伯世界的历史内容。第二，纵向发展与横向发展相结合，即以阿拉伯世界各国由原始社会、奴隶社会、封建社会、殖民地半殖民地社会和资本主义社会的发展为经线，以阿拉伯世界各地区（北非、阿拉伯半岛、新月地带）及各国之间政治、经济、文化的联系和交往为纬线，纵横结合，经纬交织。第三，整体性和特殊性相结合，既力图反映今日整体的阿拉伯世界的全貌，又反映在形成、发展进程中各阶段的特殊性。

《二十世纪中东史》是一部中东地区断代史。该书采用新的"世纪地区史"的框架,从整体上看待中东地区,运用整体观和联系观解剖中东地区20世纪社会变化的横断面。此外,该书将20世纪的中东史划分为战前、战后两大时期,以及中东的觉醒、两次世界大战之间、第二次世界大战时期、"二战"后初期、动荡时期和中东面临新挑战时期等六个小阶段。另外也运用了类型方法,分析了民族独立运动中的世俗化与政教合一,现代化改革的世俗化与非世俗化,以及战后政治中的共和制与君主制等不同类型。同时,该书注重探讨中东地区民族国家体系的形成,这是20世纪重要的历史性现象。最后,还深入研究了中东的社会变革和社会生活。这本书分析了深层面的社会生活,涉及人口、家庭、城市、妇女、建筑、衣食住行、婚丧嫁娶、节日风尚、文体娱乐,特别是价值观念等层面,从而把社会生活史回归给历史,全方位、多层次地提供了一个20世纪中东社会演变的全景图。

长期以来,在我国图书馆书架上,没有我国学者撰写的中东国家通史。从1987年开始,我就着手组织人力,于1993年出版了《阿富汗史》。在此基础上,2000—2007年,商务印书馆陆续出版了我主编的《中东国家通史》。这是一部包括十三卷本的中东地区国别史,共400多万字,每卷由一个国家或国家群组成,包括《阿富汗卷》《沙特阿拉伯卷》《以色列卷》《伊拉克卷》《也门卷》《伊朗卷》《叙利亚和黎巴嫩卷》《土耳其卷》《埃及卷》《约旦卷》《巴勒斯坦卷》《塞浦路斯卷》和《海湾五国卷》。《中东国家通史》依照通史体例来把握中东地区的整体面貌,各卷自成一体,但又互为联系。各卷采用历史叙述方式,由古及今地阐明各国历史变迁的过程、特征和规律。同时,注重历史与现实之间的双向考察与反思,从现实出发,追溯历史,再从历史高度审视现实,从而达到"观照现实"与"反思历史"的一致性。各卷对各国的社会、政治、军事、经济、教育、学术、艺术、科技、地缘环境等方面进行了全方位、多层次的扫描,并以专章探讨了相关国家与中国的关系。这本书可以说是我运用文明交往观分析历史的深入探索，尤其是在"卷首叙意"和每卷的"后记"中，着重阐明了这一点。《中东国家通史》是西北大学"211"工程的标志性成果，也是第一部由中国学者撰写的中东各国的通史性著作。2009年，这套丛书获得教育部人文社会科学研究优秀成果二等奖。

值得一提的是人民出版社2010年出版的《中东史》，是一部中东地区通史，它既是对前面成果的继承传承、借鉴和总结，也贯通着近年来我对文明交往论的思考。该书的特色主要有如下几方面。第一，以"大历史"的视角审视"中东史"，从中东史反思"大历史"。"大历史"是自然史与人类史，两者相互制约。中东的地理和自然特点决定了中东人的物质生产活动、社会结构形态以及政治、精神的生活方式。同时，中东地区处于亚欧非的交界处，此种地理环境极易受外来文化的影响。第二，《中东史》实际上是一部中东地区的文明交往史，是从人类不同文明之间和相同文明之间的交往历史逻辑阐述中东的历史。把中东史和人类文明兴衰紧密联系在一起，用历史体悟借鉴现实实践，其中所遵循的是文明交往到文明自觉的思想轨迹。第三，"世界史"是衡量中东地区最主要的尺度之一。在人类文明交往进入世界性的普遍交往过程中，中东地区被卷入世界资本主义和殖民体系，中东的近代史就是民族主义思潮、民族主义运动和民族独立国家的建立过程。中东的当代史时期，是殖民体系崩溃、民族独立国家体系形成和现代化的文明交往历史的新时期。

我深感对于中东史的研究首先要回归史学本体，也要具有问题意识。史学研究没有史料、史实不行，掌握典型材料、基本史实永远是史学研究的起点和基础。但是史学研究必须有问题，问题是研究的先导，无问题就陷入史料与史实的海洋之中。从丰富史料研究中提炼文明交往的实质与规律性问题是研究中东史的路径。史实为基，史论为魂，史趣为美，集三者之大成为一个历史整体形态，最为理想。

研究中东史要追溯历史，审视现实，关注未来。历史—现实—将来是一个整体，三者有密切的联系。贯穿三者的中枢是理论思维。人类文明交往的治史之思，在于对热点地区、热点问题持具体而细致的冷思考，在于把历史经验与现状发展的深度结合起来，在回顾与前瞻的历史思绪中寻找答案。

最后，从文明交往研究世界史有助于创建中国化的世界史与历史研究的学术个性。历史上不存在一个超越国别民族性史学的"普世立场"。启蒙神话中的"世界史学"，当今的"全球史学"和"文化形态史学"中都包含着西方中心主义的霸权思想因素。然而，历史学者却一直在追求世界史、全球史的探索。中东这个"东西方之间"的枢纽地区历史的系列研究，它的多种文明交往历史轨迹和现实的乱局，都在启示着我对人类文明交往规律的思考。"交往"，在哲学上就是"联系"；在经济、政治、社会意义上就是"关系"。"交往""联系""关系"等历史哲学观念之所以重要，就是因为它们从"跨文化""跨文明"的互动"公共空间"来研究世界历史问题。尽管弱势文明国家势单力薄，但也在某种程度上参与构建世界文明。总之，中东学科的理论体系与学术框架在于文明的交往与比较。交往比较之中有多样性统一，会产生相互作用形态的、互动的世界史新结构。

闫　伟：您在世界史尤其是中东史研究的基础上，创造性地提出了文明交往理论，出版了《文明交往论》《书路鸿踪录》和《松榆斋百记》等一系列相关论著，在我国世界史学界产生了重大影响。文明交往论也被视为中国世界史研究理论体系的三大史观之一和"中国世界史学界20多年来的进步和成熟的标志"①。请问是什么原因促使您探索这一新的领域？

彭树智：早在1986年讨论《世界史》（六卷本）教材编写时，吴于廑先生先把生产力和社会交往称之为"世界历史纵向发展和横向发展"，他最早提出马克思和恩格斯关于生产力和交往问题的论述对研究世界史的意义。我也是从那时起，多次阅读了《德意志意识形态》《自然辩证法》和《历史学笔记》等著作。我体会到，马克思、恩格斯正是从"一切冲突，都根源于生产力和交往形式之间的矛盾"出发，从历史转变为世界历史的高度，阐明了唯物史观。

---

① 李学勤、王斯德主编：《中国高校哲学社会科学发展报告（1978—2008）》，广西师范大学出版社2008年版，第272页。

于是，我先考虑人类文明史，接着考虑文明交往史。我想，从这个理论角度研究世界史也许更能反映经典作家所说的世界史的"世界历史性"。因为"世界历史性"表达的是"全球化"的实质内容，其根本特征是"以生产力的普遍发展和与此相联系的世界交往为前提的"。我之所以强调交往在文明史中的地位，是因为交往在人类文明生成和演进中起着决定性作用。例如，"在某一地方创造出来的生产力，特别是发明，在往后的发展中是否失传，完全取决于交往扩展情况"，而"只有当交往成为世界交往并且以大工业为基础的时候，只有当一切民族都卷入竞争的时候，保存已创造出来的生产力才有了保证"。其实，生产力是人与自然、人与社会的交往互动作用，也属于广义上的交往活动，也是人类物质、精神、制度、生态文明的交往范围。此后，我在世界史、中东史、东西方文明关系史的探讨中，形成并检验了我的文明交往论，也结合当代世界各种文明交往关系，思考文明对话在互动交往规律中的作用问题。

我也研究了一些文明、文化理论和文明史著作，感到许多作者对"文明交往"问题有不同程度的忽视。即使谈"交往行为理论"的哈贝马斯，也只强调语言而忽视社会生产和交往在塑造社会结构、社会制度、社会关系、社会意识和社会生活等五个形态上的决定性作用，他只注意某个社会内部主体间的对话，而"没有重视在全球化背景下的文明间的对话问题"（《文明交往论》）。后来，从苏联思想家巴赫金（Bakhtin）的"大对话"哲学中，我看到了文明对话所包含的互动、互补、互证的双向和多向交往特征：主体之间的相互尊重；他人与自己完全平等；"自我"与"他者"互相依存；放弃对话霸权和唯我独尊。实际上，巴赫金用"自我"和"他者"、"自我认同"和"互相认同"来确定文明对话的关系。他的对话理论完全适用于人类文明交往，因而是一种理想的人类交往模式。

对我印象最深的是以色列"对话主义"哲学家马丁·布伯（Martin Buber）的社会本体交往论。这种理论中的主体间性、直接性和交互性，昭示了互为前提、互相依存的人类互动交往的本质联系，为当代人类文明交往活动的伦理与政治秩序建设，提供了有益的理论思考。从漫长而激烈的阿拉伯和犹太两大民族冲突过程中，布伯交往理论的出现，反映了中东和平进程中人类文明交往水平的提高、智慧的增长和理性因素的增强，因此我在《中东国家通史·以色列卷》编后记中，用了较大的篇幅来评述它的意义。继布伯之后，伊朗前总统哈塔米又有"不同文明之间对话"的倡议。这也说明了文明对话是消除对抗冲突、破除隔阂壁垒和走向国内和谐、国际和平的必由之路。在《中东国家通史·伊朗卷》编后记中，我用下面的话作为结语："对话浪潮是大势所趋。21世纪文明交往的新时代曙光已经出现了。"

我的文明交往论的基础是世界文明交往史，而不是单纯的历史哲学。纯粹的历史哲学家往往是走极端的，否则就很难独成一派。实际上有建树的历史哲学家如汤因比等人，都是以历史个案为基础，充分注意具体问题具体分析这一思维方式，把宏观研究与中观、微观研究有机统一起来。理论只有回归历史，才可以获得文明自觉。

闫　伟：近年来，您在文明交往论的基础上又在《两斋文明自觉论随笔》《我的文明观》《老学日历》等著作中，提出了文明自觉论。您的文明交往自觉论的主要观点和特色是什么？

彭树智：我从文明交往深化为文明自觉是源于思维发展的逻辑，也是在学习人类历史过程中，逐步深入思考的结果。把文明交往作为一个整体思维方式，放在历史中思考人类面临的问题；把文明交往作为一个关注人类共同利益的价值观，以超越民族、国家的地域性局限。这是思维方式和价值观念的转变，这是思考历史自觉的轨迹。中东当今动荡不已的政治现实，使我的思路多次追溯历史。我越来越从历史发展中察觉到：中东问题的老、大、难，中东问题的希望，都在文明交往的自觉。具体地说，在《阿拉伯国家史》的修订过程中，我探讨了20世纪阿拉伯世界与外部文明在交往方面涌现的人文社会科学清新潮流。对文明交往的新现象有如下思考：这是一股和阿拉伯世界内部相辉映的、有深厚文史哲根基并汲取西方文明的侨民文化。其代表人物美籍巴勒斯坦裔文化学者爱德华·萨义德，关心伊斯兰文明的发展，然而他和印度诺贝尔文学奖得主奈保尔一样，对自己本民族文明的前途不持乐观态度。伊斯兰文明的复兴力量，从根本上说，决定于民族内部的经济发展程度，自然这后面还有深远的历史文化道理。文明交往的自觉性，是古老文明复兴的精神力量。可见，一种文明的生命力最根本在于内在生长"定力"和适应新生存环境变化而复兴和创造新文化的交往力。总之，《阿拉伯国家史》的修订使我从文明交往的思考进入了文明交往自觉的思考。

这种思考也与《二十世纪中东史》《世界史·当代卷》和《中东国家通史》等书的编写过程结合在一起，这种历史和逻辑思维的发展，使我从中东历史和世界历史的变动中更加深深感到，文明的生命在交往，交往的价值在文明，文明交往的真谛在于人类人文精神和人文理性的自觉。特别是，《中东国家通史》对我的文明交往的历史观念进行了一次历史性的检验。在该丛书的"卷首叙意"中，我提出了"文明交往论是文明自觉论"的命题：文明交往的特点是由自发性向自觉性的演进，在趋向上日渐摆脱野蛮而逐步文明化，在活动程度上从自在走向自为，在活动范围上由民族、国家、地区走向世界，在交往基础上从情绪化走向理性化；在人际关系、族际关系、（宗）教际关系和国际关系领域中，由对立、对抗的"我"走向对话和合作的"我"。此外，每卷的后记都是我思考人类文明交往的历史观念的论文。这个命题经过《中东史》《两斋文明自觉论随笔》《我的文明观》和《老学日历》而进入一个新的思考阶段。

我深深感到：人类历史本身就是文明交往的历史，由此形成了我的历史观念，即人类的历史交往、文明交往和文明自觉的逻辑思维路线。人类文明的自觉，不仅在中东文明交往过程中提升，而且文明自觉实质上就是文明交往的自觉，是人类交往的文明化。这种自觉，是人类用自身的精神觉醒观察世界历史，是人类用自身的文明开启蒙昧和野蛮，是追寻人类文明交往中的盛衰与复兴，是人类在文明交往中不断摆脱新的枷锁而获得思想解放，是人类在实践中提高社会进步和文明程度的升华。文明自觉，是以文化思想自觉为核心，以文明交往自觉活动为主线的人类创造历史的理论和实践活动。文明自觉论可称为文明交往自觉论，其要点可简略概括为相互区别、相互联系又递进演进的九个方面：

一个中轴律，即人类文明交往互动的辩证规律。交往互动是矛盾对立与统一的辩证形态和矛盾辩证运动过程。在文明交往过程中，文明对抗、冲突和文明共处、同进是文明交往互动中两种既对立又相互渗透的转化形式。认识和把握交往互动规律的自觉性表现为：在深刻的矛盾对立中把握文明交往互动，把对抗、冲突和共处、同进统一于历史选择的相融点上，使之在这个中轴律上良性和平衡运转。

两类经纬线，即人类文明交往互动的经线为相同文明之内的相互融合，纬线为不同文明之间的相互交流。文明之间的交往互动首先取决于各个文明内部交往互动发展程度；同时，每个文明的整体内部结构，也都取决于它的生产以及内部和外部文明交往发展的程度。这种内外关系的经纬线多重交织，在人类生产、生活、生存、发展中织成了文明交往史的多彩长卷，从而使人类在回应全球文明化的整体性、联系性问题中获得自觉。

三角形主题，即人类文明交往互动围绕着人与自然、人与社会、人与自我身心这三大主题的三角形路线进行。三角形的底线为人与自然之间的交往互动，三角形的两边为人与社会和人与自我身心之间的交往活动。人类立足于整体存在的底线上，自觉性表现为：对自然交往认知上有"知物之明"，对社会交往认知上有"知人之明"，对自我身心交往认知上有"自知之明"。知而后明，明而后行，在实践中知，又以知导行。

四边形层面，即人类文明的互动交往包括物质文明、精神文明、制度文明和生态文明四个层面的无数相互交错的力量，这些力量的作用与反作用推动着历史事件的产生。这种多元的交往力制约着每个人的意志，使其以融合的总平均结果，出现于人类文明交往的每一阶段的历史结局上。文明交往的自觉性表现为人的集体理性追求的自利与利他、权力与责任相统一的社会制度建构上。

五种社会交往形态，即人类文明交往史上有五种社会交往形态，即社会结构、社会制度、社会关系、社会意识和社会生活。从根本上说，文明是社会性的，它是由生产和交往实践所决定的历史社会形态。五种社会交往形态中，社会结构为基础，社会制度是文明的本质所在，正是社会制度构成了各种社会内在的体制形态。社会关系是人类本质属性之间的联系，而社会生活是文明交往的基本前提和首要的历史活动。

六条交往力网络，即人类文明交往的驱动力是与生产力相伴随的交往力，二者又是历史传统的积累和现实体躯的创造力。这六条交往力是：精神觉醒力、思想启蒙力、信仰穿透力、经贸沟通力、政治权制力和科技推动力。这六种交往力产生于物质、精神、制度和生态文明，从不同角度、不同领域的交往互动作用过程中，形成了思想解放、文明自觉的文明开放的多点、多线相互联系信息网络。

七对交往概念，即一切社会变革都必然深化为哲学思考，而哲学则具有创造概念的特点。文明交往的自觉是哲学的自觉，其概念有七对：传承与传播、善择与择善、了解与理解、对话与对抗、冲突与和解、包容与排斥、适度与极端。其中传承为文明内部发展之脉，传播为文明外部交往之路，选择是文明交往之关键，理解的前提是尊重对方，极端为文明交往随时所应预防的危险倾向。

八项变化，即文明交往的世界是变化的世界，它通之于变，成之于明，归之于化。人类文明交往是变动化的实践活动，变化变通的要旨在"化"。文而"化"之为文化，文而明之为文明，但只有"化"才能明，才能使文明交往互动走向深化和自觉。变化的要义有八：教化、涵化、内化、外化、同化、转化、异化、人化。《易·系辞》所讲的"穷神知化"也是指"化"因时、因地、因人而变化。

九何而问，即人类文明交往的自觉在于问题意识的引导，它引导人们自觉地发现、提出、分析和解决问题。这些问题可归纳为"九何"：何时？何地？何人？何事？何故？何果？何类？何向？何为？"九何"的"九"，意指数之极，言问题多而求索不止，并非限于"九"而止步。获得自觉的周期率是：从问题始，以问题终，一个问题总在引发另一个问题，问疑不息，由一个思维周期，上升到更新周期。学问，学问，无问难成学。文明交往之学是人类文明交往互动大道，而"九何"旨在自觉认识到自我理解和实践上的局限性。

总之，全球化时代的文明交往和文明自觉，具有十分丰富的内容和宽广的研究空间。以上概括仅仅是我从历史研究，特别是从中东史研究中思考的初步心得。一得之见，谨供学界同行讨论，以共同提高学术研究的自觉性。

（三）树人启智辟新路

闫　伟：您在我国中东研究的学科建设方面做出了重要贡献。您认为"文明自觉具体化到科学研究上，可称之为'学术生命的自觉'"。请您结合"学术生命自觉"谈谈对我国中东研究的建议和想法。

彭树智：我最为关心的是我国中东学科建设问题。在2003年的《书路鸿踪录》书前的《雪泥鸿爪存，披览前踪在》的序中说："唯学人求知和创新的自觉，在促进学术年龄期的耕耘，以期有益于社会。"在同书后的《雁别蓝天去，山迎白云归》的跋中进一步指出："科学研究是人类思维建造、改造、创造世界的生命活动""是人类文明交往史上的特殊生命活动""是求真中的理性自觉，特别是在文明交往中的人生自觉"。以上两句话是我由文明交往问题探研深入文明自觉问题的两次明确表述。现在，在回顾学术之旅时，在思考学术生命成长的心灵收获这样复杂的问题上，我的思路仍然集中在"文明自觉"这个问题上。文明自觉具体深化到科学研究方面，也是一个"学术生命自觉"的命题。在2010年出版的《中东史》这本体现人类文明交往历史观念的著作中，我将其要点归纳为如下几点：

1. 学术生命的自觉始于对科学研究生长点的选择和坚守。学者为学，以学术为生命，首先要将自我的生命同研究的对象相结合，并且必须落实到一个有开拓性的科学研究生长点上。选择好了生长点，还要坚守生长点，与研究对象熔于一炉，你中有我，我中有你，在学术生命的持续活动中，生根、长叶、开花、结果，由点到线、由线到面，表现出生机和实力。

2. 学术生命的自觉壮大于科研群体的成长。个体学术生命活动的自觉可以在科研生长点上创造成果。如果把个体学术生命融入群体学术生命之中，为了共同目的，同心协力，完成重大项目，那将是更理想的选择。个体学术生命的活动力毕竟是有限的。每一项重大的科研成果，后面必然是学术带头人引领下科研群体分工合作的结果。

3. 学术生命的自觉定位于本学科的建设上。学科建设是一种学术史思考见于本学科的自觉活动。任何一项科学研究都不是孤立的，都有其学术史上的定位和本学科建设的定位。学者的每项科学研究项目只有从学术史定向中察其走向、从学科建设的定位中做出贡献，才能赋予学术生命的地位和意义。

4. 学术生命的自觉植根于学派意识的觉醒。这种觉醒的推动力是独立、自由的科学思想和实践。这种觉醒促进了学派建设的自觉性。不同学派是学术主体性的表现，是学术史上的常态。学派有师承关系，是一个研究群体，一代又一代志同道合者在一个又一个重大学术成果和学派理论创造过程中自觉形成的。

5. 学术生命的自觉栖息于爱、好（hào）、乐的人文精神境界之中。对研究对象在理解基础上的"爱"、专注偏爱的"好"（hào）和审美情趣的"乐"，这是学术生命自觉递进上升的三种境界，它受科学的求真、向善和爱美规律的制约。爱而深思，常使学者头脑中涌动着学术思维波澜；好而成癖，没有比学术研究更令学者着迷的事；乐以审美，自然会使学术客体产生意外的生命创造。生活在爱、好（hào）、乐境界的学人，生命创造力之门经常是敞开的。

6. 学术生命自觉的座右铭和箴言。铭为：坐得住，沉下来，静下心，不浅尝辄止，要深入问题，对学术充满理解感、使命感，坚定不移走自己的路。我有一句人生箴言：知足知不足，有为有不为。这十字箴言可具体化为：尽力知足，尽心知足，尽责知足；学习知不足，学思知不足，学问知不足；为真求知，为善从事，为美养心；不为名缰，不为利锁，不为位囚。

闫　伟：您在教育、教学中具有丰富的经验，数十年来培养了将近七十名中东研究领域的硕士、博士和博士后，他们大部分已成为我国中东研究的骨干力量。请分享一下您在人才培养上的心得？您对学界同人，尤其是青年学者和学生在学术研究中有什么建议？

彭树智：我从1978年开始招收硕士研究生，1986年开始招收博士研究生，在三十多年来培养研究生的过程中，对人才培养和治学多了些经验和理性,对学术的规律性和治学者主观能动性之间的关系,积累了一些体悟。

首先,学术的要旨在学,学贵在勤奋而立。勤奋,是勤劳奋进,它具有巨大的、锲而不舍的人格力量。学术是人类文明的事业。勤奋是人生敬业的本色。韩愈《进学解》云:"业精于勤荒于嬉,行成于思毁于随。"学术史昭示,只有脚踏实地、不懈追求真理、上下求索的人,才能深刻领悟到勤奋的力量。在中华文明中,勤奋劳动是优秀的品德。人勤地不懒,勤劳创造着物质文明和精神文明。天道励志,所以要志存高远;人道励勤,所以要立地实干。《孙子兵法·计篇》云:"将者,智、信、仁、勇、严也。"可以把这句话转义于治学:学者,勤、严、实、新、协也。学者从勤奋开始,把严谨、求实、创新、协作贯通为一体,组成治学的坚定、坚韧和坚守的巨大力量。

其次,是自圆其说和自得之见。勤学是学者治学的基本劳动实践。它需要勤读、勤问、勤思、勤写、勤交流,切磋探研,取长补短;它需要学者常怀坚持真理之志,常存修正错误之心。使自得独创之见能自圆其说。学术上有不同声音和争论,这是正常现象,否定和超越是恒常规律。正如英国哲学家罗素所言:"不能自圆其说的哲学,绝对不会完全正确;但能自圆其说的哲学,很可能是完全错误的。最富有成果的各派哲学,向来也包含着明显的自相矛盾,然而正因为如此,才部分正确!"这正是治学者的自觉之言。这正是我在一开始说的赵翼"学书苦难圆"的困惑所在,也是学者勤劳耕耘、孜孜以求的乐趣和动力所在。

也正因为如此,学人要学而时习之,学术生命不止,学习不止,要活到老,学到老。学如逆水行舟,不进则退。勤学与善学,久而久之,成为习惯,从而由爱学、好学、乐学而升华为勤劳奋进的诗意生存的审美人生境界。我认为,勤奋自立而获得的独创之见,在于有独特的学术个性,而不能"邯郸学步"。《庄子·秋水》中说:"且子独不闻夫寿陵余子之学行于邯郸欤?未得国能,又失其故行矣,直匍匐而归耳!"寿陵,燕国城邑;邯郸,赵国都城。寿陵有位叫余子的人,到邯郸去学赵国的"国能"——走步(可能是一种健身的养生体操)。由于他不善学习,一味亦步亦趋地模仿而不思创造,因此,不但没有学到此种新的走步技艺,还忘掉了原来行走的步法。最后他连正常的走路都不会了,是爬着(匍匐)回去的。这个寓言启示我们,一切唯书、唯上、跟风、流俗、食洋不化、泥古不进,都是学习上的僵化之路。

再次,我培养研究生,着力于科研意识、科研基本功、科研生长点和科研成果四个方面,其中选择科研生长点属科研人员的长远发展方向,在科研规律中占突出地位。生长点必须在硕士研究生阶段确定,并在加强科研意识和训练科研基本功(如写各种作业、完成各种课程,写作论文,特别是撰写学位论文)的过程中,初步体现为系列的科研成果和培养科研能力。人的一生都在选择中,但能坚持是最可贵的。学者要开花,又要结果实。"花"同"华",不能花而不实。在一定程度上,我主张学术上的"实力政策"。

学术研究不可无问题意识。问题意识是学术研究的前导力。发现问题、提出问题、分析问题和解决问题,组成了学术研究的思维逻辑和行为的中轴线。问题意识从广义上讲,是产生于对时代、经济、文化、宗教、风俗、民情等各方面的情感体验以及这些体验对学人研究的问题影响。鲜明的问题意识,其实是很复杂的,它不仅有大、有小,而且有真、有伪;它可以使学术研究焕发勃勃生机,又可导致学术研究混乱。问题意识关键是大方向要正确,在行程上要思路清晰,并掌握适度。

在适度上我还想多说几句。问题意识仅靠掌握了一些理论词句、名词、概念和套用技巧,就可以提出"真问题"吗?单纯的理论训练、脱离了历史的洞察和现状的体悟,就能培养"问题意识"吗?把理论当作教条来套用历史和现状问题、把贩卖西方理论用来解释东方本土问题,能有好的效果吗?问题意识可以"预先设计"、可以据此来裁剪史实、可以削足适履、建构定型的"理论模式"吗?

答案当然是否定的。实践的"情感体验"是正确理解问题意识的要害处,仍如我说的在于"适度"。为什么?因为,问题意识关注的是人的主体,关注的是人文精神,关注的是由人本性体现的情感及其历练的灵性、悟性和韧性。人的主体性、人文主义精神总是动态的而非静止的，是活态的而非机械的，是丰富的而非单调的。然而，情感体验、想象力固然重要，但它毕竟是概念和知识形成过程的初级阶段，这个认识的最低层次必不可缺，不过它需要从具体的特殊认识，上升到一般的抽象认识，在实践中从感性认识上升到理性认识。

复次，处理好"通"与"专"的关系。治学者其上乘是将细微考证与宏大综括融会贯通，合为一体，称为精通。博通属"识"的范畴，意味着视野广阔、思想深刻、高瞻远瞩。通很关键，博未必通，而通则必须博。治学的自觉性大小在于通博基础上的专深程度。稍作具体而论，即如佛教学者楼宇烈提出的"四通"：文史哲通、儒释道通、古今通、中西通。他认为，"四通"才能"八达"，治学眼界才能开阔，学者不能把自己封闭在一个狭小的圈子里。我注重通的学术性。以历史学而言，不在史事，而在史学；不在史政，而在史学价值；不在史叙，而在史论。

专精属"学"的范围，意味着内容扎实、考证精详、术业专攻。就史学而言，要求在"专"的基础上会通：一是治史者个人先有窄而专的研究专题，成为某学科之专长，其特点是专而深；二是集各专家的研究成果，加以综合缀连，其特点是横而广。通，贯穿着时代精神；通，关注着时代问题，因而必须有贯通时代的精神。时代的变迁，世事的舛变，感悟系之，行诸文字，所谓通识眼力，就成为通观历史观念的灵感源头。

最后，学人要具有雅量，学人之间，学派之间，需要雅风。学术之间的差异需要仁爱之道加以融通。仁爱之道是承认人的尊严，它把差异视为丰富人性交往互动的机遇。互惠性价值是一种学习互进的能力，要以真诚对待"他者"。相互欣赏、相互理解。信任是互重、互容和学术对话的前提。

史学家们有不同见解、不同文风、不同体裁，都属正常而且为文明交往所必需。没有这些差异，史家便失去学术自觉，史学便失去活力。学派之间要有容人雅量之风。不同学派之间的交往应该是并生竞长，共求真善美。学派之间虽不免优胜劣汰，但绝非不共戴天。

闫 伟： 您独特的学术经历和见解一定对从事中东问题、世界史研究的青年学者大有裨益。最后，请总结一下您的治学理念，作为这次访谈的结束语。谢谢您花费这么多的精力和时间接受访谈。

彭树智： 现在，坐八（八十五岁）望九（九十岁）的我，还正在行走于学术人生的旅途上。正在路上的我，长途跋涉磨炼了五方面的治学理念，激励自己不懈行进。现在提出来，供青年同行们参考。这就是我在《中东史》后记中所写的：

第一，专心致志。即如马克思所说："走自己的路，任别人去说吧！"

第二，崇实致真。手在近处，心怀远境，屈原有歌："路漫漫其修远兮，吾将上下而求索。"

第三，固本致新。物我交往，诗意治学，张载咏芭蕉诗云："芭蕉心尽展新枝，新卷新心暗已随。愿学新心养新德，旋随新叶起新知。"

第四，宁静致远。可以用宋代名将宗泽的《早发》诗来表达："伞幄垂垂马踏沙，水长山远路多花。眼前形势胸中策，缓步徐行静勿哗。"

第五，坚毅致强。用我自己的一首诗来叙说韧性治学真意：

> 治学之路是活的
> 只要坚硬的脚跟坚定
> 这条路就有生命。
> 路
> 没有绝境。
> 路
> 不怕坎坷曲径。
> 路
> 不管风雪雨晴。
> 脚
> 无畏无惧地选择方向

纵使误入隧洞

走出来

将是一片光明！

跋语：书路漫漫，且吟且行。相思不尽，栖而不息。薪火相传，求真善美。成书千古事，得失寸心知。

（原文题目为《从人类文明交往中探寻中东研究的学术自觉——彭树智先生访谈实录》，载《中东问题研究》2016年第1期，收录时有改动）

三　答《陕西地方志》杂志主编张世民问

张世民：彭老师，您生在陕西泾阳，受教育于泾阳、三原、西安、北京、东北等地，由陕西走向世界史研究已有70余年。您能否谈谈自己的治学履历和学术源流？

彭树智：可以，我先谈谈这个问题。

我幼小时开始在泾阳私塾学习，塾师安谧中先生国学功底深厚，教我诵读《三字经》《百家姓》《千字文》和《论语》等书。后来又在现代小学、高小师从刘德美先生、杨蔚英先生，对国文课特别感兴趣。之后，在三原县中、仪祉农业技校师从冯一航、李一琴二先生学习《古文观止》《唐诗三百首》等书，对古典文学兴趣更浓。及至考入陕西省立三原高中学习时，国文课成为我唯一爱上的课。国文老师张警吾和潘子实二位先生的谆谆教导、耳提面命，令我至今记忆犹新。他们为我细心讲解、指导读书、批改作业，并不时在课堂上宣读我的作文，用那密密的红笔点点圈圈我的习作，使我对古今文学兴趣更浓。

记得仪祉农业技校校长、大水利专家李仪祉之妹李蠲仪先生不幸罹难于车祸，学校为她举行了隆重的追悼会。张警吾先生在会上致悼词时，宣读了我用文言文写的"祭文"习作。这是一篇经过他细心修改的小文章。他以《大公报》记者如椽手笔所斧正之后，可以说有情文并茂的品味。当时与会的中央监察院院长于右任先生，会后找到了我，向张先生询问写作情况。作为一个中学生，我对这位大书法艺术家是一种仰视心态。当他知道我曾是仪祉农业技校学生时，用地道的关中话说："弟子怀念，蠹仪飞翔，师生情谊，山高水长。"这位长髯过胸，身穿黑袍，脚着白布袜、灰布鞋的长者，给我留下了美好而深刻的印象。

我进入西北大学历史系完全出乎意料。我报考的志愿是中文系，却被历史系录取。潘子实老师到西北大学去劝我说，历史是"百科之基"，文史是不分家的，你入学后还可以多学点哲学，文史哲互通，学问就大了。果然，在大一时，就有王捷三先生给我们讲哲学课。他是北京大学哲学系毕业，科班出身，又做过陕西省教育厅厅长，讲起课来，居高临下，引人入胜。他学贯中西，例如讲西方以哲学为"爱智慧"之学时，就引用《书经》中，"知人则哲"和《庄子》中"知士无思虑之变则不乐"等话，用以说明中国哲人知人思变之"乐"，正与"西方的爱智慧"之"爱"，在哲学上是相契合的。他常讲，哲学为"百科之帅"，处事治学都离不开理论思维，这对我后来的治学思维、诗意治学，以至形成人类文明交往的历史观念，起到了启蒙引领的作用。

我1950年进入西北大学历史系学习以后，发现学历史专业是正确的选择。新任的校长是马克思主义史学家侯外庐先生，他经常指导历史系的中国通史课教学工作。他给我印象最深的是关于寻找科学研究生长点的治学经验。他说，大学生一入学就要寻找适合自己的科学研究生长点。现在我还能记得他用山西口音说"生长点"时，那种腔调韵味十足的声调。他并且说，这个"生长点"应该是有开拓性，有一系列课题可作，可以长期研究，要在这里生根、开花、结果。在他这个思路的引导下，我选择了世界史研究方向和印度近现代史中的民族独立运动课题，作为大学毕业论文，最后写成20万字的《印度民族解放运动史》。那是一本综合性的论文，是一次练笔之作。世界史教研室主任楼公凯教授给了90分的高分，是对我的鼓励。我正是拿着这本习作，到北京大学去见我的研究生导师周一良先生，周老师又带我去见东语系主任季羡林先生。他们共同指导我继续在这个生长点上做深入研究。

在北京大学攻读研究生亚洲史专业时，教育部为了在全国高校开设亚洲史专业基础课，聘请苏联专家柯切托夫在东北师范大学举办了"远东及东南亚教师进修班"。周老师把我们四个亚洲史研究生送到这个班上学习，直到两年学完后回北京大学毕业。周老师给我们临行的话是：学好理论、学好专业、学好俄语。当时全国都在学习苏联，能跟苏联老师学亚洲史，是很幸运的事。柯切托夫老师是治学严谨、时间观念极强而又讲仪表的人，他说，"在这里听课的人，大部分是各高校的教师，只有四个北大研究生，我要按苏联培养研究生的办法，让你们写学位论文、进行答辩"，并且为我定下了论文题目。我的论文题目是《1857年印度大起义略论》。当时正值起义100周年，我从西大、北大、东北师范大学搜集了一些资料，柯切托夫老师又给了许多苏联资料，特别是马克思、恩格斯当时对此次起义的论述，为论文准备了较厚实基础。这次论文全文译成了俄文，以便柯切托夫老师审阅。他在答辩会上指出了论文的优缺点，并且亲切地引用俄罗斯民谚"奶酪好吃，烤一下更好吃"来鼓励我把论文修改好，争取早日发表。后来，论文经周一良、季羡林二位导师审阅后，发表在《北京大学学报》的1957年第4期上。

在东北师范大学随柯切托夫老师学习期间，还有一段插曲。那是1957年5月11日下午，柯切托夫老师走进课堂，放下讲义，两手扶着课桌，抬头看着我，笑着说："彭树智同志，告诉你一个好消息，你在今天的《人民日报》上发表了《百年前印度人民起义的历史意义》的论文，可能你还没有看到。在讲课之前，我应该向你祝贺！这是你结业论文的一部分，公开发表，这是很好的社会效果。《人民日报》和苏联的《真理报》完全一样，都是共产党中央的机关报，能在这里发表文章，是一生的光荣！"虽然文章在一个月以前就寄出去了，能不能发表我心里没数，听到老师这样热情的话，有些突然，但也很高兴，一时不知说什么好，只是说："谢谢老师！这是我发表的

第一篇学术论文，我永远记住老师的鼓励！"可能是这个原因，他选择了这篇论文为全班唯一一篇公开进行答辩的结业论文。后来回到北京大学，世界史研究生班的齐文颖师姐还谈起当时发生的一件事：1957年5月11日那天，全班同学都在谈《人民日报》第二版发表我的文章和第三版发表世界史教研室主任杨人楩先生关于"历史学科不能没有世界史"的呼吁文章。她说："那一天好像过节日一样，北大19楼（研究生宿舍）成了为世界史学科喜事而庆祝的会场。"

谈起学术源流，不能不提中国社会科学院的陈翰笙老师。他在印度工作过多年，有用英文写的印度社会问题专著。20世纪80年代，他担任商务印书馆出版的《外国历史小丛书》主编，在给我的约稿信中说："小丛书虽小，意义不小，不要轻看它，读者要比你的学生多得多。你是研究印度史的，应当写《印度革命活动家提拉克》和《阿富汗三次抗英战争》这两本书。"他治学严谨，从书名、内容、文字，都细心推敲，并且根据书中问题为我开了书目，让我到北京图书馆去查阅。他最讨厌治学浮夸的学者，讽刺这些人为"墙头草""刺荆花""蛤蟆叫"。他和季羡林老师是教育部评审我提升教授的推荐人。后来他告诉我，他二人分别从世界史和印度史方面介绍我的情况。他是位有广阔胸怀而且乐于提携后学的学界长者，享年104岁。

在我的世界史治学履历中，最重要的学友当推首都师范大学资深教授齐世荣师兄。他是周一良和吴于廑先生主编的《世界史》工作资料编者。他以周先生为师，我是周先生的研究生，所以我们以师兄弟相待，并以"老齐""老彭"互称。改革开放以后，由吴于廑先生和齐世荣主编的六卷本《世界史》中，我担任了《当代卷》主编，并为《近代卷》上、下两卷、《现代卷》写了有关亚洲、非洲和拉丁美洲章节。吴先生对我说："《世界史》六卷书中，只有你一人跨越了四卷，贯通了近代、现代和当代编写工作。"后来该书改版为四卷本，我仍跨越现代与当代两卷，齐世荣师兄称：你的现代亚非拉史的类型分析为"独步之作"。回忆四十年前改革开放之时，我从陕西人民出版社出版《世界历史教程》开始，到参加高等教育出版社的吴齐本《世界史》，再到齐本《世界史》，真是一段不短的、由陕西走向全国世界史学术之林的路标历程。

张世民：您一手创办西北大学中东研究所，长期致力于中东史研究，著有《中东国家通史》《中东史》等，已成为中东史研究的基础性著述。您在不同文明交往研究中有何心得？

彭树智：这个问题很有学术含量，我乐于作较详细的回答。这个问题具有思考性问题意识和自觉性历史意识。这个问题放在世界史研究之后提出，具有历史与理论发展内在连续性，特别是你把世界史研究、中东研究和人类文明交往研究这两个问题联系在一起的整体性发问，很符合我的治学演进路径与治学的逻辑思维方式。

首先谈谈西北大学中东所的历史沿革。它的前身是1964年国家批准成立的第一批国际问题研究所之一，当时的所名叫"伊斯兰研究所"。国家为它确定的主要研究任务是苏联的中亚伊斯兰加盟共和国现状，也涉及中东地区的阿拉伯伊斯兰国家。限于当时的历史条件，特别是成立后不久的"文革"动荡年代，虽有一些外语人才，但很难谈上什么真正的研究工作。改革开放以后，伊斯兰研究所改名为"中东研究所"，但因研究方向不明、没有研究特色和有分量的成果，科研处有撤销它的打算。处长马家禄征求我的意见，我建议保留而加以改革，他就让我先兼任所长。后来我辞去文博学院院长，专任中东研究所所长，便采取了三项措施：①提出"以问题为导向，从现状出发，追溯历史源流，站在历史的基点上，审视现状，进而展望未来"的研究思路与学术理念，以解决历史与现状关系问题；②倡导"勤奋、严谨、求实、创新、协作"学风，为建立中国气派的中东学科而努力；③制定规划、确定系列的大研究项目，一步一个脚印地发挥科研群体的合力，团结一致，努力尽责、尽力、尽心地做出创新性成果。这个目标终于逐步实现了。

其次谈谈我的中东研究与人类文明交往历史观念之间的联系。进入中东研究领域，这是我世界史研究方向中，由印度生长点的"西向"延伸，其直接缘由是1979年12月27日苏联军队入侵阿富汗。这次事件引起了英美学术界的强烈反应，出版了许多书籍。可是西邻隆隆炮声，在我国学术界却一片寂然，似乎"西线无战事"一样。

正在我焦虑之际，在《百科知识》杂志的编辑梁从诫学兄来信约稿，要我写一篇历史上阿富汗抗英战争的文章。他父亲是建筑学家梁思成、母亲是诗人林徽因。他是我在北大研究生学习的同窗，当时在一次课堂讨论上，我引用过马克思《印度史编年稿》中关于1842年阿富汗人民抗英战争事件的论述。他想起此事而向我约稿。于是，我为该刊写了《1842年阿富汗抗英战争》一文后，又于1982年出版了《阿富汗三次抗英战争》一书。从此我由中东地区东部第一个国家阿富汗研究而逐渐进入中东地区研究领域。

中东地区是人类文明发祥地之一，世界四大古文明中，埃及和两河流域两大文明就在中东。人类早期的文明在这里生成聚散，东西方古老帝国文明在这里冲突融合。中东既闪烁着阿拉伯伊斯兰帝国和奥斯曼帝国、波斯帝国文明的光辉，也有近代以来东方和西方文明强弱变动的不平等交往；既有当代中东民族独立国家体系的形成，又有现代化和全球化潮流的涌动。这个地处一河（苏伊士运河），二洋（大西洋、印度洋），三洲（亚洲、非洲、欧洲），四峡（博斯普鲁斯海峡、达达尼尔海峡、曼德海峡、霍尔木兹海峡），五海（黑海、地中海、红海、阿拉伯海、里海）的沟通东西方纽带与十字路口，还是西方文明源头——"两希文明（希伯来文明、希腊文明）"中"希伯来文明"的产生地，也是世界三大宗教（犹太教、基督教、伊斯兰教）的发源地，还是欧洲、亚洲、非洲地缘环境交汇中心十字路口，更是当今世界矛盾集中的焦点之一。研究这个地区的历史和现状，关注它的未来走向，从大量变化不已的历史事实中，必然会抽象出理论思维的观点、观念来。我的人类文明交往历史观念的形成，正是伴随着世界史研究，特别是在中东研究生长点上成长思维所产生的思想理论成果。

我的治学理念是：置身须在高远处，精耕细作觅真知。我的治学路径是：在史论结合、论从史出的互动研究过程中，用两种精细化思维方法进行探讨求索人类文明交往自觉问题。

第一种精细化思维方法，是用不同层面分析的"平湖式"历史贯通方法，将自己研究的心得分别融入以下11种中东"史林丛书"

第四编 文以载述道

之中:

1. 《阿富汗三次抗英战争》(1982年商务印书馆出版,民族独立战争史层面);

2. 《现代民族主义运动史》(1987年西北大学出版社出版,亚非拉美现代史层面);

3. 《中东国家和中东问题》(1991年河南大学出版社出版,通俗概述层面);

4. 《东方民族主义思潮》(1991年西北大学出版社出版,2013年人民出版社二版,亚非政治文化思想史层面);

5. 《阿拉伯国家简史》(1991年福建人民出版社出版,1999年修订二版,地区民族国家史层面);

6. 《二十世纪中东史》(1992年高等教育出版社出版,2001年再版,世纪断代史层面);

7. 《阿富汗史》(1993年陕西旅游出版社出版,国别专史层面);

8. 《伊斯兰教与中东现代化过程》(1997年西北大学出版社出版,宗教文化与时代层面);

9. 《阿拉伯国家史》(2002年高等教育出版社出版,中东国家群体史再考察层面);

10. 《中东国家通史》13卷(2000—2007年商务印书馆出版,18国中东通史总体层面);

11. 《中东史》(2010年人民出版社出版,中东地区通史总体层面)。

第二种精细化研究方法,是从不同深度考察的"掘井式"① 理论探索,将自己的深入探索心得写成以下理论形态不同的人类文明交往研究"六部曲":

1. 《文明交往论》(2002年陕西人民出版社出版,由总论和一系

---

① 本书第二编第二十题关于贾岛《戏赠友人》诗中追求瘦、硬、寒诗风的自述,即用"笔砚为辘轳、吟咏作縻绠",使深井的"心源"活起来,与我"掘井式研究"有契合之处。

列分论组成的合奏曲）；

2.《书路鸿踪录》（2004年三秦出版社出版，雪泥鸿爪、山迎白云的真、善、美追求曲）；

3.《松榆斋百记——人类文明交往散论》（2005年西北大学出版社出版，2003—2004年两年京隐散曲）；

4.《两斋文明自觉论随笔》（2012年中国社会科学出版社出版，3卷本、137万字的大型联动曲）；

5.《我的文明观》（2013年西北大学出版社出版，文明交往观增订升级版的合奏新曲）；

6.《老学日历》（2015年中国社会科学出版社出版，以"日历式文体"记录2012年的人生哲学普及大众曲）。

中东地区"史林丛书"的森林涛声，现在正在抚动着我案头修改的文明交往"诗意治学"第七部琴弦曲——《京隐述作集》。魏晋嵇康《酒会》诗中"但当体七弦，寄心在知己"的名句，也随之在我脑际耳边徘徊。唐代诗人韩偓《赠湖南李思齐处士》诗中的"七丝琴畔白髭须"，正好是我老态诗意清音的写照。回首过去我进行"平湖""掘井"式劳作而往返于西安北京两地岁月，那是一段漫长的历史思维与逻辑思维相统一的独立深思历程。我从中得出的结论是：中东问题的关键是发展人类文明交往的自觉化。

我的文明交往的历史观念，渗透于上述著作中，其根本思路是从人类命运和世界历史视野，观察中东地区的发展前途。人类最需要文明，人类也离不开交往，这是人们在日常生产、生活、生存的生命活动中所屡见不鲜的最基本事实。我所研究的不是一般谈论人类文明和交往问题，而是把二者有机统一为一个完整的、在文明交往自觉历史哲学视野下的文明观。对它最简单的概括是《文明交往论》一书总论开头语所说："文明的生命在交往，交往的价值在文明。文明交往的真谛在于人类文明中所包含的人文精神本质。"如果还要补充一句，那就是："文明交往自觉，推动着人类历史的前进；人类历史是人类社会从自发走向自觉、由自在走向自为、从必然走向自由的文明交往史。"

从根本意义上讲，文明交往的自觉是历史的自觉。人类文明交往是一种人类生存、生产、生活、生命活动中所产生的历史哲学观念。对它较为系统完整的总结,是我在 2011 年《史学理论研究》第 2 期上发表的《世界历史:人类文明交往的新的自觉时期》一文中所集中归纳的 9 条内容,其要点是:

一个中轴律:人类文明交往互动辩证规律;两类经纬线:人类文明交往的经线为相同文明单位之内的相互融合,纬线为不同文明单位之间的相互交流;三角形主题:人类文明交往互动,围绕着人与自然、人与社会、人的自我身心这三大主题的三角形路线进行;四边形层面:人类文明交往包括物质文明、精神文明、制度文明和生态文明这四个基本层面,而制度文明又包括政治、经济、社会、文化等领域;五种社会文明交往形态:人类文明交往史的交往形态分别为:社会结构、社会制度、社会关系、社会生活和社会意识;六条交往力网络:这六条人类文明交往力包括精神觉醒力、思想启蒙力、信仰穿透力、经贸沟通力、政治权制力和科技推进力;七对交往概念:传承与传播、善择与择善、了解与理解、话语与对抗、冲突与和解、包容与排斥、适度与极端;八项变化:人类文明交往通之于变,归之于化,成之于明,而变通要义有八:教化、涵化、内化、外化、同化、转化、异化、人化。九何而问:人类文明交往的自觉化在于问题意识的引导,围绕着人类如何避免"交而恶",走向"交而通"的良性互动之间而归纳为"九何之问":何时?何地?何人?何事?何故?何果?何类?何向?何为?

总之,文明的进步来自文明单位自身内部发展的交往成长,也来自不同文明单位之间的开放交往。任何一个文明单位如果孤立、僵化、自封,最终必然停滞、衰退、萎缩;同样,任何一个文明单位在其他文明单位的交往中,都必须依托自身的文化,实行创造性的转化,否则必然消亡或沦为附庸。正如马克思和恩格斯在《德意志意识形态》中所指出的:共产主义运动"推翻了一切旧的生产关系和交往关系的基础,并且破天荒第一次自觉把一切自发产生的前提,看作是先前世世代代的创造,消除这些前提的自发性,使它们受到联合起来的个人的支配"。这个论断有助于我们对人类文明交往自觉互动辩证规律的认识。

换一个角度，从知行合一的人类实践活动来认识这个历史观念，还可以读一下我在《人民日报》2015年6月11日理论版"大家手笔"栏目上发表的《人类文明交往的历史观念》一文。在这里，我有对自然、社会、自我身心知行之间交往"三知之明"的文明交往观的概括："知物之明，知人之明，自知之明，交往自觉，全球文明。"这篇文章之所以从马克思恩格斯在《德意志意识形态》中的科学大历史观开题，以司马迁写《史记》的天人古今立言的大历史观收尾，就是旨在说明这个"文而明之"的道理：回归历史，获得自觉。

张世民： 历史上的丝绸之路，大都以长安为起点。换句话说，今日西安地区在中西丝绸之路上具有非常重要的地位，您对此作何种认识或判断？杨良瑶被认为是一位由海上到达波斯湾的外交使节，您对此有何判断？

彭树智： 你的问题中，两次提到"判断"一词。这使我想起美国《时代周刊》执行编辑沃尔特·埃塞克森的《爱因斯坦：以生命为坐标体系》一书。这本书中讲，爱因斯坦晚年在回答纽约州教育部门官员关于"何为教育"和"学校应在哪些方面加强教育"问题的时候，说了下面一句话："历史教学应广泛地探讨伟大历史人物的独立思想和杰出的判断力对人类社会发展所做出的贡献。"

作为一位自然科学家，爱因斯坦晚年对历史教学的作用如此重视，这是值得人文社会科学界应当深思的，尤其是他希望历史教学广泛探讨伟大历史人物的"独立思想"和"杰出判断力"对人类社会发展所做出的贡献的话题，更值得我们重视。这是因为他思考的话题是一个教育哲学上培养创新能力的问题，也是人类文明传承、传播中培育创造能力的问题。人的判断力是独立思想所表现出的文明交往力。在我们的历史教育中，大多重视其历史功绩，而较少分析他们为人类文明交往留下的思想文化智慧。研讨今日西安地区在中西丝绸之路的地位和杨良瑶的对外交往活动的意义，判断力也应当放在人类文明交往自觉这个世界历史的大视野上去思考。

谈到丝绸之路，我想起了1988年9月在西北大学和奥地利萨尔茨堡大学合办的"国际丝绸之路学术讨论会"。我在会议的开幕词《丝绸之路是世界性文明交往之路》中，提出了以下问题：①丝绸之路的动力何在？②因何开拓？③因何而盛？④缘何而衰？⑤为何又走向复兴？人类文明史的基础是物质的生产和再生产，而生产的前提是交往。交往有政治、商贸、科技、军事、迁徙等形态。人类文明史正是人类在从事生产和交往实践中，不断扩大活动范围，由原始的、分散的、封闭的人群，走向地区的、开放的、民族的普遍交往而使历史逐步转变为世界史。正是在这个意义上，我把丝绸之路的开拓、后来的地理大发现到海路大通的新航路开拓，都视为人类文明史发展阶段性标志和世界性两大文明交往之路。

在那次会议上，我还提出了丝绸之路的研究中，最好采用理论结合实际史实的个案进行，而且资料的发现研究，"是绝对需要的"。你主编的《杨良瑶与海上丝绸之路》文集就是把微观、中观与宏观结合起来的文集。我对此发现和考察虽然知道得太晚，但读后仍然兴奋不已。如果说1988年在唐代长安太平坊故址西北大学召开的"国际丝绸之路"学术会议唤起我的历史感，那么，1984年，在陕西泾阳发现的《唐故杨府君神道之碑》关于杨良瑶出使阿拉伯帝国的海上之行记载，则使我有更多现实感和文明交往遐思。

我想对杨良瑶这次外交活动再说几句。在为全国研究生教科书《阿拉伯国家史》中，我提出了阿拉伯—伊斯兰文明与中华文明之间各自的交往秩序体制问题。阿拉伯帝国是"穆斯林秩序"，它乘伊斯兰性、阿拉伯性和世界性威力东扩中亚地区，并且从喀布尔进入南亚。它和大唐帝国的"华夷秩序"之间，充满着复杂的交往关系。公元751年（天宝十年）的怛罗斯之战，使"华夷秩序"在西部受挫，从而确立了阿拉伯人在中亚和南亚的优势，使"华夷秩序"的经营重心进一步转向海路。在诸多因素作用下，海路成为阿拉伯文明和中华文明交往的主要渠道。阿拔斯王朝奠基者曼苏尔在巴格达建都时，就说过这样的话："这里有底格里斯河，可以使我们接触像中国那样遥远的国度，并带给我们海洋所能提供的一切。"杨良瑶经海路出使阿拔斯王朝，到达首都巴格达，正是在这个历史条件下发生的。

如果《阿拉伯国家史》再版时,我一定要补写上唐代杨良瑶这次"往返如期,成命不坠"的海路文明"聘大食兮声教普"这个历史性交往事件。

张世民:您毕生致力于史学研究,是否接触过中国传统的地方志著述?您认为陕西区域史或陕西地方志编纂中,是否有必要借鉴世界史的视野?我们又将怎样植入这样一种宏阔的视野?

彭树智:史志分工不分家,二者在传承文明中相伴而行,相得益彰。中国地方志更具特色,为国际研究者所重视。20世纪80年代初,我访问美国时,华裔教授唐德刚先生就告诉我,他在哥伦比亚大学图书馆工作时,就发现那里有许多中国的地方志。他谈到其翻阅过《陕西地方志》,这给我留下了深刻的印象。后来我在主编《中东国家通史·约旦卷》时,为了回答汉代以后约旦和中国历史交往出现"空白"的问题,便从阿拉伯伊斯兰文明与中华文明和世界历史长河流向方面寻求答案。我想到了明代晚期中国知识分子与西方传教士交往后萌生的世界意识,想到了明代陕西三原人马理总纂和主笔的《陕西通志》。我在该书卷十《土地·河套西域》部分,发现了收录的《西域土地人物略》和《西域土地人物图》。这是两部对阿拉伯半岛图文互补的历史地理实录。它叙述了14个国家或城市的自然与人文地理状况,并且对半岛上的穆斯林特征作了分类:①天方国的"出家回回"与"进城礼拜回回";②哈利迷城等地的"缠头回回";③牙瞒城的"黑发回回";④阿都民城等地的一般"回回";⑤特别值得注意的还有"蓬头戴帽儿"或"剪踪披发戴帽儿"的"汉人儿回回"。这些"汉人儿回回"是以集中或分散两种形式侨居于该地区。它记录了有关城市的众多物产。还有一个名为"陕西斤城"的记录,令人兴味盎然。

《西域土地人物略》和《西域土地人物图》这两部书作者可能是明代晚期的陕西人,马理也可能是他们的合作者。《明史》称,马理是治经学的"天下名士",与高陵吕柟"并为关中学者所宗"。从他在《陕西通志》中的许多按语,便可见他的独特见解。据有关研究者称,他在书中收集的《西域土地人物略》这一文献,比顾炎武《天下郡国利病书》收集更早，而且版本更原始，也更有研究价值。这是马理这位地方志大家的世界视野，值得借鉴。它也为《阿拉伯国家史》增色不少。后来，我把这段记载详细地记入《中东国家通史》的十三篇"编后记"之中，也使这部史书具有更浓郁的中国气派。我认为，编地方志，世界史视野是不可缺位的。世界史是人类文明交往的新自觉时期，理应从人类文明交往的历史观念观察地方志工作之"所以"和"所由"。马理因为有"近者悦，远者来"的睦邻与远交的文明交往观念，才把《西域土地人物略》和《西域土地人物图》这样反映扩大世界地理范围、重视自然与人文地理的实录，列入《陕西通志》，从而功泽于世界史。这是一种与世界史过去存在和与现时存在的历史感，这种历史感的存在，使得人们在写作时不仅意识到自己的存在时代，还会把自身置于人类文明交往史的宏观视野之中。你的《杨良瑶与海上丝绸之路——〈唐故杨府君神道之碑〉解读》一书，已反映出这个思路，而且也做到了相当深度。书中提到萧婷还是奥地利萨尔茨堡大学的教授，又使我想起前面提到的西北大学和该校合办的"丝绸之路"学术讨论会。你和她交流本身就是一种文明交往活动。

张世民：您对陕西泾阳、三原有何记忆？这些早年经历对您学术研究有何影响？

彭树智：这个问题我前面已经谈了一些，现在就记忆中的再补充一些。关中有句民谣："天下县，泾（泾阳）三原。"还有一句口头禅："泾（泾阳）、三（三原）、高（高陵），（关中的）白菜心。"我生在泾阳三渠口乡，"三渠"即郑国渠、白渠和泾惠渠，都是用泾河之水灌溉农田的。泾河源自宁夏，经甘肃入陕西长武、彬县、淳化、礼泉、泾阳，至高陵入渭水。泾惠渠为大水利专家李仪祉先生兴修的，他的墓地就在渠首。自从渠成，盛产棉花和小麦。我家附近的杨梧村，有仪祉农业技校和杨梧村农场。农场场长是宋康祥，江苏人，他把实验成功的"泾斯棉"，首先在附近农村推广。这种新品种棉白、绒长、产量高，一亩地可产皮棉十几捆（一捆十斤），是价钱很高的经济作物，给当地农民增加了丰厚收入。农场技师加上农校教师，和农民关系也好，经常传授种植棉花、小麦、水果的技术。学校有袁芜洲和袁芳洲两兄弟，是山西人，在武功西北农学院任教，农民把他们称为"大袁"和"小袁"，是李翥仪校长请来的兼职老师。他们一边教书，一边到附近几个农村和农民一起生活生产，很受欢迎。学校的学生也多是泾惠渠灌区来的农家子弟，为陕西培养了不少农业园艺技术人才。我对二位袁先生印象很好，对宋康祥场长更为佩服。他们教我嫁接果树，为我传授治理病虫害技术，所改良的苹果个大、味美。尤其是梨树新品种所产的梨，命名为"十里香"，远近闻名。遗憾的是，我不是传业的好学生，后来考上省立三原高中，离开了那里。但这一段农学经历，开阔了我的自然科技的眼界，从实践上增加了我对大自然的热爱。"爱自然，为人类"，日后使我对自然科技和人文社科两大科学在文明交往作用方面，有了全面认识的基础。

　　我虽生在泾阳，但对泾阳县城记忆不多，只是随父亲去过一次县城，知道那里有一个姚家巷小学和泾干中学，见过县城东门外的"抗战烈士纪念碑"和坟墓。听说县北有"唐代郭子仪见回纥碑"，可惜未目睹此历史遗存。我只在泾阳上过一个中学（仪祉农校），而在三原上过两个中学，记忆较多。在抗日战争期间，三原县是陕西文化中心之一。东渠岸的池阳中学、城隍庙旁的三原县中，还有西渠岸的民治中学、书院门的省立三原高中、北城的省立三原女中和三原工业职业学校。此外，三原城北郊还有振国中学，城里学生用下面的顺口溜形容这座私立学校："王子元，办振国，一个学生石二麦，不许学生背锅盔，冬夏都是一身黑。"在三原城东关还有一个从山西迁来的铭贤中学，是孔祥熙办的学校，教师和学生穿着讲究，出手大方，看起来都很富有。在抗战期间，一个县城有八所中学云集，其中有两个还是省立中学，而且三原有东西渠岸的报馆、戏院、书店，与西安学校的体育比赛、文化交流活动也不少。还有于右任书写园门的"城南公园"，也是人们经常去的文化娱乐活动场所。

　　"渭北春天树，江东日暮云"，这是杜甫《春日忆李白》诗中的名句。我所在的三原高中，原名"渭北中学"，后改为省立三原中学。回忆早年中学岁月，许多人和事泛浮脑际。校长王时曾先生豪放而严肃，常讲他从家乡白水到西安考学的事：那年许多同学约好一起去西安赶考，但第二天漫天大雪，其他人都望而生畏，不敢上路，只有他一人背上馍，冒风踏雪而去。他用白水土腔说："那一天，我在银（nin）一般的世界里，走了个痛快！"他不许学生留长发。开学第一天，在大操场让学生排起队，由几个理发师把所有留长头发的学生，都剪成和他一样的光头。他的专制作风令人敬畏，但他关心学生学习，却令人敬佩。他对早起在操场上读英文、古文的学生，拍肩伸指称赞表扬，令人感到心暖。回首往事，可以仿老杜诗为："泾原春天树，京华日暮云"。树已老，日已暮，"三原桥，泾阳塔，还有咸阳冢圪垯（古代帝陵）"这样的家乡民谚，不由涌上心头，这就是老年乡愁之情。

提到咸阳，我回忆起祖母对我幼年的"诗教"往事。她是咸阳人，能用咸阳话唱出无数"口歌"。陕西关中农村过去在妇女中流行此种民谣，即顺口溜式、有声韵，可在纺线织布、做针线活时边劳作边咏唱的诗歌。祖母常用的曲调是绣荷包或郿户剧曲调，用这种有音乐感的口歌，咏唱日常社会生活。它平实动人、押韵而上口，那悠扬曲调，配上歌词，在悠扬的纺车声中，不绝如潺潺甘泉，融润入我幼小心田，使我从小受到了诗意的生活熏陶。直到现在，我还清楚记着其中六首。我把它写入《老学日历》第七编《诗意人生》中的《孔子的诗中之教》一节。这里，我只举两首：

第一首《家史之歌》：

  树有根，水有源，你的老家在河南。
  南阳府，淅川县，城西八里石家湾，石姓本是你祖源。
  淅水涨，遇荒年，逃难来到陕西咸阳原，过继姓彭人，家住渭城湾，胡家沟内把家安。
  胡家沟，又遭难，再转泾阳县，三渠口乡成家园。

通过她这首口歌，我知道了我祖辈原来是有迁徙交往传统精神的河南淅川移民。我因此把"石源"作为另一名号，而今暮年，我仍饮用着由淅川南水北调引入北京的一江清水。饮水思源，用诗入史，顿思祖母"口歌"中令人遐思的历史品味。这首口歌是史诗的类型。

第二首《敬惜字纸歌》：

> 字是圣人造，读写传大道。
> 敬惜再敬惜，不做败家子！

祖母识字不多，但对一切有字的纸都怀敬爱之心，不许乱扔，为此专门设有"字纸篓"。那是一个用柳条编的筐，上面贴有"敬惜字纸"四个大字，装满之后，再烧成灰埋在地里。我在主编《中东国家通史·以色列卷》时，想到犹太文明习惯中，有涂蜜于《圣经》上，让幼儿从小就尝到书的香甜滋味，用以说明犹太人爱书的文化传统。其实，在中华文明中，也有汉字创造者造字后使鬼神惊叹，而且"敬惜字纸"的尊字崇文传统早已深入民间，成为妇孺皆知的事。我常想，民间蕴藏有许多文明珍品，如玉在山，有待发掘而载入史志，如关中"口歌"这种倾诉普通人民心灵苦乐的诗歌，就是值得重视的一例。祖母那种"不为诗，无以言"的言传身教所表达的人生艺术风格，不仅激发了我对文史的兴趣，这种文化情操的陶冶，也成为我后来诗意治学旨趣的源头初始之地。

张世民： 请您对陕西地方志工作谈一点意见或建议。您对办好《陕西地方志》期刊有何看法？

彭树智： 陕西地方志有优秀的历史文化传统，又有创新的持续发展，前途无量，任重道远。《陕西地方志》期刊我虽然没有看过，但如同对陕西地方志工作一样，都怀着故乡情怀。作为陕西籍老学人，我暮年客居北京，成为"京隐"，常常西望长安，对故乡的一切，如唐代诗人白居易《偶作寄朗之》诗中所言："老来多健忘，惟不忘相思。"我对地方志和期刊工作，都是外行，不能妄论，只有怀着一片玉壶冰心，衷心祝愿二者并驾齐驱，稳步前行，在"为国修志，传承文明"方面，做出更富有创造性的一流新成绩。

（原文题目为《从陕西走向世界史研究——彭树智先生访谈录》，载《陕西地方志》2018年第2—3期）

附录 1

一 答北京《追求者的自白》编者天雨、甘如问（1987年1月10日）

您如何爱上自己的职业？

我是一个长期从事世界史教学和研究的高等学校教师。热爱专业和热爱职业是紧密相连的。早在大学时代，读章太炎在《民报》上发表的有关中印关系的论文，谈到中国和印度这两个亚洲大国的悠久传统友谊与共同的历史命运，深深吸引着我。我的大学毕业论文也是《印度民族解放运动史》（20余万字）。后来，又在周一良、季羡林先生和苏联学者瓦·巴·柯切托夫指导下，攻读亚洲史、印度史3年，从专业和思想基础上，树立了献身亚洲史的志向。在大学教学岗位上，口授笔耕，对专业和职业融为一体，成为如马克斯·韦伯所说的"志业"，即个人价值的自我肯定，可以满足心灵生活的"志业"。"志业"使我进入由"爱"到"好"（hào），由"好"（hào）到"乐"的人生精神境界。每遇挫折，由这种"志业"分化出的专业的责任感和职业的自豪感，总要压倒各种危机感。

1986年在首届全国教师节这个有意义的节日，我被评为全国教育系统劳动模范，授予人民教师奖章，并获得国务院有突出贡献专家特殊津贴，这是对我的鼓励和鞭策。

您的成就？

我在五个研究领域有些奉献：①印度近现代史，主要是对1857年民族起义的阶段划分，提拉克和甘地的理论与实践的研究；②中近东现代史，主要是对土耳其的凯末尔革命、阿富汗的抗英战争和伊朗革命的研究；③亚非拉民族解放运动史，特别是民族解放运动中政治斗争、思潮和改革的探讨；④国际共产主义运动史，主要是对有争议人物（如巴枯宁、伯恩施坦、考茨基等）的评析；⑤为研究生、大学和专科编写民族解放运动史、世界现代史、亚洲史、世界近代史和世界历史教程。

您满意的著作？

迄今为止，我自己写的、主编或参加编写的著作共12本，论文70余篇。但都不太满意。比较而言，《无政府主义之父巴枯宁》一书，是关于东方民族主义思潮的研究，例如从1983年以来在《历史研究》上发表的三篇论文中，关于凯末尔主义的观点，打破了长期"左"的桎梏；对青年阿富汗派历史作用的估计，填补了世界现代史中的一个空白点；对甘地思想体系的分析，运用于历史哲学的整体观，比较全面和客观些。

成功的秘诀？

在科学研究上有三点较深体会：第一，必须有勤奋、严谨、求实、创新、协作的学风；第二，必须在大学和研究生时代找好科学研究的"生长点"，在教学岗位上确定科学研究方向和在教学中顽强地寻找科研的"结合点"，走教学结合科研的道路；第三，必须打好"治史五基"（史学基本理论、中外史学基本知识、基本写作训、外语基本工具、古汉语基本技能）；第四，必须关注前沿问题。

您的坎坷？

大学时代因经济困难和患肺结核病，几乎使我辍学。1960年的"反修"批判，差点使我轻生。但我的写作基础、自强自律能力和为真理而斗争的信念，均由此而来。

您最尊敬的一个人？

马克思。我尊敬他的思想体系博大精深，我尊敬他的历史辩证法和历史洞察力，我尊敬他把革命和科学相结合的范例，我佩服他的科学批判精神，特别是他为人类文明的献身精神。

您最喜欢的一句话?

水滴石穿,绳锯木断,持之以恒,功效必见。

您最讨厌的行为?

攻击别人,抬高自己。

您最苦恼的?

不得不做自己不愿意或自己力所不能及的事。

您最高兴的事?

我的研究领域中出现了新星或我的学生超过了我。

您的业余爱好?

看各种小说,看体育比赛,听听歌曲,写点自由体诗。

您和爱人?

我的老伴王淑兰,现在西北大学中东研究所工作。她既是家务劳动的全部承担者,又是业务上理解、支持和帮助我的人。治史需潜心,潜心,既需静心,又需时间,所有这些,都是她付出的代价而为我获得的。我的些许成就,渗透着她的关心、辛勤和汗水。

您的目标?

培养出更多更好的人才。在近几年西北大学历史系主任任期内,为此目标要集中力量,把西北大学历史系办成全国第一所文博学院,使它成为面向社会、文理渗透、教学基础扎实、科研水平高和具有周秦汉唐历史考古文物保护为特色的学院。在长远时间,为此目标要加强南亚和中东博士点的完整化建设和文物保护、档案和博物馆专业的创建,出第一流科研成果和人才。

您还要向读者说点什么?

正确认识时代,正确估计自己,广为求知,多方采撷,但要有主见,不可随波逐流。康德说:"我是谁?我能干什么?我打算干什么?我将怎样干?"我想把这句人生哲理名言献给读者,作为共勉。

(原载天雨、甘如编《追求者的自白》,北京春秋出版社1987年版)

二 答上海《探索与争鸣》杂志
特约记者巨永明访谈录

——从"文明交往论"看中东冲突问题

《探索与争鸣》杂志特约记者：巨永明

> 中东既是人类文明交往的中心之一，也是战乱频繁的地区。亨廷顿的"文明冲突论"忽视了人类文明交往的整体进程。美国的国家利益决定它必然对伊拉克动武。

中东地区长期以来围绕阿以矛盾冲突不已，一直是国际社会关注的焦点。近日，该地区又因联合国对伊拉克武器核查问题；以及美英决计实施武力"倒萨"计划而吸引了全球的目光。中东的现状是否佐证了美国政治学家塞缪尔·亨廷顿所讲的"文明的冲突"？记者就中东的历史与现实，对长期从事中东问题和文明交往问题研究的彭树智教授进行了访谈。

文明交往是人类社会进步的动力

记者：多少年来，中东地区冲突不已，及至今日仍战火不绝。您长期从事中东历史研究，最近，你又刚刚出版了一本关于文明问题的新著《文明交往论》。您能否从文明交往的角度，谈谈对中东地区的历史与现实问题的看法？

彭树智：人们一提到中东，就把它与战乱联系在一起，好像那里无文明可言，这是完全可以理解的。中东地区之所以战乱频生，原因是多方面的。首先，经济上长期处于相对落后的状态，且发展不平衡。按照马克思主义理论，一切矛盾归根结底都是由经济问题引起的。其次，宗教方面，虽说中东绝大多数人信仰伊斯兰教，但派系林立，彼此矛盾尖锐。最后，新老殖民主义者为了自己的私利，人为制造的民族矛盾等。更为重要的，也许还有中东所处的地理位置。东方有中国的华夏文明和印度文明等，西方有古希腊文明、古罗马文明以及后来的西欧资本主义文明等。因此，自古以来，中东地区就是东西方民族和文明的交会点，而交会的过程是非常复杂的，既可以是和平的，也可能是战争的。从中东历史看，战争形式是经常在起作用的。如果从文明交往理论来看，无论战争也好，和平也罢，都是文明交往的不同类型。所以，我在商务印书馆最近出版的13卷本《中东国家通史》中就以文明交往理论为线索，以文明交往的历史主线来贯通中东各国的内部和外部诸多联系，来沟通中东各国社会各方面的关系，来会通各种交往方式，力图勾勒出中东各国的基本历史面貌和国情特征。就文明交往史实而言，中东地区不但是人类文明发祥地之一，而且长期以来是世界文明的中心地区之一。东西方文化在这里交会聚合，形成了文明交往的诸多独特性。近现代以来，东西方文明交往在中东地区进入了一个新阶段：战争成为交往的重要形式。战争苦难缠绕着中东各国人民，阿拉伯国家和以色列之间就进行过4次大的战争，而流血冲突从未停止；伊朗和伊拉克之间战争长达8年；第一次海湾战争相去不远，第二次海湾战争已箭在弦上。但是，从文明交往的历史规律看，文明交往终究要走向交往的文明化，尽管道路漫长曲折。

记者：我最近刚读完您的新著《文明交往论》，它确实是一部有别于已知的关于文明问题的创新理论著作，读后令人耳目一新，对人类文明交往历程似有恍然大悟之感。从书中的自序里，我注意到早在1986年您就开始研究文明交往，当时是哪些因素触动您去思考这一课题的？

彭树智：完全是历史的偶然性。我是在读马克思、恩格斯《德意志意识形态》时，发现他们在书中多处使用"交往"一词，其中有一段是这样讲的："某一地方创造出来的生产力，特别是发明，在往后的发展中是否会失传，取决于交往扩展的情况。只有交往具有世界性质，并以大工业为基础的时候，只有一切民族都卷入竞争的时候，保存住自己创造出的生产力才有了保障。"这里，"发明"就是人类文明的"创造发明"，即文明成果。马克思、恩格斯把生产力、交往、世界性联系在一起，而"交往"成为核心纽带。可见，"交往"在他们心目中的重要性。由此，我开始关注"交往"问题。我从历史哲学意义上思考的结果是，人类的交往与人类的历史同步发展，这是人的社会属性所决定的。人类在第一个历史活动——生产劳动中，就表现出了交往的双重关系：自然和社会关系。在此种关系基础上建立起来的社会，是人同自然界所完成的本质的统一，是人们创造物质文明和精神文明的依托，是文明交往的开始。但是，当我把交往问题从哲学思考转入历史学领域时，首先碰到了战争问题，即怎样用"交往"解释战争。马克思、恩格斯关于"战争本身还是一种经常的交往形式"的提法，促使我考虑"战争"与"交往"的关系，于是再一次系统研读了克劳塞维茨《战争论》这部军事经典名著。克氏关于战争是"政治交往"的论述，佐证了马、恩的观点，也进一步廓清了我对交往问题的思路。这样，我从哲学和历史学两个层面上，对交往问题有了初步宏观的认识：交往是人类基本的社会实践活动，决不能离开交往去考察人类文明的演进，人类的文明交往是社会前进的动力。

记者： 您的意思是说，人类的不同文明只有交往才能进步？

彭树智： 完全正确。研究历史的人都知道，世界各地由于自然原因，形成了许多种文明，比如中华儒道文明、阿拉伯—伊斯兰古代文明、印度古代文明、西方基督教文明、犹太教文明等，而在各种文明的演进中，都经历了与其他文明交往的过程，孤立发展到今天的文明几乎是不存在的。文明交往促进了社会进步，社会进步反过来推动着文明交往。今天，由于作为人类文明交往成果的科学技术成就的取得，极大地推动了社会进步。但是，文明交往不是一帆风顺的、单一的和平方式，战争恰恰是一种经常的交往形式，所以，必须正确地看待战争在人类文明交往史上的作用，既要看到它为害人类的一面，更要看到它积极的一面。中东地区的文明交往史，对于我们认识战争作为文明交往的主要形式之一，具有典型意义。

文明冲突是文明交往的一种属性

记者： 近年来，国内外因亨廷顿"文明冲突论"引起的对"文明冲突"或"文明融合"的争论持续不止，但从您的观点看，不同文明之间的关系并非那么简单。

彭树智：是这样，因为文明交往论说的历史，本来就是复杂多样的。亨廷顿在1993年发表《文明冲突》后，1996年又出版了《文明冲突与世界秩序的重建》，引起了国际社会的激烈争论。亨氏的"文明冲突论"是冷战时期两极对立模式的继续。它的前提是：西方基督教文明、儒家和伊斯兰文明的支持者们从本性上说是相互对立的，除了冲突别无其他交往。这不符合文明交往的历史，也不会是未来文明交往的发展轨迹。从历史上看，文明交往是一个非常复杂的、由五种属性组成的整体，这些相互联系的五种交往属性是：实践性、开放性、多样性、互动性、迁徙性。"文明冲突论"和"文明融合论"不过是文明交往五种属性之一的互动性的两个方面，强调任何一个方面，都忽视了人类文明交往的整体过程，同时也忽视了人类文明交往的双向或多向互动性规律。互动性是文明交往这一动态系统的普遍属性，是双向或多向文明交往的表现。它表明文明交往是一个互相发展、互相沟通、互相扬弃、互相理解、互相融合的相互作用的复杂的历史过程，这个过程同时充满着摩擦、碰撞、矛盾和冲突，也不乏对抗、分裂、压迫、侵略和反抗。但是，文明交往在趋向上逐步文明化而少野蛮性，并由自发性走向自觉性、由自在走向自为、由情绪化走向理性化、由对立对抗走向合作对话。所以，人们对文明交往的未来，理应保持冷静与乐观的态度，因为它的总趋势是现实主义与理想主义的互换和提高，它的总特点是多样性的统一、是文明程度的上升和社会的进步过程。我们绝不能因为在文明交往中存在冲突，就把文明交往作简单化的理解，那是严重违背文明交往史实及规律的；同样，对文明交往问题持任何其他片面观念，也都是不可取的。

记者：结合当前现实，美国等国出兵中东的海湾地区，试图发起第二次海湾战争，您认为战争会爆发吗？这场战争是文明冲突还是文明交往？

彭树智：战争肯定会爆发，只是时间问题。美国的国家利益决定了战争的不可避免性。首先，"9·11"事件后，中东地区的恐怖主义已经与美国的国家安全利益联系在一起，美国这次对伊拉克动武的口实之一就是"打击恐怖主义"。其次，中东的地理位置对美国的全球战略至关重要。控制中东，一个完整的全球战略网就建立起来，对于巩固美国的霸权地位举足轻重。再次，控制石油资源，直接掌握英、法、德、日等国的经济命脉，而且间接制约中国的发展。最后，美国实用主义和现实主义的外交思想传统，是这场战争的理论依据。但是，我认为，打击伊拉克的战争将是美利坚帝国由盛到衰的转折点。因为这次战争与上次海湾战争有所不同，失道而寡助，庞大的军费开支不得不主要靠美国自己承担，这会削弱美国的国力。总结历史经验，凡是靠扩张而取得霸权的帝国，都会因扩张而衰落，比如古罗马帝国、大英帝国等，概无例外。战争还将对世界格局产生深远影响，每个国家都开始寻找扮演自己的角色，从而改变未来文明交往的态势，这也可以说是文明交往的规律。

文明冲突是文明交往的属性。毫无疑问，战争是文明间的冲突，也是文明交往中政治交往的继续，是政治交往的最高形式。这次伊拉克危机，实际上是1990年海湾危机的继续，特别是"9·11"事件之后政治交往的继续，是一个连续而完整的整体。当和平的政治交往不能满足一方的要求时，暴力总是成为强者的必要手段，文明冲突由此表现出来。

记者：文明冲突作为文明交往的一种形式，是否将是永恒存在的？

彭树智：不会。文明冲突的根源是基于文明的差异及其交往的有限性。随着社会的进步和人类文明程度总的提高，交往的方式会发生根本性的改变，具有浓厚野蛮性的战争交往的方式将被文明的和平交往方式所取代，即实现文明交往的交往文明化。事实上，就美国与伊拉克的文明冲突看，除了文明本身的差异性，重要的还在于双方文明交往的程度都低，因而极易让单一的文明冲突——战争的手段成为文明交往的主要形式。中国一贯主张以"和为贵"的理念解决国际关系中的矛盾冲突，正反映了人类追求文明交往的交往文明化的时代要求，也是"文明交往论"的主旨所在。

（原载《探索与争鸣》2003年第3期）

三 答广州、沈阳版《当代百家话读书》主编曹积三、阎桂笙问

我这一生，除了担任过历史系的 5 年系主任和文博学院的 3 年院长、现在仍任中东研究所所长这些行政职务，主要从事着三件事，这就是：读书、教书和写书。

从小学到研究生毕业，读书求学 20 余年，这中间虽有几度短暂教书，但正式在大学任教则是从 1957 年开始，迄今已近 40 年。写书从研究生时起步，当然主要还是 80 年代以来的这 15 年。读书时间最长，它贯穿了 60 多年的生涯。

可以看出，我已走过和正走着这样一条平凡而远非平坦的"书路"。

具体说吧，这是一条以书为伴的知人、知己和理解世界的心灵变迁的人生历程。

漫漫的书路，回旋着许多催人奋进、发人深省的警语名言，最萦绕我心的是莎士比亚的话："书籍是全世界的营养品。生活里没有书籍，就好像大地没有阳光；智慧里没有书籍，就好像鸟儿没有翅膀。"

莎翁在这句话中形象地表明了一个人生哲理：无阳光的大地，禾苗不能茁壮成长，人类只能多病多灾；没有好书滋养人的头脑，灵感难得产生，智慧将化为雕虫小技。

受这个名言的启发，我面对人生，常常被恐惧和担心所困扰。我恐惧着由于缺乏青绿的草原和茂密的丛林而使空旷的大脑沙漠化。我担心在读书中是否开卷有益，从而能否品味出心灵境界的活力。

书房中 8 个书架被日渐拥挤的、里外两层和接近天花板的书籍充塞堆满。每每走过，便不觉有一种诱人的魅力扑面而来，时不时忍不住抽出一本，顺手翻它几页。注意力为书吸引，多次忘记了厨房里还在烧开水，以至于报警壶响个不停，壶内的水滚个不住，煮得不能再喝了。

在一阵怅然之后，再次面对书架上横三竖四的书籍，新的兴奋点

又油然而生。这些书籍虽然并无珍本，却来之不易。记得在北京大学做研究生时，除了简单的伙食及零用费，其他每月的助学金全用来购买书籍了。未名湖湖心书亭可说是每天必去之地。这座被绿树群花环绕的书亭，它那琳琅满目的新书，比之夏可划船、冬能溜冰的碧清水色与银镜冰场，更给我留下了至今难忘的美好记忆。王府井大街的外文书店和新华书店，西单、东安市场、琉璃厂的旧书店，都是我进城的主要目的地。后来，我到东北师范大学听苏联学者柯切托夫的亚洲史，这些书随我到了长春。在长春添了数倍于北京的书，装了满满两大木箱又运回北京大学十九斋。在北京大学毕业时被分配到西北大学，回西安的书籍已有3大木箱了。

我说这些书籍来之不易，还不仅仅说它们随我横越半个中国而辗转相伴。这些书籍的得来，有一长串的故事。为了买3卷《资本论》，节约下的助学金凑不够数，不得不向在宁夏工作的五弟求援，而他当时仅有60元工资养活5口之家。他不谈困难，立即寄钱给我。当我捧起三本《资本论》时，心中充满着手足温暖感激之情。我在书的扉页郑重地写上了："塞上银川，塞外长春，漠北的一条亲情线啊！连接它的不仅是《资本论》三卷，而是血脉、亲情和手足之缘！"在长春，我们同宿舍一位老同窗烟瘾很大，每月工资寄来，总先买香烟5条。我问他这些烟花去多少钱，然后从助学金中取出同样的钱买书。第一个月，他边抽着烟边看着我书架上买的新书，没有说什么。于是，第二、第三个月，我还是如法炮制，书架上的新书竟增加到两层。面对着新书，他边抽烟边翻看，心有所动，喟然长叹。到了一学期结束，我的小书架上新书四层已放满了，他再也坐不住了。他看着满架上的书，坚决从嘴上拔下未吸完的半根烟，声言要像《钢铁是怎样炼成的》中的保尔·柯察金一样，从此彻底戒烟。他还在床头上写下"决不吸烟"字样，以示决心。从此，他便戒烟买书了。看到层层存书，此类故事，如云烟涌来。

我说这些书来之不易，另有一个众所共知的原因，那就是它是"文革"风暴的幸存者。这一点就不多说了。但每忆及此，不禁珍惜之情倍增，正如珍惜往日弟弟的情谊一样。

我联想过去，面对如今平均每月消费高达三四百元的大学生、研究生不觉羡慕之至，可是我弄不懂他们之中为何有少数人嗜烟酗酒不惜重金而竟畏书如虎！我要感谢我的五弟，他不顾家境艰难，解囊相助，激励我从书中获得精神的营养和生活的乐趣。我十分钦佩我的那位同窗戒烟买书的精神，他年老志坚、用书益智，终成亚洲史领域的栋梁。时间真快，壮年早已从书边掠过，渐多白发自镜中涌来，即便如此，我仍觉得在当今快节奏生活中，如能室内拥有一缕书香，便会拥有一种情趣，会给予心灵以温馨的爱抚。生活中的书籍，是精神的阳光，它给予精神的总是细雨般的无声滋润。

苏轼的托喻诗有"随物赋形"的独到之处，如："人生到处知何似，恰似飞鸿踏雪泥。泥上偶然留指爪，鸿飞那复计东西。"这是有为之言，强调实践即功。在这篇短文中，我想着重总结自己的读书体验，即书路上留下的"指爪"，以窥视从自己心灵深处发出的、从心头偶闪即逝的微光。概括起来有以下几点：

第一，读书须有志、有识、有恒，可称之为读书"三有"。

有志，就是有追求真理的科学志向和旨趣。叶燮有言："志高则言洁，志大则辞宏，志远则文永。"各行各业都有各自的追求，但对于读书的目的而言，都在于追求真理。名和利是人的追求，于右任却以居高临下的气度说："计利当计天下利，留名须留身后名。"真理对于追求真理的人才是真理，对于沉湎于世俗名利的人则是浮云。有志与读书的关系，应当是大志非才不就，大才非学不成；非学无以广才，非志无以成学。大才雄才，都是平时所学。立志需崇高，但崇高志向需有深厚文化环境和老师亲友帮助以及自己的努力。志在读书者当知此理。否则，世之能读书写文章而不善做人做官者将愈来愈多了。

有识，就是有科学的鉴别力、判断力和鉴赏力。读书必备清醒头脑、必有广纳各种理论学说的胸怀，而决不盲从任何权威。在读书中，师古而不泥古，习洋而不媚洋，通俗而不流俗。总之，读书而不唯书。

读书须知出入法，即开始为求知所以而入书，终当为求知所以而出书。从书中见得真髓，这是入法。从书中化为自得，这是出法。读书而不能入于书,则不知作者用心之处;读书而不能出得书,则必固着于别人框内而不能自拔。始入终出,便是有识。

有恒,就是有科学的耐性、韧性和持久力。读书须耐得寂寞,范文澜有"板凳要坐十年冷"名句。关于韧性,侯外庐曾把他的读书生涯概括为"韧的追求"。没有耐性和韧性,书窗外某人赴南边谋职,某人下海练摊,便会"读书难终卷,下笔就走神"。我在大学时,读赵翼的《二十二史札记》,赵翼有诗云:"少小学书未能圆,只道功夫半未全。到老方知非力取,三分人事七分天。"年轻气盛的我,不同意这种轻主观而重客观的说法,遂在诗边批下了"水滴石穿,绳锯木断,持之以恒,功效必见"。虽然世事的磨炼,使我意识到主观和客观条件之间的辩证关系,觉得赵翼的话有其道理,但至今看来,读书贵在有恒,科学持久力总是不可缺少的。

第二,读书须选择其类而分为精、博、弃三型,可称之为读书"三择"。

选择不仅是历史哲学,而且是人生哲学。柏拉图说:"哲学者,择善之学与善择之学。"读书也是如此。读书如择友,宜择善,而且也要善择。陈眉公有名句:闭门即是深山,读书随处是净土。所谓"净土",即无"五浊"(劫浊、见浊、烦恼浊、众生浊、命浊)的无污染世界,是佛教中与众生居住尘世相对立的土地。此种庄严纯洁的世界,书中不会全有,有些书甚至是污染源。还是刘向说得准确:"书犹药也,善读书可以医愚。"唯其"医愚",所以读书要选择。首先对文化精品、专业书籍要精读,要眼到、手到、心到。对于范文名篇,还要朗朗上口,有些中外文名作背诵之后方能明白其内涵真情。其次,为完善知识结构、开阔视野和增长见识,就要在书中求博,随用随翻,泛泛而读,或看看序言目录,或抽读章节资料。最后是无用之书、粗制滥造之书、质量恶劣之书,则用舍弃法剔而去之,不去读它,不必浪费时间和精力。总之,读书贵在精其选、解其言、知其意、明其理,博览而约取,掌握此要旨,方能有效而得较大收获。

第三,读书须多思、多写、多行,可称之为读书"三多"。

读书不可不思,不可少思,受益多寡,首先在于思考的广度与深度。"学而不思则罔,思而不学则殆",这是读书和思考的辩证法。不要亦步亦趋,人云亦云,要思考,要扬弃,要创造,这是读书的整体哲学。读书不单是为了汲取知识,贩卖知识,而应当成为知识的履行者。真正会读书的人是善于把书本知识和他本人的人生经验相结合,他读书追求的理想首先是以指导人生为重点,这就是我说的"多行"。多思、多行,人们谈得较多,而对多写则谈得较少。其实,学问大家,谁人没有大量的读书笔记、札记、随笔、批语?我生平写作,不敢攀附大家名家,但对"不拿纸笔不读书"颇有同感。读书动笔有益,一益在于备忘,即使记忆力很强的人,也不能仅凭记忆读书。秦汉史学者陈直,可以背诵《史记》,但他的《史记新证》是在大量阅读《史记》随记纸条结合考古资料的积累基础上,相互印证而成的名作。读书动笔有益,二益在于治懒,手懒则脑懒,手懒则眼高手低;反过来说,手勤可促进脑勤,可锻炼思维能力,养成驾驭资料的本领和用文字表达思想、见诸社会效果的习惯。读书动笔有益,三益在于增智,动手多记多写,问题会增多,追求新知要求会增强,这就会扩大阅读量,从而视野广、眼界开,如斯宾诺莎所说,由"愚人"变为"智人"。读书动笔四益在于可出成果。只读书不动笔,犹如只开花不结果,久而久之,也只能眼高手低了。读书时,拿起笔来,写吧!只有写下问题,写下看法,和书的作者以笔交流思想,才会有创造。通常说,开卷有益。其实,我觉得,读书结合动手写作更为有益。

第四,读书须使自己逐步进入"爱""好"(hào)、"乐"三种递进的境界,可称之为读书"三境"。

中国艺术是以讲境界为特征的。王国维借用三句宋词从美学的观点说明"成大事业、大学问"① 必备的三种境界说,传为学坛佳话,历久而不衰。我认为,读书也存在着三种境界,即爱、好(hào)、乐

---

① 王国维《人间词话》:"古今成大事业大学问者,必经过三种之境界。'昨夜西风凋碧树,独上高楼,望尽天涯路',此第一境也。'衣带渐宽终不悔,为伊消得人憔悴',此第二境也。'众里寻他千百度,蓦然回首,那人却在灯火阑珊处',此第三境也。"按,三句词分别出自晏殊《蝶恋花》,柳永《凤栖梧》和辛弃疾《青玉案》。

的三种境界。喜爱读书,这是入门。读书成为嗜好,这是中乘。真正的上乘是以读书为快乐。在这个境界中,读书是人生的一种发自内心的选择,成为一种特定的生活方式和生命状态。在这个境界中,读书者同古今中外的智者贤人对话,同自己对话,在寂静的自视中知己、知人、理解世界,从而独得无与伦比的人生享受。人生之快,莫过于此,即所谓"爱之者不如好之者,好之者不如乐之者"。喜爱的境界,对许多人并不难。嗜好的境界,就不那样容易进入了。至于快乐的境界,那是最困难的,达到这个境界的读书人,就不多了。但是,法乎其上,方可得乎其中,若把目标定高一些,追求动力就会倍增。我相信,道虽远,不行不至;事虽难,不办不成。只要把读书看成至高享受,把书籍看成人生伴侣,把自己同书的交流作为生命价值的源头,相知相契,相融相汇,嗜好、快乐这些高的境界是可以逐渐接近,乃至达到的。

说完读书"三有"、读书"三择"、读书"三多"和读书"三境"之后,为了印证我的看法,我引用池田大作在《人生寄语》中的一段话,并把它作为这篇短文的结语:

> 优秀的书籍给予我们的东西,不是单纯的知识,也不是瞬间即逝的刺激,而是生命的自信,做人必备的才智和勇气,并唤醒我们的心灵,使对生命的尊严肃然起敬。书籍并不是把外在的东西轻易地交给我们,而是促进我们内在的东西喷涌出来。

书路遐思,其实就是书对人心灵不断唤醒。我读书、教书和写书的道路,都无非是一条追求人的心灵的真正解放和自由之路。池田大作的寄语,是经验之谈,很值得我们结合生活经历加以思索。

按:上文是我应吉林大学中文系曹积三先生之约而为他和阎桂笙先生主编的《当代百家话读书》(广东教育出版社·辽宁人民出版社1997年版)而写的一篇述道文章。此文又被《中国图书评论》1996年第11期转载,之后,《陕西日报》的《读书栏目转发连载。曹阎二位先生在序言中写道:"本文披露了撰稿者们的许多见解,都是难得的经验之谈。如著名世界史学家彭树智提出读书'三有''三择''三多''三境'……同时,他还举荐了具体的读书法,如将司马迁的《史记》与希罗多德的《历史》两相对照读,可见司马迁以其值得信赖的纪年和雅美的文采,超过西方史学之父的希罗多德;而后者又以社会文化史特点开启史书。又如将《伦理学》与《庄子》对照读,可见二书一则以知识作为摆脱情感而达到自由必然之路,一则以'离形去知'而'安时处顺,哀乐不能入'。斯宾诺莎与庄子对比,有助于对待人生苦难(6—7页)。"因此,我把曹阎二位先生问我"最喜爱的书"一问的答述,附录于后,以示符合他们的全意:

我最喜爱的书

1.《史记》与《历史》。两相对照读,可见司马迁以其值得信赖的传记、纪年和雅美的文采,超过西方"史学之父"希罗多德,而后者又以社会文化史特点而开启史书。

2.《伦理学》与《庄子》。二书一则以知识作为摆脱情感而达到自由必然之路,一则以"离形去知"而"安时处顺,哀乐不能入",将斯宾诺莎与庄子对比,有助于正确对待人生的苦难。尤其是庄子通过超越伦理规范和功利标准的束缚,获得身心自由,值得体味自我的自性。

3.《德意志意识形态》与《封建世界》。马克思、恩格斯关于生产力与交往的纵横普遍发展论,同布洛克的整体综合论对读,极其有趣,且有助于对方法论的思考。

4.《中国科学技术史》与《丝绸之路:中国波斯文化交流史》。李约瑟与阿里·玛扎海里两位学者在中国物质文化西传方面,各显示出其研究立意、功底及角度,令人每读一次必有所获。

5.《古兰经》与《圣经》。也许是对中东史及东西文化关系感兴趣,我对照伊斯兰教与基督教这两本经典,常比其同异,影响迭出,愈感宗教对人类历史、社会生活、现实关切和终极关怀的重要性。

四　答上海《外滩画报》记者访谈
——倾听战争背后的政治交往之声

美国对伊拉克的战争已经打响了。

战争是残酷的，是爱好和平的人们所不愿意看到的。然而，在和平力量无力阻止战争、在战争已经发生的情况下，人们应当深思和倾听隐藏在战争后面的基于利益的政治交往之声。

我在商务印书馆 2002 年 12 月出版的《中东国家通史·伊拉克卷》的编后记中，就认定美国非打这场战争不可，问题只是等待时机而已。现在，当伊拉克炮声隆隆、硝烟弥漫之际，我想起了克劳塞维茨在《战争论》中的名言："战争无非是政治交往用另一种手段的继续。"布什集团这次发动的对伊拉克的战争，是 1991 年海湾战争在新形势下的继续，是美国长期在中东政治交往中暴力手段的继续。

我在陕西人民出版社 2002 年 8 月出版的《文明交往论》的总论中也指出，战争这种用军事语言表达的政治现象，需要"文明交往论的穿透、沉思和感悟"。事实上，任何一种文明，若是不尊重人的生命，摆脱不了迷武好斗之风，必然会走上战争的不归之路。同样，人类历史上出过许多大帝国，它们的统治者无不飞扬跋扈，妄图称霸世界，最后都以霸权扩张而衰亡。

在我看来，这次战争所体现的美国全球霸权模式，不是"美国新时代"的开始，而是"美利坚帝国"由盛转衰的一个标志性事件。冷战结束以后，当代帝国——美国成为唯一超级强国。美国的政治单极论者认为，他们的国家与历史上的大帝国不同，将永远是世界上最强大的国家。但是历史经验和现实情况告诉我们，美国的太阳并不比当年大英帝国的太阳明亮多少。撇开国内诸多难题不谈，美国从追求世界霸权、把自己的利益视为全球性的，并且走上扩张、干涉、侵略之日起，就埋下了衰落之根。它到处树敌，战线越拉越长，战争虽一时刺激某些经济繁荣，但终究会削弱其经济增长。尤其它的政治、经济、军事、文化霸权主义，必然会遇到越来越严峻的挑战。

一般评论者认为，美国对伊拉克开战，是在争夺伊拉克丰富的石油资源、维护以色列的利益。或是在战场上试验新武器和新战术，或者用武器订单来振兴不太景气的国内经济。这些分析有一定道理。但是战争的枪炮声背后，隐藏着一个秘密的全球帝国的政治野心。这就是美国在21世纪国际政治交往中的作用。它将用对伊拉克战争的胜利，使自己正式变成全球帝国，主宰许多国家的命运，分割别国的经济资源，强行推行美国文明的单一民主制度。美国企图用战争手段，在伊拉克建立永久的军事基地，并从此向叙利亚、伊朗以至中东和整个伊斯兰世界推动"民主化进程"。这是一个危险的政治交往之声。

冷战后的"冷和平"时期，美国一再充当了"热战"的领袖。这次对伊拉克战争，既把一些盟友变为对手，又失去同许多阿拉伯国家对话的机会，还会导致恐怖活动升级。阿拉伯世界和伊斯兰世界也绝不会把自己世世代代传承的文明抛弃，而去接受美国强加于他们的干涉性的民主模式。美国文明真正的危机开始了。

（原载《外滩画报》2003年3月21日）

〔说明〕我在《两斋文明自觉论随笔》第3卷第十集第十二节《美国的伊位克战争札记》第12页中，有下面一段论述：

文明危机。2003年3月，当美国发动对伊拉克战争开始前夕，我应上海《外滩画报》写了一篇《倾听战争背后的政治交往之声》的短文，其中最后一句是："美国文明真正的危机开始了"，这是因为美国衰落论者多为美国人自己。如1987年保罗·肯尼迪的《大国兴衰》，如亨廷顿甚至预言美国将在2000年衰落。当时（注，我写此文时），编辑担心的不是我关于美国文明衰落这句话，而是我在文中肯定布什集团非打此侵略战争不可，而且是战争即将爆发的估计。

当时的时代背景下，我在文章第一句写道："美国对伊拉克的战争迫在眉睫，可能就在这几天。"编辑让我斟酌一下这句话，我回电话说:"先不要改动,等到发稿时再说。"果然,发稿前战争爆发了。直到美国用隆隆的空军、陆军、坦克声代替了民主、自由、人权声音之后,编辑才放下心,把文章的第一句话改成了:"美国对伊拉克的战争已经打响了。"但仍保留了《倾听战争背后的政治交往之声》这个标题。然而至今我仍很看重当时"美国文明危机开始于伊拉克战争"这句话。美国在中东点火,中东将是"玩火者必自焚"的"火葬场"。

附录 2

一 由"文"字思考"文以载道"

中华文明中的汉字，源于自然与人类的象形思维方式。那是从自然界获得的人文灵感，进而进行了中华文明的独特创造。最初的汉字是何字？有一则有趣的考古发现可供参考。

在山西陶寺文化遗址中，出土了一件扁壶残器上，有毛笔朱色书写的"文"字。据说，这是迄今为止，学术界公认的最早汉字。据有关研究，此"文"字与殷墟甲骨文卜辞中的"文"字，几无差异。研究者称，此"文"字不但印证了商代以前的发展轨迹，而且，因该遗址上限年代为公元前 2600 年，地点又在临汾即古平阳的尧舜时代国都之地，而下限与夏禹时代相连。

晋南自古有"夏墟"之称。《史记·夏本纪》："夏禹，名文命。"上述有"文"字的扁壶，据考证，距今 4000 年左右，正是夏禹之世，禹名"文命"，其中在时间、空间上如此相应，必有"人文"之意蕴因素在起作用。"文"是"人"的主观能动性、创造性的文明象征，它以"文化"的核心存在于人类的文明基因中。因而历来为人类所追求、所向往。夏商以至于周，发展到被孔子称赞为"郁郁乎文哉，吾从周"的中华文明鼎盛时期。

汉字的象形思维源于自然之物和人类自身，以象形符号而成为文明交往活动中的符号。"文"字的篆体为夵，那是一个直立"人"形象，而人猿揖别、解放出劳动双手的"人"，其精神本质是人文精神。"文以载道"所载的正是这种"文而化之""文而明之"的人文精神本质。这在拼音文字符号中，是不存在的。中西方文化文明在这方面有很大差异。英文字母源于拉丁文字母，拉丁文字母源于希腊字母，希腊字母源于腓尼基字母，腓尼基字母源于埃及辅音字母。西方与东方文明在今日中东地区有交往源头，但并未受到中国汉字影响。中华文明中的汉字可谓独树一帜，特色显著，成为传承载道之符号字体，以至于从未中断，至今仍放射着灿烂光辉和智慧光芒。

中华文明中有慎终追远的传统，历史意识与人文意识相结合，尤为文化特色。中华民族把炎黄尊崇为"人文初祖"，用"人文"作为炎黄二帝的"初祖"称谓，道出了中华文明的精神本质和真谛。历史意识和人文意识也在"人文初祖"这里得到了体现。铭记人文初始，坚守人文初始，书写好人文的"人"字，成为文明大道至简而又不简的人生终身必修功课。我还是那句老话：文明的生命在于交往，交往的价值在文明，文明交往的真谛在于人文精神的本质。"人"字只有两画，"文"字也只有四画，都很简单。但是，无论个体的"人"，或"人类"，群体，写好这两个字却并不简单。这就是大道至简而又不简。汉字有无限魅力，值得从"文以载道"的"文"字处多多深思。

（原载《松榆斋百记·人类文明交往散论》第十四，西北大学出版社2003年版，第39—40页。本文为修改稿）

二 "文"字集解

"文"字既是名词，又是动词；"文化""文明"是名词，也是动名词。它关乎"文化""文明"的内涵与外延。"文化""文明"，都从"文"字开头，而且是两者的主体组成部分。在文化方面，我在《我的文明观》中说："人类文明交往通之于变、归之于化、成之于明。文而化之为文化，文而明之为文明……人在变动的事物中察明其'化'的走向，这就是'人文'的能动力量……而'化'的要义有八：教化、涵化、内化、外化、同化、转化、异化、人化。"在文明方面，我在《老学日历》的《卷首五题·题言》中，又说："知物之明，知人之明，自知之明，交往自觉，全球文明。"这样，文化、文明的"化"和"明"方面，就有了原则性解说。但在"文"字方面，还需要一些思考，于是有了下述笔记。

（一）"文"与"质"

《易·系辞》："物相杂，故曰文。"《礼记·乐记》："五色成文而不乱。""文"为"纹"，即错综交织的色彩或斑斓美观而整齐的花纹。《释名》："文者，会集众彩，以成锦绣；会集众字，以成辞义，如文绣然也。""文"因此引申为与文化、文明的核心内涵："文雅。"汉扬雄《剧秦美新》即有"遥集乎文雅之囿"之句。"文"常与"雅"相连而与"质"或"野"对称。

最明显的是《论语·雍也》中的说法："质胜文则野，文胜质则史，文质彬彬，然后君子。"文质彬彬，这句成语就是指文采与实质结合得恰如其分，集中表现为行动文雅、有文化涵养而举止文明。《韩非子·难言》："捷敏辩给，繁于文采，则见以为史。"《孟子·离娄》中有"其文则史"，把记载历史的文章或书籍称为"史"，与以上"文胜质则史"和"繁于文采，则见以为史"都是"质"提升为"文"的历史表述。"文"与"史"在此处联系起来，"文以载道"与"史以明道"在道理目的上二者同归而合一。

"文质彬彬"被研究《论语》的人解释为："彬彬，文质相半。"后来泛指人举止有礼，谈吐文雅，"文采风度"与"礼貌本质"的内外结合为有文化、有文明涵养的行为。汉蔡邕《答卜元嗣》诗中，即有"斌斌硕人，贻我以文"之句。"斌"，有文采之意，"斌斌"，同"彬彬"。《礼记·杂记》："一张一弛，文武之道也。"张，拉紧弓弦；弛，放松弓弦。张弛犹文武相济，所以，《礼记·杂记》解释此道理时说："张而不弛，文武弗能也；弛而不张，文武弗为也。"文武结合，劳逸结合适当，是谓"文质彬彬"。文武合为一字："斌"。"斌"是谓文武相济，文不是弱，而是柔中有刚。"斌"与"彬"相通,"文""质"在这里相半,是"文而化之"和"文而明之"的最理想的结合。此种完美结合,如《礼记·乐记》疏所言:"声无曲折则太质素,故以文采节奏而饰之使美。""文"与"质"在此得到统一。

这里还有一个"文"与"野"的关系。"质胜文则野","文"为文雅,是文化、文明行为的表述。"雅"为"文雅",与粗野陋俗相对。雅为文明高雅,所谓"辞令就得为之雅,反雅为陋"。王维《送张舍人佐江州同薛璩》诗中,也有"洪范何风流,高文有风雅"之句。雅道为文明交往的善正之道,是治世之道。《三国志·蜀志·庞统传》:"当今天下大乱,雅道陵迟,善人少而恶人多。"雅道与质朴雅怀、风雅意趣有内在统一关系,它可以在人情险于山川的社会交往中,处雅俗而无所失。人在人文情愫方面,《世说新语·文学》有下面一段诗意文字:"谢公(安)因子弟集聚,问《毛诗》何句最佳。遏(谢玄)称曰:'昔我往矣,杨柳依依;今我来思,雨雪霏霏。'公曰:'訏谟定命,远猷辰告。'谓此句偏有雅人深致。"按:訏谟,大的谋划。此诗句见《大雅·抑》,可谓"雅句"宏图。然而谢玄的"昔往""今来"一句,也道出了文明交往中的思考"雨雪霏霏"的意境。

(二)"文"与"字"

《说文解字·叙》:"仓颉之初作书,盖依类象形,故谓之文;其后形声相益,即谓之字。文者,物象之本,字者,言孳乳而浸多也。"汉语的书写符号文字,古多指单字。依类象形为独文图画之独体,称之为"文";而形声相益的符号,称为合体,即合为字。汉字发展,"文"在先,"字"在后。"字"本身就有"哺乳""生育""繁殖"而生成众多文字合成的汉字体系的含义。所以,《古今通论》中有"仓颉造书,形立谓之文,声具谓之字"的提法。形立、声具而义在其中,而以后指事、象形、形声、会意、转注、假借六书字例逐渐形成。

研究《说文解字》的清代学者段玉裁,先成《说文解字读》,后成《说文解字注》，述作共三十年。他治学文字的名言是："不耕笔砚无乐事，不撑铁骨莫支贫。"他的外孙龚自珍有诗称颂他研究文字的诗："张杜西京说外家，斯文吾述段金沙。导河积石归东海，一字源流莫万哗。"

文字为文明交往的载体。《周礼·春官外史》："掌远书名于四方"一语的注："古曰名，今曰字，使四方知书之文字得能读之。"这种传达交往的文字称为"名"，其书写字数有规定："百名以上书于策，不及百名书于方。"（《仪礼·聘礼》）所谓"方"，是古代用以书写的木板，而策为竹简。木板和竹简上书写的文字，古称为"名"，即文字。

《尚书·序》："古者伏羲氏之王天下也，始画八卦、造书契，以代结绳之政，由是文籍生焉。"疏曰："文，文字也。"此处的"文籍"包括公文、法令、典籍以及文章或"其文则史"的记载。由结绳记事之政，转变为文字记事之政，在政治文明上，是人类跨入文明门槛而进入交往自觉的新的一大步。有文字记载的人类文明历史，揭开了历史新的篇章。

（三）"文"字诸说

1. 《易·乾卦·文言疏》："文谓文饰。"
2. 《易·坤卦》："文在其中矣。"疏："通达文理。"
3. 《史记·礼书》："贵本之谓文，亲用之谓理。两者合而成文，以归太一，是谓太隆。"
4. 《书·尧典》："钦明文思安，安在其中矣。"疏："发举则有文谋。"
5. 《礼记·礼器》："先王之立礼也，有本有文。忠信，礼之本也；义理，礼之文也。"
6. 《史记·乐书》："礼自外作，故文。"注：文犹动礼，肃人貌。貌在外，故云动。《史记·礼书》："文貌繁，情欲省，礼之隆也；文貌省，情欲繁，礼之杀也。"言礼文仪节之重要。
7. 《礼记·乐记》："礼减而进，以进为文。乐盈而反，以反为文。"注:"文,犹美也,善也。""文"在孔子看来,包括礼乐制度文明。《论语·子罕》中"文王即没,文不在兹乎"的注中,即解释"道之显者谓之文,盖礼乐制度之谓"。

8.《左传·僖公二十三年》:"吾不如衰之文也。"注:"文,辞也。"

9.《汉书·酷吏传》:"司马安之文法。"注:"以文法伤害人也。"又"按其狱,皆文致,不可得其反"。注:"言其文案整齐也。"

10.《史记·谥法》:"经纬天地曰文,道德博闻曰文,勤学好问曰文,慈惠爱民曰文,愍民惠礼曰文,锡民爵位曰文。"

11.《文心雕龙·总术》:"今之常言,有文有笔,以为无韵者笔也,有韵者文也。"此书反映南北朝时期文体分为两类,韵文称"文",散体称"笔"。又如《梁书·鲍泉传》:"泉博涉史传,兼有文笔。"文笔在当时也泛指文章,如《陈书·姚察传》:"察每制文笔,敕便索本。上曰:'我于姚察文章,非唯玩味无已,故是一宗匠。'"一般指文章写作笔法上的技巧特征。又按:"笔"的本字为"聿"。《说文》:"聿,所以书也,楚谓之聿,吴谓之不律,燕谓之弗。"我的私塾老师安谧中,按关中人的说法,将笔称为"生活",是赖以生存之物。扬雄在《太玄·饰》中说:"舌聿之利,利见人知也。"这里,将"舌"与"聿"并称为"利",与一般所说的教师"口耕笔耘"不同,是"舌"耕"笔"耘,即"口舌"讲解,"笔聿"书写。"舌耕笔耘"而利见人知的"舌耕",比"口耕"更确切,"舌"是关键。春秋辩家曾有名言:只要舌在,便终会事业有成。

12.《论语·颜渊》:"君子以文会友。"按:南朝梁萧统《昭明太子集·锦带书十二月启太簇正月》:"昔时文会,长思风月之交。"这与"以文会友"有关,称为"文会"。后来,文会变为"文酒之会"。《南史·顾岳传》:"越以世路未平,无心仕进,因归乡,栖隐于武丘山,与吴心、沈炯、同郡张种、会稽孔奂等,每为文会。""文会"之"以文会友",可作为本文集叙言中有关隐士文化的补充。

按:"文"在中华文化、文明中,有众多而深远的意义。本杂集只是一小部分。在第10条中,把"文"归纳为七方面内容,可谓广义。其中第1条"经天纬地曰文"讲的就是人与自然之间的文明交往。特别是惠民、愍民、锡民,表现了人文精神的民本思想。人文精神的本质在于:人类文明交往中的真善美内涵和人类创造文明成果的社会进步。

三 补"钓隐"

"钓隐"在中华隐士文化中,为一大亮点。因此,有必要补充一下。

钓为钓鱼简称。钓鱼为以钓饵取鱼,钓隐之士的钓鱼之处称为"钓台"。最著名的大钓隐和大钓台有两处:周代太公望的陕西宝鸡磻溪;东汉严子陵的浙江桐庐县富春江。

太公望的钓台,地处渭水之滨。相传周文王出猎,与太公望再次相遇,相见如故,遂同载而归。周文王说:"吾闻太公望久矣",而因号为"太公望,立为师"。民间广为流传的姜太公钓鱼的故事,即指此隐逸之事。太公望辅佐周武王灭殷,后封于齐,成一代钓隐,为建立周朝的大功臣而名垂中华文明史册。

严陵,字子陵,会稽余姚人,有高名,曾与刘秀同游学。刘秀称帝后,严子陵"乃变名姓,隐身不见",表现出隐逸不仕的清高风格。刘秀不忘旧情,派人找到严子陵,而严子陵也一如旧习,二人同卧一榻,他竟"以足加帝腹",而且不接受谏议大夫官职。归隐富春山,从事农耕钓鱼。此举被后人评为"新主已忘天子贵,先生犹道布衣尊"。对于严子陵富贵不能淫的真隐士操守,为一般平常爱官、跑官、要官的士人所不及。对此种崇高感,宋人范仲淹由衷地点赞:"云山茫茫,江水泱泱;先生之风,山高水长!"这真是对钓隐的颂歌。

关于严子陵的钓台,后世芸芸众士奔仕途的人中,有些以自己成为欲望的俘虏而面对钓台,而思严子陵所为,自己有自惭形秽的精神压力,产生绕过此高台的念头。明代杨士奇有《归来》诗句:"慌迷携鹤径,惭过钓鱼矶。"此前,宋代胡仲参在《钓台后》诗中,更表达了矛盾心态:"身为功名役,因思隐者贤。只行山后路,羞过钓台前。"人们多称赞李清照《钓台》诗,诗云:"巨舰只缘因利往,扁舟亦是为名来。往来有愧先生德,特地通宵过钓台。"黄墨谷在《重辑李清照集》中称赞李清照说:"她只用28个字,却把临安行都、朝野人士的卑怯自私的情形,描绘得淋漓尽致。"但我觉得宋人赵抃的"休官不久轻舟去,喜过严陵旧钓台"之句,合乎情理。只要为官利民,问心无愧,必有这般内心轻快和坦荡喜悦。

宋代史浩在《题严陵钓台》诗:"功名于道九牛毛,无怪先生抵死逃。漠漠桐江千古后,云台何似钓台高。"此诗提出功名与道的关系。道是高于功的,它属于立德的,但道与立功是可以统一的同属不朽。文以载道,道就是定位于对人类文明的贡献。功名与人类文明、功名和社会进步、功名和人民利益一致,这就是大道。为官清廉,为人民谋利,此种立功"云台"与立德"钓台"是同高而不朽。为人类立功是不朽的。太公望的渭滨钓台是值得歌颂的,它见证了姜尚为"郁郁乎文哉"的周代社会文明立了大功。此钓台与严子陵的钓台可同存于中华大地,二者各有文明交往之道在其中。

四　跋诗:人类文明咏(六行七言体)

手握历史五色笔,
脑思星空七彩云。
两耳风雨读书声,
双瞳日月民族魂。
世界大局年年变,
人类文明日日新。